Mani

PETER GREENHALGH

EDWARD ELIOPOULOS

Mani

Reise zur Südspitze
Griechenlands

Prestel-Verlag München

Die Orginalausgabe dieses Buches erschien unter dem Titel ›Deep into Mani‹ 1985 bei Faber and Faber Limited, London

Die Übersetzung aus dem Englischen und die Übertragung der Gedichte aus dem Neugriechischen besorgte Dagmar von Erffa

Passavia Druckerei GmbH Passau

ISBN 3-7913-0864-5

Inhalt

Mein Kollege Edward Eliópoulos kam zum ersten Mal während des Krieges in die Mani. Er gehörte der griechischen Widerstandsbewegung an und war auf der Flucht. Ich ging vor zehn Jahren zum erstenmal dorthin, nachdem ich Eddie kennengelernt und einige von seinen achttausend Farbdias gesehen hatte. Sie waren das Ergebnis von dreißig Jahren Entdeckungs- und Forschungsarbeit. Ihr Gegenstand war – und das gab ich sehr rasch zu – die faszinierendste Gegend der Peloponnes, wenn nicht sogar von ganz Griechenland. Vielleicht haben Sie die Mani auf einer Ferienreise besucht oder Sie hatten eine literarische Einführung durch Patrick Leigh Fermors ›Mani: Reise ins unentdeckte Griechenland‹. Es ist ein herrliches Buch, vor über dreißig Jahren geschrieben, aber glücklicherweise noch immer im Druck, und wenn Sie es noch nicht gelesen haben sollten, dürfen Sie sich dies Vergnügen nicht entgehen lassen. Aber ob wir Ihnen nun eine erste Bekanntschaft mit der Gegend bieten oder nicht, wir laden Sie jedenfalls ein, uns bei dieser neuen Erkundung zu begleiten. Sie basiert auf einer Reise ins Innere der Mani im Frühsommer 1980. Wir hoffen, daß Sie dieses Buch nicht nur in Ihrem Lehnstuhl genießen werden. Es soll Ihnen auch ein nützlicher Reiseführer sein, wenn Sie sich entschließen, in die Mani zu reisen, und es soll Sie zu Schätzen führen, die Sie ohne Hilfe nur schwer aufspüren könnten, selbst wenn Sie von ihrer Existenz dort wüßten.

Wir fangen an mit einer Einführung in die Geschichte und Kultur der Manioten von der Steinzeit bis zum

Zweiten Weltkrieg. Dabei haben wir versucht, eine angenehme Mischung aus Pausanias'scher Geographie und Herodot'scher Geschichte zu bereiten – eine Art Verschnitt von gelehrter Beobachtung und lebendiger Beschreibung, von Anekdote und Geschichte, spannenden Erzählungen und einfühlsamen Übersetzungen der überlieferten Volksdichtung, an der die Tiefe Mani so ungewöhnlich reich ist. Das kulturelle Erbe, das wir zu beschreiben und zu illustrieren versuchen, ist unschätzbar. Und wenn es auch fast hoffnungslos ist, daß wir seinen durch Nachlässigkeit, Unkenntnis oder Schlimmeres verursachten raschen Untergang hinauszögern können, so wird es doch schon etwas sein, das zu überliefern, was wir hier festhalten konnten, und damit Menschen zu ermutigen, hinzugehen und selbst zu sehen, ehe es zu spät ist.

Für künftige Besucher der Mani mag es nützlich und hilfreich sein, ein paar Details über *Reisemöglichkeiten* und Unterbringung zu erfahren. Unser Text wendet sich im allgemeinen an Autoreisende, und es ist zweifellos von Vorteil, in einer abgelegenen Gegend mit verhältnismäßig geringem Linienbusbetrieb einen Wagen zur Verfügung zu haben. Einen Mietwagen kann man sicher in Sparta und Kalamáta, weniger gewiß in Gýtheion und Areópolis bekommen. Da die Straßen seit 1980 wesentlich besser geworden sind, braucht man im übrigen nicht mehr so besorgt zu sein, wenn man seinen eigenen Wagen benutzt. Aber ein Auto ist nicht unbedingt erforderlich. Es verkehrt ein täglicher Linienbus von Sparta nach Gýthcion und von dort nach Areópolis und die ganze Strecke hinunter bis Gerolimén. Auch zwischen Areópolis und Kalamáta gibt es täglich mindestens eine Busverbindung. Gerade diese Strecke ist – ob nun im Wagen oder im Bus – besonders schön: eine eindrucks-

volle Fahrt um den Golf von Ítylon und über den Paß
nach Messenien, die Strecke, über die Mavromichális
seine Männer aus der Tiefen Mani führte, um die Revolution von 1821 in Gang zu setzen. Wer mit Wagen oder
Bus auf unserer Route von Sparta über Gýtheion nach
Mani reist, sollte auf dem Rückweg diese Alternativ-
möglichkeit durch die Messenische Mani nach Kalamáta und von dort über das Taýgetosgebirge zurück
nach Sparta wählen. Er kommt dann vorüber an Mistrá,
der byzantinischen Hauptstadt der Peloponnes, die sich
nach dem Fall von Byzanz (1453) noch sieben Jahre lang
gegen die Türken hielt. Wenn es sich darum handelt,
Mani von Athen aus zu erreichen, so gibt es Flugverbin-
dungen nach Sparta und Kalamáta, ebenso Busse, und
man kann auch Bahn und Flug kombinieren. Für diejenigen, die eine geruhsamere Seereise bevorzugen, gibt es
ein Schiff, das wöchentlich, wenn auch einigermaßen
unberechenbar, die Strecke vom Piräus nach Gýtheion
befährt. Es lohnt auch, sich zu erinnern, daß es eine
Autofähre zwischen Gýtheion und dem kleinen kretischen Hafen Kastélli gibt; im Sommer fährt sie zweimal
wöchentlich. Man kann sich kaum etwas Erfreulicheres
vorstellen, als Ferien, die man auf die Mani und Kreta
verteilt. Für Fahrten in der Tiefen Mani selbst kann,
wer kein Auto hat, ein Taxi mieten – allerdings nicht
immer sofort. Diese Möglichkeit gilt zumindest für Gýtheion, Areópolis, Gerolimén, Flomochóri und Kótronas. Selbst der Autofahrer wird es manchmal praktisch
finden, sich von einem Taxi an einem Ort absetzen
und ein paar Stunden später an einem anderen wieder
aufnehmen zu lassen. Es kann recht lästig sein, im eigenen Wagen irgendwohin zu fahren und nach einem langen Marsch genötigt zu sein, wieder zum Auto zurück-
zukehren.

Im Hinblick auf *Unterbringung* und das, was Reise-
büros als Reiseannehmlichkeiten bezeichnen, gilt folgendes: Es gibt eine Reihe von Hotels und hübschen
Privatzimmern in Gýtheion. Gýtheion ist eine freundliche Küstenstadt mit einer Uferstraße von charakteristi-
schem Gepräge, daran liegen ausgezeichnete Tavernen.
Während die Hafengegend zum Baden ungeeignet ist,
gibt es sowohl im Norden als auch im Süden der Stadt
herrliche Sandstrände. Der beste liegt im Süden hinter
Mavrovoúni. Er erstreckt sich über etliche Kilometer
und hat auch schöne Campingplätze. Ein Blick auf die
Karte zeigt, wo die Straße von Gýtheion nach Areópolis
ins Innere abbiegt, um sich dann bis zur Burg Passavá
zu schlängeln. Gleich nach der Abbiegung aber können
Sie, wie im ersten Kapitel beschrieben, links eine nur
teilweise asphaltierte Nebenstraße, die durch ein Schild
›Belle Hélène‹ bezeichnet ist, nehmen. Diese bringt Sie
an die besonders schönen Strände der Vathý-Bucht, an
deren Südende zwei weitere Hotels liegen: das Megalé-
xandros und das Belle Hélène, dem wir das Straßen-
schild verdanken. In der Gegend der Ítylon-Bucht, der
Díros-Höhlen und am Nordende der westlichen Tiefen
Mani gibt es kleine Hotels und Privatzimmer in Areópolis und Pýrgos Diroú. Beide bieten jetzt auch Unterkunft
in einem restaurierten Turm. Wer am liebsten direkt am
Meer wohnt, findet ein neues komfortabel aussehendes
Hotel am steinigen Strand der Ítylon-Bucht, unterhalb
des Klosters Dekoúlou und der Festung Kelefá. Sonst
gibt es in der Tiefen Mani nur noch zwei kleine, aber
liebenswürdige Hotels in Gerolimén, einem besonders
reizenden kleinen Hafen. Er ist zugleich der beste Ausgangspunkt für die Erkundung des Südendes der Halbinsel, das in den Kapiteln III bis VI beschrieben wird.
Man kann allerdings auch in dem alten Seeräuberhafen

Mézapos Privatzimmer mieten; dieser Ort ist ebenso reizvoll und zugleich eine gute Basis, um das Cávo Grósso und Tigáni zu erforschen. Im übrigen kann man in jedem andern Ort, der einem gefällt, im Kafeneíon oder im Laden nach Unterkunftsmöglichkeiten in Privathäusern fragen. Auf der Ostseite kann man zumindest in Kyprianós im Süden und dem malerischen Fischerdorf Kótronas im Norden Privatzimmer finden. Kótronas liegt geschützt in der Bucht von Kap Stavrí, dort wo die Straße wieder ins Innere und quer über die Halbinsel nach Areópolis auf der Westseite führt.

Die Geschichte der Mani

DREI FINGER streckt die Peloponnes nach Süden ins Mittelmeer hinaus. Die Halbinsel Mani ist der mittlere: der längste, magerste und eigentümlichste. Er ist ein Ausläufer des großen Taýgetosgebirges, das zunächst im Norden die Ebenen von Messenien und Lakonien trennt, dann weiter südlich den Messenischen und den Lakonischen Golf, und das endlich in dem zerbissenen Fingernagel von Kap Matapán, dem südlichsten Punkt Griechenlands, endet. Zwischen Kalamáta und der Bucht von Ítylon am Messenischen Golf – in der Äußeren oder Messenischen Mani – liegt ein langer Küstenstrich mit einer reichen und fruchtbaren Ebene. Sie ernährt eine ziemlich zahlreiche Bevölkerung. Im Süden der Paßstraße jedoch, die von Ítylon am Messenischen Golf nach Gýtheion am Lakonischen hinüberführt, ist die Landschaft ganz anders geartet. Hier beginnt die Tiefe, südliche und eigentliche Mani, deren westliche Seite als Innere oder Schattige Mani, deren östliche als Untere oder Sonnige Mani bezeichnet wird. Hier ist die Landschaft öde, karg und ungastlich und – wie es in verhältnismäßig ruhigen Zeiten, in denen die Menschen unangefochten und sicher in üppigeren Gegenden leben können, nur zu natürlich ist – in hohem Grade entvölkert. Derart angenehme Existenzbedingungen sind jedoch in der griechischen Geschichte eher die Ausnahme als die Regel gewesen. Während sich nun gerade wegen der Kargheit und Abgelegenheit die südliche Mani vielen Hunderten auf ihrer Flucht vor fremden Eroberern als Rückzugsgebiet anbot, zog ihre strategische Lage im Zentrum der Handelswege zwischen Griechenland und Nordafrika und zwischen Italien und der Levante aber auch Männer an, deren Interessen weder landwirtschaftlicher noch überhaupt friedlicher Natur waren. So entwickelte sich auf einer Fläche, die weitaus kleiner als Korfu oder der Bodensee ist, eine ganz besondere Kultur, die fremdartiger, reicher, faszinierender und unbekannter ist als so ziemlich alle anderen in Griechenland.

Die Geschichte der Mani verläuft wie ein einzelner Faden, der sich mit den bunten Schnüren der Geschichte von Sparta, Rom und Byzanz, der sogenannten Franken, Venezianer und Türken verwoben hat, der aber immer auch ein einzigartiges eigenes Muster am Rande des griechischen Hauptmotivs hervorbringt. Die Mani ist ein Land der Höhlen, Kirchen und seltsamen Türme, mit befestigten Dörfern an kahlen Berghängen, mit außerordentlich reicher und bedeutender byzantinischer Kunst und Architektur, mit Fehden, Fasten und Totenklagen. Bis in dieses Jahrhundert hinein war es so etwas wie ein lebendiges Fossil aus dem Mittelalter. Es war ein Gebiet des institutionalisierten Bürgerkrieges und chronischer innerer Unordnung, doch war es – Ironie des Schicksals – der Manioten Verdienst, die Revolution von 1821 in Gang zu bringen. Sie beendete dreieinhalb Jahrhunderte türkischer Herrschaft und schuf den einheitlichen Nationalstaat, in dem die Mani selbst allerdings zum Fremdkörper wurde. Heute sind fast alle Türme verlassen, die langen Flinten schweigen, und nur ein paar alte Frauen singen noch immer ihre Totenklagen, die ein aussterbendes Relikt der feudalen Vergan-

genheit sind. Byzantinische Kirchen von großer Schönheit, oft mit wundervollem Freskenschmuck, sind so
vernachlässigt, daß sie einstürzen, und Glocken, die
nicht einmal die Türken zum Schweigen bringen konnten, werden nur noch von den Winterstürmen bewegt.
Die sichtbaren Spuren der langen maniotischen Geschichte sind betrüblich verwischt. Was aber geblieben
ist, ist noch immer faszinierend in seiner Vielfalt. Es ist
ungewöhnlich individuell und eng verbunden mit einer
Landschaft von Meeresküsten und Bergen, deren natürliche Schönheit – hoffentlich – unzerstörbar ist.

Die ersten Spuren maniotischer Geschichte verlieren
sich – wie die des Theseus in Kreta – unterirdisch in
einem Labyrinth. Vor zweitausend Jahren lag der Eingang zur Unterwelt in einer Höhle nahe dem Poseidontempel am südlichen Ende der Halbinsel Mani. Dort
hatte Herakles den Kerberos heraufgebracht. Viele tausend Jahre früher jedoch wußten die ältesten Manioten
einen besseren, erst in unserm Jahrhundert wiederent-
deckten Weg in die Tiefe. Er findet sich in der Díros-
Bucht in der Nordwestecke der Halbinsel. Obwohl bereits um 1900 ein Seemann aus der dortigen Gegend die
Glyfáda-Höhlen zum ersten Mal erkundet hatte, kam
es doch erst 1949 zu einer systematischen Erforschung
durch das Höhlenforscher-Ehepaar Joánnis und Anna
Petróchilos. Dabei stellte sich heraus, daß es sich um
eines der spektakulärsten und bedeutendsten Höhlensy-
steme Europas handelt. Neun Jahre später gingen die
beiden Forscher der Erzählung eines örtlichen Gastwirts
nach: sein Hund war in einem Fuchsloch verschwunden
und erst nach vielen Tagen so mager wie über und über
mit getrocknetem Schlamm bedeckt zurückgekommen,
daß er wie ein Ziegelstein aussah. Die beiden Petróchilos
fanden daraufhin nicht nur viele weitere weiträumige

Höhlen voller wunderbarer Stalagmiten und Stalaktiten, sondern auch Hinweise darauf, daß Menschen hier
gelebt hatten. Der rätselhafte schwarze Staub, der an
die Stelle des roten in den äußeren Höhlen getreten war,
erwies sich als Ruß, und als man 1961 den Eingang für
die Touristen erweiterte, fand man noch eine riesige
Höhle und darin menschliche Knochen sowie Knochen,
Zähne und Hörner von vielen Tieren, außerdem eine
Menge Gebrauchsgegenstände, die auf menschliche Bewohner im *Neolithikum* hinweisen. 1967 wurden die
ersten Felsbilder gefunden; sie zeigen Menschen sowie
Vögel und andere Tiere und auch das weibliche Frucht-
barkeitssymbol, das man zuvor schon in Marmoridolen
eingeritzt gefunden hatte. Das buchstäblich wundervolle unterirdische Königreich dieser Steinzeit-Manio-
ten wird im zweiten Kapitel beschrieben. Daß es heute
sowohl Forschern als auch Touristen zugänglich ist,
verdanken wir vor allem dem Mut und der Unbeirrbar-
keit von Anna Petrochílou. Nach dem Tode ihres Mannes führte sie allein die Entdeckungsarbeit weiter und
ging damit den ersten Spuren menschlicher Geschichte
in der Mani nach. Immer noch werden neue Höhlen
entdeckt und erforscht und dabei neue Funde gemacht.
    Aus der dann folgenden *Bronzezeit* gibt es eine Fülle
von Zeugnissen früher und später helladischer Besiedlung in der Gegend von Gýtheion. Hierher gehören vor
allem die mykenischen Grabkammern in Mavrovoúni.
Einige davon wurden im Zweiten Weltkrieg von den
Italienern als Unterstände benutzt. Erst in dieser spät-
helladischen Periode (1600-1100 v. Chr.) jedoch scheint
es zu einem merklichen Eindringen bronzezeitlicher
Kultur tiefer in die Mani gekommen zu sein. Zu den
verschiedenen Orten, an denen späthelladische Keramik
gefunden worden ist, gehört auch eine Stelle bei Lágia

im Südosten der Halbinsel; sie liegt in der Nähe der Steinbrüche, aus denen der purpurfarbene, als ›rosso antico‹ bezeichnete Marmor stammt. Er schmückt unter anderm die Fassade jenes Kuppelgrabs in Mykene, das als ›Schatzhaus des Atreus‹ bekannt ist. Möglicherweise gelangte dieser Marmor auch nach Kreta. Die Zyklopenmauern von Tigáni an der Küste der Schattigen Mani legen den Gedanken nahe, daß bronzezeitliche Griechen auch an diesem Platz, auf dem sich später eine große mittelalterliche Festung erhob, gesiedelt haben. Drei von den Städten, die Homer erwähnt, weil sie Menelaos im Trojanischen Krieg Truppen zur Verfügung stellten, liegen in der südlichen Mani: Lás, Oítylos und Mésse. Die beiden letzten kann man nach ihren heutigen Namen noch als Ítylon und Mézapos identifizieren; ihre Häfen sind die besten an der Westküste. Und es war die kleine Insel Kranai in der Bucht von Gýtheion, wo Paris und Helena ihre erste Liebesnacht verbrachten nach jener berühmten Entführung, die zu rächen tausend Schiffe und zehn Jahre nötig waren.

Sparta, Rom und Byzanz

Im 12. Jahrhundert v. Chr. ging die bronzezeitliche Kultur der Peloponnes zugrunde. Vielleicht bot die Mani wenigstens für eine Weile Schutz vor den primitiveren ›dorischen‹ Griechen, die aus dem Norden in die reichen Ebenen Lakoniens drängten; späterhin im 6. Jahrhundert n. Chr. werden das die Slawen wieder tun. Während der dunklen Zeiten aber, die dem Zusammenbruch Mykenes und all der andern bronzezeitlichen Machtzentren folgten, wurde offensichtlich auch die Tiefe Mani so vollständig dorisiert wie das übrige Lakonien. In *klassischer Zeit* ist die maniotische Geschichte eng verknüpft mit der von Sparta, dessen merkwürdig masochistischer

Militarismus ihm gegen Ende des 6. Jahrhunderts die
Vorherrschaft auf der Peloponnes verschafft hatte. Als
Sparta auch über die Peloponnes hinaus eine Rolle zu
spielen begann, gewann vor allem Gýtheion an Bedeutung. Es war Spartas nächstgelegener Hafen. Hatte es
wenig ausgemacht, daß dieser beinahe fünfzig Kilometer entfernt war, als Sparta eine reine Landmacht war,
die nur auf der Peloponnes expandierte und keinen Handel trieb, so war dieser Umstand von großem Nachteil,
als Sparta in einen Krieg mit einer ganz anders gearteten
Macht verwickelt wurde: mit der Seemacht Athen, die
den Piräus direkt vor ihrer Haustür hatte. Aber Sparta
machte das beste aus dem, was es hatte. In Gýtheion
konzentrierte sich ein Teil der Aktivitäten während der
Peloponnesischen Kriege. Es wurde ein vorrangiges An-
griffsziel der athenischen Seekriegsführung, zum Beispiel als Tolmides 455 v. Chr. den Hafen mit fünfzig
Kriegsschiffen und viertausend Mann angriff und Feuer
an die Schiffswerften legte. Dennoch hatte Sparta Athen
gegen Ende des Jahrhunderts besiegt, und es dauerte
noch eine Generation, bis es in der rivalisierenden Landmacht Theben seinen Meister fand. In der Schlacht bei
Leuktra, 371 v. Chr., ging der Mythos von der Unbesiegbarkeit der spartanischen Infanterie in offener Feld-
schlacht unter. Sparta verlor infolge dieser Niederlage
nach einer Herrschaft von 230 Jahren die Kontrolle über
Messenien. Auch Gýtheion entglitt nach einer dreitägi-
gen Belagerung für kurze Zeit der spartanischen Herrschaft. Man sagt, daß Sparta seinen Hafen zurückge-
wann, nachdem es hundert Elitesoldaten unter dem Vorwand, Athleten zur Teilnahme an irgendwelchen
Wettkämpfen zu schicken, in die Stadt eingeschleust
hatte. Eine Geschichte, die des Wiedererzählens wert
ist, und sei es auch nur als Warnung an diejenigen, die

naiverweise glauben, den Alten sei der Sport zu heilig gewesen, um ihn als Mittel der Machtpolitik zu nutzen.

Später im 4. Jahrhundert verlagerte sich das Schwergewicht der gesamten griechischen Welt nordwärts, nach Makedonien und innerhalb der Peloponnes auf den von Korinth und den Städten der Nordküste getragenen Achäischen Bund. Mit Ausnahme von ein oder zwei kurzen Perioden des Wiederaufblühens ist die Geschichte Spartas im *Zeitalter des Hellenismus* eine Geschichte des Niedergangs. Lakonien wurde wiederholt erobert, wenn es auch eine Ausnahme blieb, daß Philipp V. von Makedonien 218 v. Chr. bis tief in die Mani hinein vordrang. Aber der Poseidontempel florierte weiterhin am südlichen Kap, wo allerdings die Pilger weitaus in der Minderheit waren gegenüber den Söldnern, oft vielen Tausenden zur gleichen Zeit. Diese warteten dort darauf, für einen Kriegszug nach Kreta oder Italien oder in die Levante angeworben zu werden. Das zweite Jahrhundert sah dann die zunehmende Verwicklung *Roms* in die Angelegenheiten des östlichen Mittelmeers. 196 v. Chr. proklamierte Titus Flamininus die ›Freiheitserklärung‹ für Griechenland, nachdem er Philipp V. geschlagen hatte. Im folgenden Jahr überwältigte seine Armee das aufsässige Sparta. Gleichzeitig belagerte die römische Flotte Gýtheion, befreite es von Sparta und stellte es an die Spitze eines Bündnisses freier Städte, das ein Gegengewicht zu Sparta bilden sollte. Das war der Ursprung des *Eleutherolakonischen Bundes*. Als dieser 21 v. Chr. offiziell von Kaiser Augustus anerkannt wurde, bedeutete das den Beginn eines goldenen Zeitalters für die Mitgliedstädte des Bundes, darunter Lás (Passavá), Ítylon, Pýrrichos, Teuthrone (Kótronas) und Kainépolis (Kypárissos). Die letztere übernahm den Namen und die Funktionen der alten Stadt

Taínaron, die um den Poseidontempel herum entstanden
war. Der antike Reiseschriftsteller Pausanias beschreibt
diese Stätten in seinem ›Guide Bleu‹ für römische Touristen des 2. Jahrhunderts n. Chr. Vieles davon bleibt für
uns zu sehen und in den folgenden Kapiteln zu beschreiben. Hinzu kommen Episoden aus der Geschichte und
Beschreibungen anderer Schauplätze, deren Geschichte
man nicht kennt und von denen sogar die Namen verloren sind.

Münzen und Inschriften der Mitgliedstaaten bezeugen das Bestehen des Eleutherolakonischen Bundes bis
gut in die zweite Hälfte des dritten Jahrhunderts n. Chr.
Er bestand wahrscheinlich sogar bis zu Diokletians Ver-
waltungsreform für die römischen Provinzen vom Jahre
297 n. Chr. Schon damals kamen jedoch Unruhen im
römischen Reich auf, die dazu führten, daß in den folgenden Jahrhunderten viele Flüchtlinge in der Mani
Zuflucht suchten.

In den Jahren 267/68 n. Chr. wurde die südliche Peloponnes von Goten und Herulern erobert, und im folgenden Jahrhundert drangen Alarichs Westgoten in Gýtheion ein und zerstörten, was nach dem Erdbeben von
375 n. Chr. noch von der Stadt übriggeblieben war. Um
diese Zeit war die Peloponnes natürlich Teil eines dem
Namen nach christlichen Reiches, das mehr von *Byzanz*
als von Rom aus regiert wurde. Wiederum fast ein Jahrhundert später konnte Konstantinopel einen kleinen
Hafenort in der Tiefen Mani feiern: er hatte die Peloponnes vor Geiserichs Vandalen gerettet. Der Vandalen-
könig, der erst kürzlich Karthago erobert hatte, war
darauf aus, sein mit Rom rivalisierendes Reich von
Nordafrika nach Europa auszudehnen, und fiel 468
n. Chr. in die Peloponnes ein. Als er aber versuchte,
seine Truppen in Kainépolis an Land gehen zu lassen,

wurden sie zurückgeschlagen und erlitten so schwere Verluste, daß er rasend vor Zorn nach Zákinthos segelte, dort fünfhundert Gefangene nahm, sie in Stücke hacken und auf seinem Heimweg nach Karthago ins Meer streuen ließ. So war es nur recht und billig, daß Justinians großer Feldherr Belisar den Hafen von Kainépolis anlief, als er 533 n.Chr. auf dem Wege war, Karthago für das Kaiserreich zurückzugewinnen.

Aber Justinians blutige Wiedereroberung Italiens von den Ostgoten und Nordafrikas von den Vandalen im 6. Jahrhundert war nur auf Kosten einer Vernachlässigung der übrigen Grenzen des oströmischen Reiches möglich. Während die Hunnen die Gebiete nördlich des Schwarzen Meeres überrannten, die Perser in Syrien und Ägypten eindrangen und das Kreuz Christi aus Jerusalem als Beute fortführten, stürmten *Slawen und Awaren* von Norden nach Griechenland hinein. Um das Jahr 590 n.Chr. waren die Awaren auf der Peloponnes, »die sie 218 Jahre lang hielten«, wie der im späten 11. Jahrhundert lebende Patriarch Nikolaus Grammarius schreibt, »und sie trennten sie [die Peloponnes] so vollständig vom byzantinischen Kaiserreich, daß kein byzantinischer Amtsträger es wagte, einen Fuß in das Land zu setzen«. Aber offensichtlich versäumten die slawischen Eroberer, tief nach Mani hinein vorzudringen. Über die Folgen schrieb der gelehrte Kaiser Konstantinos VII. Porphyrogennetos in dem politischen und geographischen Handbuch des Reiches ›De administrando imperio‹, das er 950 n.Chr. für seinen Sohn Romanos abgefaßt hat: »Es sei darauf hingewiesen, daß die Bewohner der Burg Maina nicht zur Rasse der vorgenannten Slawen gehören, sondern zu den älteren Romaioi, die heute von den Einwohnern der Gegend als Griechen bezeichnet werden, weil sie Götzenanbeter und Götzendiener waren wie die alten Griechen und getauft wurden und Christen geworden sind unter der Herrschaft des glorreichen Basileios. Der Ort, an dem sie leben, hat kein Wasser und ist uneinnehmbar, hat aber Olivenbäume, die ihnen einigen Trost spenden.«

Dies ist die erste historische Erwähnung der ›Maina‹, von der die moderne Bezeichnung Mani sich herleitet, und es gibt viele müßige Spekulationen über seine Etymologie. Sicher ist, daß es ein byzantinisches Machtzentrum gab, das ›Burg Maina‹ hieß, nach dem ein größeres Gebiet mit Olivenanbau benannt und von dem es auch beherrscht wurde. Der wahrscheinlichste Anwärter für den Platz ist das befestigte Vorgebirge von Tigáni mit seiner möglicherweise aus dem 9. Jahrhundert stammenden Basilika, das im dritten Kapitel beschrieben wird. Brauchte aber das *Christentum* wirklich so lange, um in der Mani Fuß zu fassen, wie Konstantins Bericht vermuten läßt? Drei ältere christliche Basiliken des 5. und 6. Jahrhunderts sind in Kypárissos im Südwesten der Halbinsel entdeckt worden, und es kann durchaus sein, daß auch die Kirche von Tigáni aus einer Zeit lange vor dem 9. Jahrhundert stammt. Man hat darüber hinaus vermutet, daß Konstantin die missionarischen Erfolge seines Großvaters Basileios I. übertrieben hat. Die frühen Kirchen liegen jedoch alle in befestigten Plätzen am Meer, und es gibt keinen Grund anzunehmen, daß ein gebirgiges Inneres, das sich für byzantinische Amtsträger und slawische Eroberer als unzugänglich erwies, für Missionare in irgendeiner Weise anziehender oder gastlicher gewesen wäre. Es ist ein bemerkenswertes Zeichen maniotischer Individualität, daß die Mani als ein dem Ursprungsland des Christentums so nahe gelegenes Gebiet ihm 400 Jahre länger widerstehen konnte als das vom heiligen Patrick bekehrte Irland. Im 9. Jahrhundert ist die Kirche jedoch offensichtlich hinreichend organisiert, so daß die Mani zu Beginn des 10. Jahrhunderts als eigene Diözese unter der Oberhoheit des Metropoliten von Korinth in Erscheinung tritt. Die ungewöhnliche Konzentration byzantinischer Kirchen aus der Zeit vom 11. bis zum 14. Jahrhundert in der Tiefen Mani paßt gut zu dem Eifer eines spät Konvertierten, der die verlorene Zeit aufholen möchte.

Die Peloponnes blieb dann unter byzantinischer Herrschaft bis ins frühe 13. Jahrhundert, als sie bei Gelegenheit des vierten Kreuzzuges von ›Franken‹ – wie die *Kreuzritter* in Griechenland und im ganzen Orient genannt werden – erobert wurde. So aufrichtig auch die geistigen Motive für den ersten Kreuzzug von 1095 als Mittel zur Einigung der Christenheit gegen die Sarazenen gewesen sein mochten, das byzantinische Reich hatte bald entdeckt, daß die christlichen Brüder gefährlicher als die Ungläubigen waren. Die Grundsätze, die den vierten Kreuzzug gegen Konstantinopel leiteten, reichten nicht über gemeine Habgier hinaus. Venedig und die Fürsten des christlichen Westens verteilten die Beute unter sich, und Balduin von Flandern wurde der erste *Lateinische Kaiser*. Um 1205 machte der Papst einen Baron aus der Champagne, Guillaume de Champlitte, in Anerkennung seiner Eroberung der westlichen Peloponnes zum Fürsten von Achaia. 1213 erlag auch die östliche Peloponnes den siegreichen Waffen seines Nachfolgers Godefroy de Villehardouin, und damit gewann dieser die Herrschaft über die ganze Halbinsel mit Ausnahme der venezianischen Stützpunkte Koróni (Coron) und Methóni (Modon) im Südwesten sowie Monemvasía im Südosten. So wurde die Mani zum südlichen Anhängsel eines fränkischen Fürstentums, dessen Herrscher den Namen Lakedaimon in ›La Crémonie‹ verwandelt hatte und der sich, was die Verteidigung der lakonischen Ebene vor den Manioten anging, auf seinen Erbmarschall Jean de Neuilly verließ. Dieser saß auf der Burg Passavá, die die fruchtbare Ebene südlich von Gýtheion und den lebenswichtigen Paß zwischen Gýtheion und Ítylon beherrschte.

Doch die wilden Manioten waren nicht so leicht in Schach zu halten, auch waren sie nicht die einzige Bedrohung Lakoniens. So wie die Griechen vor den slawischen Eindringlingen in die Mani geflüchtet waren, waren nun auch die aus ihrem Besitz vertriebenen Slawen in die weiter nördlich gelegenen Berge des Taýgetos geflohen. Während nun diese ›Melingioten‹ Lakonien von Westen und die Manioten es von Süden her überfielen, tat eine dritte Gruppe von unabhängig gesonnenen Gebirgsbewohnern, die halb griechischen und halb slawischen ›Tsákones‹ – wie die Bewohner der Landschaft Tsakonien genannt werden – vom Párnon im Osten aus das gleiche. Kurz vor 1250 beschloß Guillaume II., vierter Fürst von Achaia, neue Festungen gegen alle drei zu bauen oder vorhandene zu erobern. Für den Kampf gegen die Tsákones gewann er durch Belagerung die große Felsbastion Monemvasía, das Gibraltar der Ägäis, das den Seeräubern als Festung gedient hatte. Gegen die Melingioten baute er Mistrá, um ›La Crémonie‹ selbst zu sichern. Und gegen die Manioten drang er vor bis südlich von Passavá und baute die Festung der großen Maina » auf der Höhe eines schroffen und steil abfallenden Felsmassivs am äußersten Ende eines Vorgebirges «. Höchstwahrscheinlich war dies wiederum Tigáni, der Sitz der alten byzantinischen Burg Maina, ein westwärts blickendes Monemvasía, das durch Natur und Kunstfertigkeit wunderbar befestigt war. Sogar ein lateinischer Bischof wurde für die Mani berufen, doch nahm man die Friedens- und Versöhnungsbotschaft von einem Mitrenträger nicht gut auf, und nach ein paar Jahren Verdruß und Schrecken durfte der unglückselige Mann sich für immer nach Italien zurückziehen. Es ist recht zweifelhaft, ob die fränkische Herrschaft über die Mani sehr wirksam war, obwohl sie sich doch auf eine starke Festung dort stützen konnte. Die Burg Maina blieb auch in der Tat nicht lange in fränkischen Händen. 1259 wurden Fürst Guillaume und seine führenden Edelleute in der Schlacht von Pelagonia durch Kaiser Michael VIII. Palaiologos von Nikaia gefangengenommen. Michael vertrieb im Anschluß daran den Lateinischen Kaiser aus Konstantinopel und nahm 1261 seine angestammte Hauptstadt wieder in Besitz. Als Teil der Sühneleistungen verlangte der Kaiser die drei großen Festungen Maina, Monemvasía und Mistrá sowie Geiseln, darunter Marguerite, die Tochter Jeans II. von Passavá. Ab 1262 blieb – zumindest dem Namen nach – die Mani unter der Herrschaft des *byzantinischen Regenten* der Peloponnes. Das dauerte bis 1460, als die *Türken* auf ihrem Vormarsch Mistrá einnahmen – auf den Tag genau sieben Jahre, nachdem Konstantinopel 1453 gefallen war.

Die Türkenzeit

In den folgenden dreieinhalb Jahrhunderten erweist sich die Mani als Achillesferse für die türkische Besatzung der Peloponnes: sie bleibt bis 1821 ein Herd immer neuer Unruhen und immer neuer Mißerfolge. Die ersten kamen schon drei Jahre nach dem Fall von Mistrá. Venedig begann den ersten seiner vielen Kriege gegen die Türken und fand in *Korkódilos Kladás,* dem griechischen Lehnsherrn von Élos am nördlichen Ende des

Lakonischen Golfs, einen willigen Bundesgenossen. Der Sultan hatte Kladás diese Besitzungen übertragen, in der Hoffnung, daß er sich als loyaler Verteidiger Lakoniens vor den Manioten bewähren werde. 1463 aber zog Kladás den goldbestickten Mantel von San Marco an und führte ein kleines Söldnerheer bei verschiedenen Operationen gegen die Türken. Das dauerte bis 1479, als die Venezianer Frieden mit der Türkei schlossen und die Griechen, die für sie gekämpft hatten, im Stich ließen. In den Friedensverhandlungen stimmten sie zu, den ›Brazzo di Maina‹ den Türken zu übertragen, und als Kladás sich weigerte, diese Bedingung zu akzeptieren, setzten sie kurzerhand einen Preis auf seinen Kopf aus. Das war typisch für die venezianische ›Realpolitik‹, die Venedigs Beziehungen zur Mani in den kommenden Jahrhunderten kennzeichnen sollte. Jedesmal, wenn es zu handgreiflichen Auseinandersetzungen mit den Türken kam, versuchten sie, die Manioten gegen die Türken aufzuwiegeln, und jedesmal antworteten die Manioten, daß man sie im Stich gelassen habe, als es galt, der türkischen Vergeltung standzuhalten. Kladás und seine ›stradioti‹, die nun unbezahlt und unbeschäftigt waren, versuchten in der Mani ihre Unabhängigkeit zu bewahren. Obwohl sie eine erste türkische Armee bei Ítylon besiegten, wurden sie von einer zweiten, mächtigeren geschlagen; Mani wurde unterworfen, und Kladás floh nach Neapel. Drei von König Ferdinands Galeeren nahmen ihn auf in Pórto Kágio, der wunderschönen Wachtelbucht in der Südostecke der Halbinsel. Im Zweiten Weltkrieg sollte sie die Szene ähnlicher Rettungsaktionen vor der deutschen Besatzung sein.

Im 16. Jahrhundert wurde der türkische Zugriff auf die Peloponnes straffer. In den Kriegen von 1499-1503 und 1537-40 hatten die Venezianer ihre restlichen Besit-

zungen dort verloren; im ersten Krieg Koróni und Methóni, im zweiten dann Nauplia und Monemvasía.
Mani jedoch scheint von allen türkischen Versuchen,
dort eine ständige militärische Präsenz einzurichten, bis
1570 verschont geblieben zu sein. In diesem Jahr beschloß der Sultan Selim III., liebevoll ›Der Säufer‹ genannt, die Venezianer aus Zypern zu vertreiben. Im
Zusammenhang mit diesem Feldzug gewann die Halbinsel Mani große strategische Bedeutung für die venezianischen Verbindungs- und Nachschublinien zu der belagerten Inselfestung. Kaum hatten die Türken damit begonnen, Befestigungen zur Sicherung der Buchten von
Ítylon und Pórto Kágio als ständige Flottenbasen zu
bauen, alarmierten die Manioten den venezianischen
Admiral in Kreta und halfen dessen Flotte bei der Zerstörung der gerade errichteten Bauten. Obwohl Zypern
gefallen war, ließ der Sieg der christlichen Flotte über
die Türken 1571 in der *Seeschlacht von Lepanto* die
Hoffnung aufkommen, daß Don Juan d'Austria für die
Sache der griechischen Befreiung eintreten würde. Der
Bischof von Monemvasía gab das Zeichen zum Aufstand auf der Peloponnes. Doch alles war vergebens.
Die versprochenen Armeen kamen nie, und 1572 war
der Bischof mit seinen Truppen in die Mani zurückge-
trieben. Sie war die letzte Bastion im Kampf um eine
Sache, die endgültig verloren war, als Venedig 1573 mit
dem Sultan Frieden schloß.

In den folgenden Jahrzehnten sandten führende Manioten ganze Ströme von Sendschreiben an potentielle
Fürsprecher im christlichen Westen. 1582 baten sie Papst
Gregor XIII., zu ihren Gunsten bei Philipp II. von Spanien zu intervenieren. 1603 traten sie an Papst Clemens VIII., der das Kreuz genommen hatte, heran, und
als das Vorhaben eines neuen Kreuzzuges zwei Jahre

später mit ihm zu Grabe getragen wurde, setzten sie ihre Hoffnungen auf König Philipp III. von Spanien, auf den Vizekönig von Neapel und auf den Großherzog der Toskana. Ihre Annäherungsversuche wurden nicht ignoriert. Neapel, Venedig, Frankreich, Spanien, Genua, Florenz: alle waren an der Mani interessiert, und man schickte verschiedene Missionen zur Erkundung hin. Tatsächlich geschah jedoch kaum etwas, wenn man von einigen Überfällen der Spanier absieht, wie zum Beispiel der Plünderung von Passavá 1601. Dann fand die Mani 1612 in *Carlo Gonzaga* aus Mantua einen neuen Fürsprecher. Er hatte von seiner französischen Mutter das Herzogtum Nevers geerbt und erhob Anspruch auf den Thron von Konstantinopel. Er begründete ihn mit der Abkunft seiner Großmutter väterlicherseits, der letzten eines Zweigs des palaiologischen Kaiserhauses, die das Marquisat von Montferrat geerbt hatte. Als Herzog Carlo geheime Botschaften nach Griechenland schickte, um zu erkunden, wie man seine Ambitionen voraussichtlich aufnehmen würde, antwortete der Bischof der Mani sofort. Er titulierte ihn als König Konstantin Palaiologos und erklärte, daß die Griechen ihn erwarteten wie die Juden den Messias. Es folgten weitere Briefe und Listen von Kriegsleuten, aber das Ganze war wieder eine Enttäuschung. Zwölf Jahre Intrigen führten zu keinem Ergebnis, und unterdessen griffen die Türken in der Mani scharf durch. Dort blieb es bis 1645 ruhig. In diesem Jahr begannen die Venezianer ihren längsten und erbittertsten Kampf gegen die Türken: den Krieg von 1645-69, der damit endete, daß Venedig Kreta verlor.

Da die Türken noch auf anderen Kriegsschauplätzen engagiert waren, erfreuten die Manioten sich während dieses Krieges praktisch der Unabhängigkeit. Die Venezianer stachelten sie dazu an, türkische Schiffe anzugrei-

fen, und 1667 waren die Manioten schon so verwegen,
daß sie durch die türkischen Geschwader segelten, Kreta
blockierten und etliche gegnerische Schiffe beschossen
und plünderten. Sie unterstützten die Venezianer auch
an Land, vor allem 1659 Morosini bei der Eroberung
und Plünderung von Kalamáta. Dabei waren sie allerdings, wie bei ihren maritimen Heldentaten, mehr vom
Nutzen als von Frömmigkeit geleitet, und Christen waren wie Türken die Opfer ihrer Raubzüge.

»Denn Seeräuberei ist die wichtigste Beschäftigung
der Manioten« (schrieb Guilletière, ein zeitgenössischer
französischer Reisender in ›Athènes ancienne et nou-
velle ...‹, Paris 1675) »und ihr Haupthandel ist der
Sklavenhandel. Ítylon wurde ›Groß-Algier‹ genannt. Sie
machen überall Gefangene, verkaufen Christen an die
Türken und Türken an die Christen. Sie genießen es
stolz, von ihren Raubzügen zu erzählen, und sie machten mich aufmerksam auf einen ihrer berühmtesten Seeräuber als auf einen Mann, der es zu höchstem Rang
gebracht hatte.«

Als Kreta gefallen war, schickte der siegreiche Großwesir Küprülü eine Flotte aus, um die gesetzlose Halbinsel zu bändigen. Deren auffälliger Mangel an Erfolg
überzeugte ihn rasch, daß er es besser mit den subtileren
Methoden der Diplomatie versuchen sollte, unterstützt
durch ständige Garnisonen in den kritischen Häfen. Der
allgemeine Widerstandsgeist wurde mit Hilfe politischer
und finanzieller Konzessionen geschwächt. Die Manioten erhielten das Recht, die Kirchenglocken zu läuten
und Kreuze auf ihre Glockentürme zu setzen. Die ver-
haßte Kindersteuer wurde abgeschafft und die allgemeinen Abgaben verringert. Man baute große Festungen,
die Ítylon und Pórto Kágio kontrollieren sollten. Die
Rivalitäten der ansässigen Familien wurden nach dem

Prinzip ›teile und herrsche‹ geschickt genutzt. Die Behandlung war geradezu homöopathisch. Einer der schlimmsten – früher von den Türken gefangenen – maniotischen Piraten wurde freigelassen und nach Ítylon heimgeschickt, um dort seinen Familienfehden nachzugehen. Sein Name war *Liberákis Gerakáris*. Mit der Rückendeckung durch die türkische Garnison machte er seinen Feinden, den Stefanópouli, das Leben so schwer, daß diese und einige andere Familien, insgesamt mehr als siebenhundert Menschen, in Genua um Asyl nachsuchten. Es wurde ihnen Land auf Korsika bewilligt, und sie wanderten 1675 aus, vergleichbar den alten Phokern, die 560 v. Chr. Kleinasien verließen, um eine neue Heimat im Westen zu suchen, wo sie frei vom persischen Joch sein würden. Die Nachkommen dieses Stefanópouli-Clans leben noch heute auf Korsika. Übrigens waren sie nicht die einzigen, die aus Ítylon ausgewandert sind. Ihre Rivalen, die Jatráni, die sich der latinisierten Form ihres Namens, ›Medici‹, bedienten und sich auf einen gemeinsamen Ursprung mit der großen florentiner Familie beriefen, hatten sich bereits an den Großherzog Ferdinand II. Medici gewandt und sich in der Toskana niedergelassen. Es dauerte nicht lange, bis Gerakáris mit den Türken aneinandergeriet und sich veranlaßt sah, wieder zu den übrigen maniotischen Seeräubern zu stoßen. Diese waren zwar in ihren Aktivitäten etwas beschnitten, das Handwerk war ihnen aber noch lange nicht gelegt, wie Bernard Randolph bezeugt, wenn er die Haupttätigkeit der Manioten in den späten 70er Jahren des 17. Jahrhunderts beschreibt:

»Noch immer fahren sie fort, mit ihren Brigantinen herumzukreuzen. Wenn sie irgendwelche Türken gefangennehmen, so verkaufen sie diese an die Malteser und Livornesen, geradeso wie sie die Christen an die Türken verkaufen. Wenn irgendein Schiff vor ihrer Küste Anker wirft, bewaffnen sich viele und eilen dorthin, wo das Schiff vor Anker liegt. Einige von ihnen werden dann als Priester gekleidet sein und mit einem Ränzchen, in dem Brot und Wein sind, am Ufer entlang gehen. Ihre Spießgesellen liegen an einem geeigneten Platz hinter den Büschen verborgen. Wenn dann Fremde an Land kommen und sich herausstellt, daß diese die Landessprache nicht verstehen, machen die falschen Priester ihnen Zeichen und zeigen ihnen Brot und Wein, die sie ihnen für Geld anbieten. So werden die Fremden von der See weggelockt. Möglicherweise lädt man sie auch ein, sich hinzusetzen und den Wein zu kosten. Dann kommen die Manioten aus ihrem Versteck und machen ihre Beute. Die Priester werden bekümmert erscheinen und versuchen, die Fremden glauben zu machen, daß sie ganz und gar keine Ahnung von dem geplanten Überfall hatten. So wird dann eine weiße Fahne gehißt und mit der übrigen Schiffsbesatzung über das Lösegeld für die gefangenen Schiffsleute verhandelt.«

1684 nutzte der spätere Doge *Morosini* die Gelegenheit, daß die Türken durch Österreich in Anspruch genommen waren, um ihnen die Herrschaft über die Peloponnes zu nehmen. Sobald die Manioten merkten, daß es Morosini ernst war, erhoben sie sich, vernichteten die türkischen Garnisonen und verdienten sich damit eine besonders bevorzugte Behandlung durch die neuen Herren. Der Mani ging es nun tatsächlich besser als irgendeiner anderen, von der Natur doch großzügiger bedachten Gegend der Peloponnes. Das lag nicht nur an ihrer geringen Besteuerung, sondern auch daran, daß sie von den beiden Geißeln verschont blieb, die all die von der Natur so viel reicher ausgestatteten Gebiete heimsuchten: der Plünderung durch die Türken auf ihrem Rückzug und dem Rückgang der Bevölkerung durch eine Seuche, die die Einwohnerzahl der ganzen Peloponnes auf bloße hunderttausend halbierte. Außerdem waren die Manioten die einzigen Griechen, die den Venezianern bereitwillig Militärdienste leisteten. Für Venedig war es lebenswichtig, die kriegerische Halbinsel für sich zu gewinnen, nachdem die Türken einen ihrer maniotischen Gefangenen damit beauftragt hatten, ihnen bei der Rückeroberung der Peloponnes zu helfen. Der maniotische Gefangene auf der Seite der Türken war wiederum Liberákis Gerakáris, der Pirat, der seit seiner Wiederergreifung 1682 im Kerker geschmachtet hatte und nun der Hohen Pforte seine Dienste anbot. Dabei stellte er die Bedingung, daß er zum Bey der Mani ernannt würde, die er nach dem Vorbild des im Innern autonomen Fürstentums Moldau neu organisieren wollte. Obwohl aber Seine Hoheit, der Herrscher der Mani, sich große Mühe gab, seinem leeren Titel mit Hilfe einiger Raubzüge auf der Peloponnes etwas Substanz zu verschaffen, lief auch er endlich 1696 zu Venedig über. Damit verlor er auf beiden Seiten seine Glaubwürdigkeit und verschwand ganz und gar von der Bildfläche. Seine vermeintlichen Untertanen genossen unterdessen weiterhin mehr Unabhängigkeit als je zuvor, doch nutzten sie diese vor allem, um sich, durch Übervölkerung und fehlende Obrigkeit begünstigt, der Blutrache und dem permanenten Bürgerkrieg zu widmen. Sie waren die herausragenden Charakteristika der maniotischen Gesellschaft des 18. und 19. Jahrhunderts. Für die übrige Bevölkerung der Peloponnes galten keine vergleichbaren Freiheiten, sie fand vielmehr die venezianische Herrschaft nicht weniger unbarmherzig und weitaus wirksamer als die der Türken. Die Kombination von drückender Besteuerung, dem Bekehrungseifer der römischen Kirche und der Trennung vom orthodoxen Patriarchen von Konstantinopel brachen praktisch jeden Willen zum Widerstand gegen die *Rückeroberung der Peloponnes* durch die Ungläubigen im Jahre 1715.

Es dauerte bis 1770, ehe die Manioten wieder rebellierten, und diesmal war es nicht Venedig, das ihre Sache vertrat, sondern das orthodoxe Rußland unter Katharina der Großen. Bereits 1766 war ein russischer Agent in Ítylon erschienen. Er sollte versuchen, den Clan der Mavromichális zur Übernahme der führenden Rolle in einer Revolution zu überreden. Von ihr versprach man sich, daß sie sich über ganz Griechenland ausbreiten würde. Diese schlauen Gutsherren waren jedoch vorsichtig zurückhaltend in ihrer Antwort gewesen und hatten warnend darauf hingewiesen, daß die Mani ohne den Druck einer Gefahr für alle uneinig zu sein pflegte. Sie hatten es abgelehnt, sich festzulegen, es sei denn, daß man ihnen starke russische Kräfte an die Seite stellen würde. Als dann aber Rußland über die polnischen Wirren schon mit der Türkei im Kriege lag und Fedor Orlow, der Bruder des bevorzugten Liebhabers der Kaiserin, mit fünf Schiffen und nur fünfhundert Mann in der Bucht von Ítylon erschien, ließen sich die Mavromichális und andere Clans aus der Tiefen Mani schließlich darauf ein, gegen ihr besseres Wissen zu handeln. Damit wurden sie zu Bauern, die in einem fernen kaiserlichen Schachspiel geopfert werden sollten. Orlow war kein Morosini, seine Streitkräfte waren gering, und er lag sich bald in den Haaren mit dem Anführer der Mavromichális, › Johann dem Hund ‹, der ihm ins Gesicht sagte, daß er anscheinend besser griechische Häuser als türkische Festungen zerstören könne. Nach dieser Auseinandersetzung operierten sie getrennt, doch gegen Ende des Jahres waren die Russen davongesegelt. Die Türken

warfen Albanier in die Peloponnes, damit sie sie zurückeroberten, und die Manioten stellten sich in Messenien
zu einem letzten blutigen Kampf, bevor sie sich vor dem
albanischen Terror in ihre Zufluchtsorte in den Bergen
zurückzogen. Um 1777 hatten sie mehr als genug von
der Sache, und als der große Hassan Pascha in Rhodos
war, besuchte ihn einer der Edelleute aus der messenischen Mani, Zanétos Koutífaris. Dieser sollte eine Amnestie für Manis Beteiligung am Krieg erwirken, den
Sultan der Loyalität der Mani versichern und seinen
Schutz anfordern.

Das Resultat war ein neues Regierungssystem für
die Mani oder eher eine modifizierte Neuauflage der
indirekten Herrschaft, wie sie bei der Einsetzung von
Liberákis Gerakáris versucht worden war. Mani sollte
wieder von einem Manioten und Christen regiert werden. Dieser würde jedoch dem Kapoudan Pascha – der
stets ein Türke war – für die Steuereintreibung verantwortlich und seinerseits auf diesen angewiesen sein,
wenn es darum ging, den Vorrang gegenüber den rivalisierenden Landedelleuten durchzusetzen. Das Amt erwies sich als fatal für viele von denen, die es im Laufe
der nächsten 45 Jahre innehatten. Zanétos Koutífaris
selbst war der erste Bey, doch blieb er es nur drei Jahre.
Dann wurde er zur Hohen Pforte zitiert und in den Tod
geschickt, weil er versucht hatte, seine Herrschaft als
Bey auch auf die Ebene von Élos auszudehnen. Diese
Unbesonnenheit gab den Türken Gelegenheit, sein Vermögen zu beschlagnahmen und damit rückständige Tri-
bute einzuziehen. Sein Nachfolger war Michális Trou-
pákis, doch auch er hielt sich nur drei Jahre, bis ihn
Anklagen wegen Seeräuberei – denen entgegenzuwirken
er nicht reich genug war – veranlaßten, in eine Falle zu
gehen: er ließ sich 1782 auf ein türkisches Schiff locken,

mit dem er zur Enthauptung auf die Insel Mitilíni gebracht wurde. Die vakante Stelle des Bey ging dann von den messenischen Manioten auf den *Grigorákis-Clan* in der lakonischen Mani über, dessen wachsende Macht in der Gegend von Gýtheion den bisherigen Beys Widerstand geleistet und die Türken alarmiert hatte. 1780 hatte der Pascha von Tripolis diese Körperschaft zu schwächen versucht, indem er ihr den Kopf nahm, doch stellte sich heraus, daß er einen ziemlichen Aufruhr am Halse hatte, nachdem er den führenden Mann des Hauses Grigorákis in seine Hauptstadt eingeladen, ihn wie einen Ehrengast bewirtet und dann in aller Ruhe gehängt hatte. Die Familie reagierte wie die sagenhafte Hydra, die rascher neue Köpfe hervorbrachte als Herakles sie abschlagen konnte. Sie eilten alle zu den Waffen, massakrierten die türkische Bevölkerung in ihrer Umgebung und beeindruckten die Hohe Pforte so stark, daß es ihr als das Klügste erschien, aus dieser offensichtlich mächtigen Sippe den nächsten Bey zu berufen und sie damit zugleich den übrigen Familien zu entfremden. Aber *Zanétos Grigorákis,* der Neffe des ermordeten Familienoberhaupts und Anführer der Racheaktionen, lehnte das gefährliche Privileg höflich ab und ließ sich erst zu einer Zusage überreden, nachdem auch er auf ein türkisches Schiff gelockt und mit der Enthauptung bedroht worden war.

Zanétbey blieb länger als seine Vorgänger im Amt, und es dauerte sechzehn Jahre, bis er zu Fall kam, nachdem er mit den Franzosen einen Aufstand geplant hatte. Während seiner Regierungszeit wurde Europa von der Französischen Revolution erschüttert, und Napoleon wurde überall zum Hoffnungsträger der Freiheitsbewegungen. 1797 schrieb Zanétbey an den General der Republik, daß er ihm gern die Häfen der Mani zur Verfügung stellen wolle. Napoleon antwortete, indem er zwei seiner korsischen Kameraden, Dimo und Niccolò Stefanopoli, nach Gýtheion schickte, um dort eine Verschwörung zur Revolution in ganz Griechenland anzuzetteln. Die beiden waren Nachkommen der Stefanópouli aus Ítylon, die vor mehr als einem Jahrhundert nach Korsika ausgewandert waren. Sie führten eine angebliche byzantinische Abstammung, von niemand geringerem als dem letzten Kaiser von Trapezunt, David Komnenos Nikeforos, ins Feld. Dessen Sohn, so behaupteten sie, sei nach Ítylon geflohen und habe dort seinen Namen in Stefanópoulos geändert. Es war ein guter Einfall, der später auch auf die Abstammung von Napoleon selbst ausgedehnt werden sollte. Ítylon wurde für ihn als Bindeglied zwischen Byzanz und Korsika beansprucht, und zwar mit Hilfe eines fiktiven Kalómeros, der angeblich den Stefanópouli durch Verwandtschaft verbunden und dessen Name außerdem eine direkte Übersetzung von Bonaparte ins Griechische war. Jedenfalls war Zanétbeys Ränkeschmieden mit den französischen Agenten, ob sie nun Byzantiner waren oder nicht, die Ursache, daß er 1798 abgesetzt wurde. Obwohl ausgestoßen, lebte er doch weiterhin in der Mani und führte Verhandlungen über eine Schiffsladung französischer Waffen, was allerdings zur Folge hatte, daß seine Burgen bei Gýtheion 1803 vom Kapoudan Pascha belagert wurden und er sich weiter ins Land hinein zurückziehen mußte.

Zanét war durch einen gewissen Panagiótis Koumoundourákis ersetzt worden, doch da sich dieser als unfähig erwies, die revolutionären Tätigkeiten seines Vorgängers zu unterbinden, entledigten sich die Türken seiner und betrauten mit Antónbey den nunmehr gespaltenen Grigorákis-Clan wieder mit dem Amt des Bey.

Antón war ein ehrgeiziger, aber ziemlich schwacher
Vetter des abgesetzten Zanét, mit dem er nun verhandeln
sollte. 1805, als Antón das Amt des Bey versah, kam der
englische Colonel Leake auf seiner Peloponnesreise in
die Mani. Er wird uns auf den folgenden Seiten noch
häufig bei unseren eigenen Manifahrten begegnen. Wir
werden sehen, daß er ein interessanter und unterhalten-
der Gesellschafter ist, auch wenn wir nicht – so wie
er – von einer fixen Idee militärischer Pünktlichkeit
besessen sind. Für diesen Tick geben die folgenden Zeilen ein typisches Beispiel:

> »Um 8.38 Uhr lag Mavrovoúni etwas links von uns.
> Hier kam es zu einer kleinen Verzögerung, da der
> Eigentümer eines meiner Mietpferde seine Muskete
> aus dem Dorf holte. Wir stiegen dann hinunter in die
> Ebene von Passavá. Um 8.52 Uhr fünfzehn Minuten
> damit verloren, aus einer Herde ein frisches Pferd für
> einen Diener auszusuchen. Um 9.00 Uhr ein tiefes
> Flußbett durchquert ...«

Wenn er nicht auf die Uhr schaute, war er ein scharfer
Beobachter des Landes, seiner Bräuche und gesellschaftlichen Verhältnisse und ein kluger Menschenkenner mit
viel Sinn für Anekdoten. Er war auch ein recht bedeutender Archäologe, und wenn er auch anscheinend kein
Auge für den Reichtum des byzantinischen Erbes hatte,
so trug er doch überall ein Exemplar des Pausanias
mit sich herum. Leake durchstöberte das Land nach
klassischen Altertümern mit einer Gründlichkeit, die
manchem professionellen Gelehrten zur Ehre gereicht
hätte.

Da Antónbey sich als unwillig oder unfähig erwies,
seinen energischeren Vetter im Zaum zu halten, fiel der
Kapoudan Pascha 1807 erneut, aber mit viel stärkeren
Kräften in Gýtheion ein und fügte den Häusern und

Festungen der Grigorákis erheblich größeren Schaden zu. Antón selbst blieb jedoch für weitere drei Jahre Bey, bis er diskret zugunsten seines Schwiegersohns Konstantís Zervákos, der die Gunst des Paschas in Tripolis gewonnen hatte, zurücktrat. Aber nicht alle führenden Männer des Grigorákis-Clans und anderer Familien wollten die Entscheidung des Paschas anerkennen. Es gelang ihnen, dem Pascha seinen Protégé zurückzuschikken. Darauf verfiel man bei der Hohen Pforte auf den Gedanken, daß man einen akzeptablen Bey finden könnte, indem man die maniotische Aristokratie selber einen Nachfolger aussuchen ließ. 1810 wählten die versammelten Familienchefs in Gýtheion noch einmal einen Grigorákis, Thodorós Zanetákis, einen Neffen des unbezähmbaren Zanét. Dieser Thodoróbey regierte, bis er 1815 abgesetzt wurde und *Pétros Mavromichális,* der letzte und bedeutendste Bey der Mani, an seine Stelle trat.

Dies war das erste Mal, daß ein Edelmann aus der Inneren Mani das Amt des Bey versah. Petróbeys Burg stand und steht heute noch in Liméni, einem kleinen Hafenort unterhalb von Tsímova, dem heutigen Areópolis, an der Südseite der Bucht von Ítylon. Er selbst war der Neffe von ›Johann dem Hund‹, jenem Mavromichális, der in der vergeblichen, von Rußland inspirierten Revolution von 1770 gekämpft hatte und gestorben war. In seiner Jugend hatte Pétros Mavromichális in Napoleon einen potentiellen Befreier Griechenlands gesehen, und er hatte zusammen mit den französischen Streitkräften auf den Ionischen Inseln gekämpft. Als er plötzlich 1815 zum Bey ernannt wurde, gab es Leute, die behaupteten, daß der Kapoudan Pascha, der ihn so begünstigte, in Wahrheit sein Vetter sei, ein Sohn des ›hündischen‹ Johann, der 1770 von den Türken nicht getötet, sondern als kleiner Junge gefangengenommen, zum Islam bekehrt und für ein hohes Amt im türkischen Reich erzogen worden sei. Und das kann sogar wahr sein. Jedenfalls erwies es sich als schlechter Dienst am türkischen Reich, Petróbey zum mächtigsten Führer der Mani zu machen. Spätestens 1819 war Petróbey Mitglied der ›Philikí Hetairía‹, jenes internationalen Geheimbundes, der den Umsturz plante. Am 17. März 1821 rief er die Mani zu ihrem letzten Kampf gegen die Türken auf. Am 25. März verkündete Erzbischof Germanós von Patras in Kalávrita für die ganze Peloponnes die Revolution. Dieser Tag wird heute in ganz Griechenland als Nationalfeiertag begangen. Damals waren die Manioten bereits seit einer Woche im Kampf, Kalamáta war gefallen, und Pétros Mavromichális schrieb aus seinem Feldlager in Kalamáta den berühmten Aufruf an die europäischen Fürstenhöfe. Das war der Anfang vom Ende einer dreieinhalb Jahrhunderte währenden türkischen Herrschaft.

Nun hatte die Mani die Revolution angezettelt und ihre Soldaten nordwärts an fast alle Kriegsschauplätze in und jenseits der Peloponnes geschickt, doch im Lande selbst geschah wenig, bis die dunklen Tage von 1826 hereinbrachen: Ibrahim Pascha stürmte wieder über die Peloponnes, und die Manioten standen fast wieder da, von wo sie ausgegangen waren. Sie bezogen in der Messenischen Mani in Vérga bei Almirós, etwa acht Kilometer südlich von Kalamáta, Stellung. Es sah wieder ganz wie 1770 aus. Während das Gros seiner Truppen Vérga belagerte, stieß Ibrahim tief ins Herz der Inneren Mani, die nun fast wehrlos war, vor. Wie im zweiten Kapitel beschrieben wird, landete er in der Dírosbucht. Wie durch ein Wunder scheiterte seine Unternehmung. Seine Ägypter wurden 1826 bei Díros zurückgeworfen wie die

Vandalen vierzehn Jahrhunderte früher bei Kainépolis.
Vérga erwies sich als unbezwingbar, und die Flut der
türkischen Wiedereroberung wurde unter großen Opfern zurückgedämmt, bis schließlich Navarino und das
Eingreifen der Großmächte Ibrahim zwangen, sich völlig aus Griechenland zurückzuziehen. Die Peloponnes
war endlich frei.

Im befreiten Griechenland

Aber das war keineswegs der letzte Aufstand der Mani.
Um 1831 wollte die Mehrheit der Griechen wissen, für
welche Art von Freiheit sie eigentlich gekämpft hatten.
Die Amtsführung ihres ersten Präsidenten Joánnis Kapodístria artete in eine Autokratie aus, die der anarchi-
schen Zustände Herr werden wollte, indem sie alle libe-
ralen Forderungen ablehnte und der Presse den Maul-
korb anlegte. Kapodístria war ein Grieche, der im
Dienst des zaristischen Rußland aufgestiegen war, doch
hatte ihn die Erziehung für die Beamtenlaufbahn zu
stark geprägt, als daß er ein geschickter Politiker hätte
sein können. Besonders Mani war in Aufruhr, weil er
die Familie Mavromichális verfolgte. Als der große Petróbey selbst verhaftet wurde, begann dessen Bruder
Joánnis die Clans gegen die Regierung aufzuwiegeln.
Er vertraute darauf, daß sich gute Vorwände finden
würden, eigene, weniger ehrenwerte Motive zu verbergen. Kapodístria war so alarmiert, daß er Geórgios
Mavromichális, einen Neffen des Petróbey, nach Mani
schickte, um Joánnis zu Gesprächen in die Hauptstadt
zu holen. Er gab dabei die Versicherung, daß alle Diffe-
renzen zwischen der Regierung und dem Hause Mavromichális leicht beigelegt werden könnten. Aber Kapodí-
strias Versprechungen verdienten nicht mehr Vertrauen
als die der Türken, die so oft aufsässige Beys mit süßen

Worten von ihren Festungen weggelockt hatten. Der leichtgläubige Joánnis wurde einfach festgenommen, und als Konstantin, einer seiner Brüder, im nächsten Jahr eine weitere Rebellion anzettelte, wurde auch er auf ein Schiff gelockt, in die Hauptstadt gebracht und dort gefangengesetzt. Vergeblich verurteilte die öffentliche Meinung die Willkür des Präsidenten gegenüber einer hervorragenden Familie. Sogar der russische Geschäftsträger, Admiral Ricord, unterstützte eine Petition zugunsten von Petróbeys Freilassung, aber Kapodístria blieb unerbittlich, und das kostete ihn das Leben. Als er am 9. Oktober 1831 zur Frühmesse die Kirche in Nauplia betrat, näherten sich ihm Konstantínos und Geórgios Mavromichális, die sich innerhalb der befestigten Stadt und von Wächtern begleitet frei bewegen durften. Er glaubte, daß sie ihn sprechen wollten, doch die Zeit für Worte war vorbei. Ehe die Wachen sich rühren konnten, lag der erste Präsident Griechenlands tot da, sein Kopf war von einer Pistolenkugel zerschmettert, seine Brust von einem Jatagan aufgeschlitzt. Er war das Opfer maniotischer Rache.

Während der folgenden Zeit der Anarchie entdeckten die Manioten, daß das, was sie sich unter Unabhängigkeit vorstellten, weniger die Freiheit von türkischer Regierung als Freiheit von jeder Regierung überhaupt war. Sie wollten in Ruhe gelassen werden, um ihren eigenen ungeselligen Weg zu gehen, auf dem niemand sie stören sollte. Sie wollten weiterhin kämpfen und Rache üben und ihre Herrschaft auf die fruchtbareren Ebenen von Messenien und Lakonien ausdehnen, denn diese betrachteten sie nun als Siegespreis, zumal die Großmächte scharf gegen ihre Seeräuberei vorgingen. Gerade die Region, die so lange Zeit das Fundament der griechischen Unabhängigkeit zu sein schien, bedrohte nun die

Stabilität des Nationalstaates, der doch das verkörpern sollte, wofür sie gefochten hatte. Als dann die Großmächte den bayerischen Prinzen Otto 1833 auf den neugeschaffenen griechischen Thron setzten, war die Zähmung der Mani eines der vordringlichsten Ziele seines Regentschaftsrats: dieser beschloß, daß die Türme der Mani zerstört werden sollten, ein Beschluß, der sich auf die ganze Peloponnes, nicht nur auf die Mani bezog. Im Prinzip schien die Idee, die Einigkeit zu stärken, indem man die Bollwerke des Individualismus zerstörte, nicht unvernünftig. In der Praxis war sie aber verfehlt. Sogar in den Ebenen, wo man der Anordnung mit Zwangsmaßnahmen Geltung verschaffen konnte, behinderte sie die landwirtschaftliche Entwicklung, denn die Gutsherren wurden dadurch praktisch von dem fruchtbaren Land vertrieben, auf dem sie nicht gewohnt waren, ohne den Schutz eines befestigten Hauses zu leben. Für die Manioten war die Zerstörung ihrer Türme aber ein Angriff auf die Grundlagen ihrer gesellschaftlichen Ordnung. Sie waren bereit, bis auf den Tod zu kämpfen, um ihre todbringende Lebensart zu bewahren. Als eines der bayerischen Regimenter des neuen Königs hinunter in die Mani marschierte, um die Zerstörungsorder durchzusetzen, waren es die Manioten, die sich durchsetzten. Sie griffen gegen die fremden Eindringlinge mit ebensoviel Begeisterung zu den Waffen, wie sie das immer schon gegen die Türken getan hatten. Als sie eine unvorsichtige Abteilung in einem Engpaß umzingelt hatten, zwangen sie diese, sich zu ergeben, zogen die Soldaten nackt aus und ließen sie sich vom König zu einem beleidigend niedrigen Kopfpreis abkaufen.

Das war eine Schande, die keine Regierung auf sich sitzen lassen konnte, aber Rache an den Manioten war leichter geschworen als ausgeführt. Diese befestigten

Petrovoúni, und als eine viel größere bayerische Streit-
macht kam und sie vertreiben wollte, besiegten die Manioten die Soldaten wiederum und fügten ihnen schwere
Verluste zu. Einer dritten Expedition erging es nicht
besser. Diesmal wurden sechstausend Mann regulärer
Truppen zum Rückzug nach Gýtheion gezwungen. Daraufhin einigte man sich in Verhandlungen: die Türme
in der Tiefen Mani blieben stehen. Die griechische Regierung lernte durch schmerzliche Erfahrung, was die
Türken schon vor langer Zeit entdeckt hatten, daß nämlich im Umgang mit der Mani die eiserne Faust oft
wirkungslos blieb, sofern sie nicht, im Samthandschuh
verborgen, einen Silberbeutel hielt. Ganz wie Hassan
Pascha maniotische Beys ernannt hatte, um die Opposi-
tion unter Kontrolle zu halten und zu spalten, so
schickte jetzt König Otto einen diplomatischen und über
reichliche Mittel verfügenden Offizier, Max Feder, um
sich die Ergebenheit der maniotischen Landedelleute
zu sichern. Er tat das, indem er sie in seine eigenen
Streitkräfte aufnahm, übertrug ihnen lukrative Aufga-
ben und organisierte sie in einer besonderen Miliz. Fe-
ders geschickte Überredungskünste waren erfolgreich,
wo Gewalt sich als machtlos erwiesen hatte. Die gegen
Otto gerichtete Koalition brach langsam zusammen, das
neugeschaffene Regiment erwies sich überall bei der
Unterdrückung von Unruhen als gar nicht hoch genug
einzuschätzen, und die Mani fügte sich allmählich besser ein in den neuen Nationalstaat, zu dessen Entstehung
sie so viel beigetragen hatte. Doch selbst unter diesen
Umständen brauchte man noch 1870 die reguläre Armee, um mit Artillerieunterstützung einen Waffenstillstand in einem großangelegten Feudalkrieg zwischen
zwei rivalisierenden Geschlechtern in Kítta zu erzwingen. Man kann sagen, daß die Mani erst in unserem

Jahrhundert das Mittelalter wirklich hinter sich gelassen hat.

Sie war ein merkwürdig lange währender Anachronismus gewesen. Die gesellschaftlichen Verhältnisse in der Mani waren wahrscheinlich im 19. Jahrhundert kaum anders als im sechzehnten. Eine aus den sogenannten *Nikliern* bestehende Aristokratie war immer noch mit ihren internen Fehden beschäftigt. Sie beherrschte eine abhängige Bevölkerung, die ›achamnómeri‹ oder ›famégii‹, die ihnen bei ihren Kriegen half, aber kaum an ihren Privilegien teilhatte und durch die Türme der Niklier in Schach gehalten wurde. Es gibt viele Spekulationen über den Ursprung dieses Systems. Manche leiten die Bezeichnung ›nikliáni‹ von dem Ort Nýkli in Arkadien ab und vermuten, daß im 13. Jahrhundert von ihren dortigen Besitzungen verjagte Franken den Namen auf der Flucht mitnahmen bis in die Mani, in der sie allmählich die Herrschaft übernahmen. Andere gehen noch weiter zurück, verbinden Nýkli mit dem spartanischen Ámykle und forcieren sogar eine Herkunft des Sozialsystems aus der reichlich oberflächlichen Parallele zu den alten Spartiaten und ihren ›períoikoi‹ und Heloten. Wahrscheinlicher ist eine Ableitung von dem Vornamen Nikolaus bei Nicolas II. und III. de Saint-Omer, großen französischen Magnaten des mittelalterlichen Theben, die enge Verbindungen zur Mani hatten. Nicolas' II. Bruder Jean heiratete Marguerite von Passavá, und als Nicolas II. selbst die Witwe des letzten Villehardouin, Fürst von Achaia, heiratete, baute er in der Mani eine Burg und außerdem einen großen Palast in Navarino. Nicolas III. wurde zum beliebtesten und zugleich am meisten gefürchteten von allen Baronen der Achaia. In der mittelalterlichen Chronik der Morea spielen die

Heldentaten dieser Barone eine große Rolle. Es mag wohl sein, daß Nicolas auch ohne jede Blutsverwandtschaft als Ahnherr der herrschenden Familien in Anspruch genommen wurde, und zwar zu einer Zeit, in der es ebenso modisch wie nützlich war, Namen wie Jatráni in Medici zu latinisieren.

Woher das Wort Niklier aber auch kommen mag, die an den Herzog von Nevers gerichteten Briefe aus dem Anfang des 17. Jahrhunderts enthalten Listen von Kämpfern aus der Aristokratie, die zusammenfassend als Niklier bezeichnet werden. Die meisten von ihnen kamen aus der in der Tiefen Mani gelegenen Stadt Kítta. Dieser Name leitet sich vielleicht ab aus dem ›cité‹ oder ›città‹ der Kreuzfahrer, und es kann leicht sein, daß Kítta die erste und größte Festung der Niklier gewesen ist. In eben diesen Briefen erscheinen außer den Méditsi und Stefanópouli und andern führenden Persönlichkeiten der Geschlechter auch zwei Unterzeichner mit dem Namen Níklos. Wenn ein Zusammenhang besteht zwischen diesen Níkli und den Nikliáni, so gibt es bei den ›Eupatrídai‹ des antiken Athen eine genaue Parallele dafür, daß der Name eines einzelnen Geschlechts von der ganzen Aristokratie, der es angehört, übernommen wird. Jedenfalls war die niklische Aristokratie vor dem Ende des 16. Jahrhunderts endgültig etabliert. Ihre Entwicklung wurde höchstwahrscheinlich am stärksten beeinflußt von den venezianisch-türkischen Kriegen, die auf die türkische Eroberung der Peloponnes in der Mitte des 15. Jahrhunderts folgten. Wenn man bedenkt, daß die Manioten und die übrigen Lakonier das Rückgrat der ›stradioti‹ waren und unter italienischen Offizieren in andern Söldnerheeren der Republik Venedig kämpften – übrigens fanden sie sich regelmäßig sich selbst überlassen, sobald die Venezianer Frieden schlossen –,

ist es nicht überraschend, daß die Mani schließlich aussah, als wäre San Gimignano aus der Toskana herbeige-
bracht worden und hätte sich in all den Bergfestungen
vervielfältigt. Wenn nun auch die landwirtschaftlichen
Möglichkeiten der Mani durch Bodenbeschaffenheit
und Klima begrenzt waren, so gab es doch für diejenigen, die stark genug für das Metier waren, Raubzüge
zur See und an Land, und so konnte man sogar in der
Mani zu Wohlstand kommen. Unterdessen warteten die
Manioten auf den nächsten ausländischen Kriegszug,
bei dem man sich um Hilfe gegen die Türken an sie
wenden würde. Für ungestüme und unabhängige Natu-
ren, die nichts auf Frieden gaben und sich vor der türkischen, aber auch vor jeder anderen Regierung weder
beugen konnten noch wollten, spielte auch die elemen-
tare Anziehungskraft des freien Lebens eine große Rolle.
Kämpfen war für sie so natürlich wie atmen. Und weil
die Bevölkerung der Mani sich im 18. Jahrhundert gefährlich vermehrt hatte, nahmen auch die Kämpfe und
die Fehden derart zu, daß Nikítas Nifákos die Tiefe
Mani in vier Zeilen wie folgt charakterisieren konnte:

> Der Erste, er hält seinen Turm,
> daß nicht ein Zweiter ihn nehme.
> Und der Dritte den Vierten jagt
> und den Sechsten der Fünfte.

Viele der Gründe für die Übervölkerung dieser verhältnismäßig unabhängigen Region liegen auf der Hand,
doch einer der wichtigsten wird meist übersehen. Die
Mani ist eine außerordentlich gesunde Gegend. Die
Stürme und Dürreperioden, die die Landwirtschaft be-
einträchtigen, hielten offenbar Krankheiten nicht weniger fern als die Türken, und je tiefer man in die Mani
vordrang, desto sicherer war man vor den Seuchen, die
wiederholt die reichen Ebenen der nördlichen Pelopon-

nes entvölkerten. »Sogar ein 15jähriger Junge sieht zerknittert und verwittert aus«, schrieb Leake 1805, »aber Krankheiten sind selten, die Leute erreichen ein hohes Alter, und ihr Hauptübel ist eine Bevölkerungsdichte, die in keinem Verhältnis zu den natürlichen Reichtümern des Landes steht.« Und wenn jemand gern wissen möchte, wie es gleichzeitig eine große Bevölkerung und permanente Familienkriege geben konnte, so ist die Antwort, daß mehr ›Gewehre‹ in die Welt zu setzen, ein Teil des Ringens um Überlegenheit war und daß Todesfälle viel seltener waren, als man annehmen sollte. Das lag daran, daß die Fehden in hohem Maße ritualisiert waren. Kriege wurden in aller Form erklärt, ob sie nun zwischen rivalisierenden Clans verschiedener Dörfer oder aus dem gleichen Dorf stattfanden. Beide Teile zogen dann gewöhnlich in ihre Türme und donnerten gegeneinander mit Musketen, Kanonen und einem Hagel von Steinen, bis der feindliche Turm genommen war, sich ergab oder bis die Streitigkeiten vom Rat der Ältesten, den Gerontikí, beigelegt wurden. Das erwies sich manchmal in festgefahrenen Situationen als wirksam. Die Kriege oder Blutrachen dauerten manchmal Jahre. Leake erwähnt eine im Dorf Váthia, die bereits seit 40 Jahren andauerte, als er selbst 1805 einen großen Bogen um das Dorf machte. Man hielt aber regelmäßig Waffenstillstand für Saat und Ernte ein oder auch außer der Reihe, um gemeinsam gegen die Türken zu kämpfen. Und Leake fand es »sehr amüsant«, seinem türkischen Freund Hassan Bey zuzuhören, als dieser folgende Beschreibung gab: »Ihre eigenen Bruderkriege sind selten sehr blutig, und es können Monate vergehen, ohne daß auch nur ein Mann auf der einen oder anderen Seite getötet wird.« Sie wirkten wie Übungen für den ernsthafteren Krieg, und als Mavromichális 1821 den allgemeinen Burgfrieden ausrief, der die Mani einigte, war auch den Türken das Lachen vergangen.

Aber die Türken waren nicht die letzten fremden Besatzungstruppen in Griechenland. Als 1941 sein tapferer Widerstand gegen Mussolinis ehrgeizige Pläne endgültig unter Hitlers Stiefelabsätzen zermalmt wurde, übernahm die Mani wieder ihre fast vergessene Rolle als Zentrum des Widerstands und der Zuflucht für Verfolgte. Diesmal jedoch wirkte die Bedrohung durch fremde Mächte nicht einigend. Es war, als ob ein halbes Jahrhundert Frieden seit dem Ende der Fehden eine Spannung erzeugt hätte, die sich nun in der Explosion eines Bürgerkrieges zwischen linken und rechten Kräften entlud. Infolge eines natürlichen Extremismus, der durch Ideologie verschärft wurde, entwickelte sich der Kampf zwischen den rivalisierenden Feinden der Besatzungsmacht praktisch zu einem Ausrottungskrieg, von dem die Mani sich nie wieder erholt hat. Von denen, die am Ende übrigblieben, machten die Jungen sich in zunehmendem Maße auf zu den hellen Lichtern und den Industrielöhnen Athens und Amerikas. Der Rückgang der Bevölkerung und dessen, was man in dieser abgelegenen Halbinsel als Wohlstand bezeichnen konnte, beschleunigte sich nach dem Krieg, und erst die letzten Jahre sehen das zögernde Wachstum des Tourismus. Er hat seine Gefahren, berechtigt aber zu den besten Hoffnungen, daß das nötige Geld für die Bewahrung der sichtbaren Reste einer langen Geschichte und eines reichen kulturellen Erbes aufzutreiben sein wird. Von dem Wert, der Bedeutung und außerordentlichen Faszination dieses Erbes versucht dies Buch einiges zu vermitteln.

Die Totenklage

Ein Charakteristikum der maniotischen Kultur aber gibt es, das man nicht sehen kann und das zu hören heutzutage unwahrscheinlich geworden ist. Es verdient einen Aufschub unserer Reise zugunsten von ein paar weiteren Abschnitten dieser Einführung: gemeint ist das ›mirológi‹ oder die gesungene *Totenklage*. Dichterische Totenklagen gibt es freilich nicht nur in der Mani, aber nirgendwo sonst in Griechenland sind sie so reich entwickelt. Es besteht sogar ein grundlegender Unterschied zwischen denen der Äußeren Mani und der Tiefen Mani, der der Verschiedenartigkeit ihrer Landschaften weitgehend zu entsprechen scheint. Die ›mirológia‹ der Messenischen Mani mit ihrer fruchtbareren Küstenebene sind lyrischer in ihrem fünfzehnsilbigen Versmaß, das sanfter und weniger kraftvoll ist als die epischen Achtsilber der Tiefen Mani, die hart und nüchtern sind wie die Felsen, die ihr Echo zurückwerfen. Wie die Epen Homers werden sie ganz und gar mündlich komponiert und entwickeln sich auf dem Boden eines gedächtnisstärkenden Analphabetentums. Sie greifen zurück auf einen ererbten Vorrat an formelhaften Sätzen und Gleichnissen, die Zeit lassen, um neuen Stoff schöpferisch zu gestalten. Aber diese modernen Homers waren Frauen, ›mirologístres‹ oder Klageweiber, die sich einen großen Ruf für ihr professionelles Können erwarben. Sie machten einander heftig Konkurrenz, und ihre Darstellungen – das Wort ist genau zutreffend, nicht herabsetzend – waren sehr gesucht. Sie stellten mit ihrem gelösten Haar, dem Schlagen ihrer Brüste und mit blutig gekratzten Wangen einen reinigenden Ausbruch von öffentlicher Trauer zur Schau, etwas, das den zurückhaltenden Beerdigungen in Nordeuropa so fremd ist. Aber

diese Form ist sehr griechisch und verbindet die Manioten mit ihren spartanischen Vorfahren. Diese erlaubten
sich bei den von Herodot im 5. Jahrhundert v. Chr. beschriebenen königlichen Begräbnissen in Sparta eine
ähnliche Ausnahme von ihrer gewöhnlichen Zucht:
»Viele Tausende von Perioiken, Heloten und Spartiaten
selbst, die sich mit ihren Frauen versammeln, schlagen
sich eifrig an die Stirn und erheben ein unsägliches
Klagegeschrei. Dabei rufen sie, gerade dieser letzte ver-
storbene König sei der allerbeste gewesen.« (Herodot
6.58) An anderer Stelle, ebenfalls im 6. Buch, zitiert Herodot einen Orakelspruch der Pythia, in dem es unter
anderm heißt: »... wird sie zum Wangenzerkratzen die
Frauen von Argos einst bringen.« Der Grundsatz ›de
mortuis nil nisi bene‹ wurde auch von den ›mirologístres‹ befolgt. Niemand besserer als der Tote hatte je
gelebt. Die typischen Bilder, in denen der junge Kämp-
fer, von dem gleich die Rede sein wird, glorifiziert
wurde, haben eine in der Mani übliche Einfachheit und
Unmittelbarkeit, die oft sehr anrührend sind:

> Ach, Joánni Du, mein ›Pallikar‹,
> voll Jugend und voll Tapferkeit
> des Wolfes Schritt der Deine war,
> des Löwen Stolz im Gang Dir lag.
>
> Zypresse mein, so hoch und jung,
> die Wurzeln kühl von feuchtem Grund,
> ein goldnes Kreuz der Wipfel schien;
> des nachts warst Du mir Stern und Mond,
> am Morgen meine Sonne.
>
> Ihr hellen, glänzenden Augen mein
> und Ihr Brauen, so stolz gewölbt,
> die Nachtigall in den Haaren Dein,
> den dunklen, ein Nest sich höhlt
> und sang ihren süßen Gesang.

Es war wie Tanzen, wenn Du gingst,
Dein Stehen war ein stilles Lied,
und wenn Du niedersaßest, schien
ein goldner Adler dort zu sein.

Ach, Joánni mein, Du meine Krone,
Du schöne Marmorsäule mein,
mein Kirchlein Du, mit einer Kuppel,
niemals wirst Du vollendet sein.

Mein Kandelaber ganz aus Gold,
behängt mit zitternden Demanten,
Du gabst dem Haus des Nachts das Licht.
Du fielst und brachst in tausend Stücke,
das Haus ist nun ein dunkles Nichts.

In einer Gesellschaft, die so kriegerisch und so ganz
von Männern beherrscht ist wie die der Mani, war es
selbstverständlich, daß die ›mirologístres‹ ihre längsten
und kunstvollsten Gesänge dem kämpfenden Mann
widmeten. Auch Frauen und Kinder wurden jedoch nie
ohne ein ›mirológi‹ beerdigt, und gerade für eine junge
Frau konnte dieses einen sehr empfindsamen Zug
haben:

Erwach, Du mit dem Nelkenmund
und sammetweicher Brust.
Dein Schwanenhals so lieblich war,
Dein Rebhuhnaug' so sanft.

Das ›mirológi‹, aus dem diese Zeilen entnommen sind,
hat etwas von der sophokleischen Qual in Antigones
Klage über ihren vorzeitigen Tod, ehe sie die Freuden
der Liebe und der Ehe kennengelernt hatte. Es gibt aber
andere, die in ihrer Besessenheit von Rachevorstellun-
gen Aischylos nahestehen. Wenn ein Toter im Krieg oder
im Zuge einer Vendetta umgekommen war, so pflegten
die Trauernden rund um die Bahre zu stehen wie der

Chor in den › Choiphoroi ‹. Sie hörten zu wie die schwarz
gekleideten Furien, als Orest und Elektra ihrem toten
Vater nicht nur die letzten Ehren erwiesen, sondern auch
Agamemnons Geist beschworen, damit er ihnen helfe,
Blut mit noch mehr Blut zu rächen. Manchmal diente
das › mirológi ‹ als Aufforderung zu sofortiger Rache,
manchmal als Mahnung, zu einem günstigeren Zeitpunkt Rache zu nehmen. Solche Mahnungen konnten
insgeheim jahrelang von der Witwe gesungen werden,
bis ihre Söhne alt genug waren, den Vater zu rächen.
Und dann würde die Geschichte der Rache sich mit
dem Klagelied vereinen und als Triumphgesang bewahrt
werden. Die Mutter und ihre Töchter würden ihn singen, wenn sie des Nachts an ihren Handmühlen säßen,
und sie würden ihn von Generation zu Generation wei-
tergeben als hochgeschätzten Bestandteil der dichteri-
schen Familienchronik:

> Ganz früh an einem Ostertag,
> als aus der Kirch' zurück ich ging,
> kam mir Nikólas in den Sinn,
> der uns seit achtzehn Jahren fehlt
> und der noch immer ungerächt,
> denn unsre Kinder war'n noch klein.
> Ich zog sie groß mit Lieb und Sorg,
> daß sie bald wären stark genug,
> zu nehmen, was das ihre ist,
> was ihrem Vater eigen war,
> den sinnlos und bar jeden Rechts
> sie uns geraubt und umgebracht.
>
> In Schande lebten wir seither,
> ich ging nie unter Menschen mehr.
> So deckt' ich heute meinen Tisch
> und legte sieben Teller auf:
> der siebte war für meinen Mann.
> Die Kinder kamen und setzten sich

und schlugen ein Kreuz und fragten mich:
Mama, warum ist ein Teller zuviel?
Der Teller, sprach ich, hatt' einst diesen Platz,
weil er von Eurem Vater war,
von ihm, der noch immer ungerächt.

Jetzt, da Ihr endlich erwachsen seid,
ist endlich auch die rechte Zeit,
daß jeder von Euch seine Flinte nimmt
und die Feinde jagt, wo er sie find'.
Den mächtigen Pávlos, bringt ihn um,
den Koutalídi, sobald er kommt,
ihn, der der Feinde Anführer ist
und der sich zu Pferde gern sehen läßt.
An unserer Tür kommt er oft vorbei
und vergißt, wieviel Zeit vergangen ist,
und denkt an allerlei anderes.

Doch, wenn Ihr nicht tut, was ich jetzt befahl,
kein Glück im Leben sollt Ihr mehr haben,
und überall, wohin Ihr auch geht,
soll Euch mein schwarzer Fluch beladen.
Da weinten die Kinder und sagten zu mir:
Komm, Mutter, setze Dich zu uns her,
auf daß Du vom Lamm mit uns ißest
und von Herzen und Seele uns segnest.
Wir wollen dem Vater Recht werden lassen
noch jetzt an Ostern, rasch und behende,
wenn Pávlos mit seiner gestickten Weste
und den golddurchwirkten Gewändern kommt,
dem Koúbaris frohe Ostern zu sagen,
denn sie sind Vettern und so wird er kommen.

Noch waren die Worte im Raum nicht verhallt,
als Pávlos zum Haus des Koúbaris ritt.
Und sie nahmen die Flinten und gingen zum
                            Kreuzweg,
um ihn zu erwarten mit viel Geduld.
Der Kleinste rief, als Pávlos herankam:

» Nimm, was wir Dir schulden,
wir tun unsre Pflicht!«
Sogleich aus drei Flinten flogen die Kugeln,
und tot fiel Pávlos vom Pferde herunter.
Dann ging der Kampf los, der Krieg war
                              eröffnet:
sie hatten mit allen Männern zu kämpfen;
doch die Nacht brach herein und ereilte sie alle
und machte dem Kriege ein Ende.

Sie kamen zurück in ihr Haus, und die Mutter
stand unter dem Hoftor und schaute.
Mama, hier unser Geschenk an Dich:
Wir haben uns unser Recht genommen
und Koutalídi, den Dicken, erschossen,
ihn, der der Schrecken des Dorfes war.
Da umarmte die Mutter all ihre Söhne,
die sie von Herzen immer geliebt,
und dreimal schlug sie das Kreuz über ihnen.
» Ruhm und Ehre gewährt uns das Schicksal!
Jetzt bin ich Mutter und habe Kinder,
und vergangen sind endlich Schande und Schmach!«

Diese › mirologia‹ geben den denkbar besten Einblick in
die Mentalität dieser durch Blutrache und die Vorstel-
lung von Schande bestimmten Kultur, die ihren sichtbaren Ausdruck in den Wäldern von Türmen fand. Wir
werden im Laufe unserer Reise noch einige weitere Kla-
gelieder hören, die von besonderem historischen oder
lokalen Interesse sind.

Wir befinden uns jetzt in Sparta und haben ein Auto
gemietet, wobei wir vorsichtigerweise während der Verhandlungen über den Mietpreis vergaßen, unser Reise-
ziel zu erwähnen. Nun sind wir bereit, uns eine Reise
im Frühsommer, die tief in die Mani hineinführte, zu
vergegenwärtigen. Wir rufen uns in Worten und Bildern
einiges von dem ins Gedächtnis zurück, was sich in über

dreißig Jahren Forschung, Studien und Photographieren angesammelt hat. All dies nahm seinen Anfang, als ein ehemaliger Widerstandskämpfer aus dem Zweiten Weltkrieg in die entlegenen Bergzufluchten zurückkehrte, in die er einst geflohen war, um sein Leben zu retten.

KAPITEL I

Gýtheion, Passavá und die Stadt des Ares

VON SPARTA aus folgt der heutige Besucher der Mani den Spuren von Helena und Paris auf ihrer Flucht nach Süden zum Hafen von Gýtheion. Der englische Colonel Leake war 1805 nicht sehr beeindruckt von Gýtheion, das man glücklicherweise heute nach seiner Beschreibung: »hundert elende Häuser, in deren Mitte eine große Kirche steht«, nicht wiedererkennen würde. Die Stadt ist jetzt ein freundlicher Küstenort mit bequemen Hotels, einem pittoresken Hafenviertel und einem Hafen, in dem Schiffe auf Kreuzfahrten, aber auch die wöchentlich ein- bis zweimal verkehrenden Fähren vom Piräus nach Kreta und gelegentlich ein Frachtschiff anlegen (Farbtafel 1). Gýtheion blickt über den Lakonischen Golf auf die Halbinsel Maléa, die als dunkler Umriß im Mittagsdunst am östlichen Horizont schimmert. Des Nachts funkeln von ihren verstreuten Dörfern die Lichter herüber. Im Norden wird der Horizont noch immer von den fernen, selbst im Mai schneebedeckten Gipfeln des Taýgetos beherrscht, während das obere Ende des Golfs freundlicher abgeschlossen wird von der heißen, flachen und fruchtbaren Ebene von Élos, die die eisigen Wasser des Eurotas ins Meer entläßt.

Gýtheion war offensichtlich eine Stadt von einigem Anspruch, als Pausanias sie im 2. Jahrhundert n. Chr.

beschrieb: »Die Gýtheaten behaupten, daß niemand von den Menschen Gründer ihrer Stadt sei, sondern Herakles und Apollon seien um den Dreifuß in Kampf miteinander geraten und hätten, nachdem sie sich versöhnt hätten, nach dem Streit gemeinsam die Stadt gegründet; und auf dem Markt haben sie Statuen des Apollon und Herakles und nahe dabei des Dionysos. An anderer Stelle ist ein Apollon Karneios und ein Heiligtum des Ammon und eine Bronzestatue des Asklepios, dessen Tempel kein Dach mehr hat, und eine Quelle des Gottes und ein ehrwürdiges Heiligtum der Demeter und eine Statue des Poseidon Gaieochos ... Ein Tor wird hier das kastorische genannt, und auf der Akropolis ist ein Tempel mit Kultbild der Athene gebaut ...« Was Pausanias nicht in seine Beschreibung aufnimmt, ist das einzige, wirklich eindrucksvolle Mo-

Das römische Theater von Gýtheion

nument, das wir heute noch ›in situ‹ sehen können, das Theater. Einige unbedeutendere Reste aus römischer Zeit werden zwar in dem kleinen Museum bewahrt, der Hauptteil der antiken Stadt liegt aber heute unter dem Meeresspiegel, und von dem übrigen hat kaum etwas die Verheerungen von beinahe 2000 Jahren überstanden. Aber das Theater ist noch vorhanden, und zwar nahe dem Nordende der heutigen Stadt. Es ist ein schöner Bau von etwa achtzig Metern Durchmesser, mit steinernen Sitzreihen, der dafür, daß Colonel Leake 1805 große Mengen römischer Reste sah, die zum »Bau eines neuen Turms für den Bey« fortgeschafft wurden, noch immer erstaunlich gut erhalten ist. Allein die bloße Tatsache, daß Pausanias das Theater einer Erwähnung nicht wert hielt, gibt einen Maßstab für Gýtheions Wohlstand. In den ersten beiden Jahrhunderten war es die Hauptstadt des Eleutherolakonischen Bundes.

Gýtheions berühmteste Besucher, Helena und Paris, kamen jedoch lange vor den Römern, und Pausanias erwähnt sehr wohl in seinem alten ›Guide Bleu‹ den Tempel, der der Schutzgöttin der beiden geweiht war. »Vor Gýtheion liegt die Insel Kranai«, schrieb er, »und auf dem Festland gegenüber der Insel befindet sich das Heiligtum der Aphrodite Migonitis – der Aphrodite der Liebesumarmung – und die ganze Gegend wurde Migonium genannt.« Das war etwas, das kein römischer Tourist hätte missen mögen: **Kranai** ist die Insel, auf der Paris und Helena die erste Nacht ihrer illegitimen Hochzeitsreise verbrachten, eine Nacht, die der unbelehrbare Liebhaber Helena zehn Jahre später ins Gedächtnis rief, als sie ihn mit Schmähreden bedacht hatte, weil er sich vor dem Zweikampf mit Menelaos vor den Mauern von Troja zuerst hatte drücken wollen und dann besiegt worden war:

»Kränke mich doch nicht, Weib, mit harter, schmähender
Schelte.
Jetzt besiegte mich zwar Menelaos mit Hilfe Athenes,
Ihn ein andermal ich; auch uns stehn Götter zur Seite.
Laß uns lieber lagern und uns in Liebe erfreuen!
Noch nie hat mir Liebe so glühend die Sinne bewältigt,
Auch nicht, wie ich zuerst aus dem heiteren Land Lake-
daimon
Dich geraubt und entführt in den meerdurchfurchenden
Schiffen
Und mich auf Kranaes Insel in Liebe und Lager dir einte,
Wie ich dich jetzt in Liebe und süßem Verlangen ersehne. «
(Homer, Ilias, 3, 438–46)

Kranai heißt heute *Marathonísi*, was bedeutet: die Fen-
chelinsel. Steigt man auf den hohen Hügel Koúmaro,
das alte Laryssion, so hat man einen prachtvollen Blick
aus der Vogelperspektive auf die Insel. Der Hügel erhebt
sich steil, fast unmittelbar vom Meeresufer, und es ist
etwas beunruhigend anzusehen, wie der südliche Teil
der Stadt mit seinem Labyrinth von hübschen alten
Häusern auf ihm liegt. Im Frühling leuchtet der ganze
Abhang von wilden Blumen. Über dem aus den Ziegel-
dächern gebildeten Muster scheint das kleine Eiland in
die Bucht hinauszugleiten, als würde es abgetrieben und
nur durch den schmalen Damm, der es heute mit dem
Festland verbindet, gehalten. Es bietet einigen an ihren
Liegeplätzen hin- und herschaukelnden Fischerbooten
einen sicheren Hafen. Einige etwas größere Barken liegen gewöhnlich in der Nähe einer kleinen Kirche am
Westende der Insel, nahe dem Damm, zu Reparaturen
auf dem Strand. Ein großer Leuchtturm stellt sich weiß
schimmernd am andern Ende zur Schau, und in der
Mitte erhebt sich eine kleine, dem genius loci angemessen romantische Festung, die bis vor kurzem Ruine war.
[Heute ist sie restauriert und soll bald ein Museum

aufnehmen.] Die ganze Stätte hat etwas Verzaubertes, vor allem zur Zeit des Sonnenaufgangs. Besonders schön ist es, ihn von der Stelle aus, wo die Boote aufs Land gezogen sind, zu betrachten. Der Leuchtturm, der noch schwach Signale hinausblinkt, und die düsteren Zinnen der Festung verwandeln sich unter den Strahlen der aufgehenden Sonne mühelos in ›rosso antico‹, den berühmten Marmor der Mani. Das stumpfe Blei des Meeres wird zum kaiserlichen Purpur, wie ihn einst Phönizier und Griechen hier für orientalische Könige und römische Kaiser bereiteten. Die Fischerboote sind jetzt vergoldete Fünfruderer, die Liebenden schon an Bord, und Menelaos wird zu spät kommen und nur noch Rache schwören können, während sie im Funkeln der diamantsprühenden Ruder langsam in der Tiefe des Lakonischen Golfs entschwinden.

Die kleine Festung Kranai wurde von Zanétbey Grigorákis errichtet, um den Hafen zu schützen (Farbtafel 3). Er war von 1784 bis 1798 Bey der Mani, als die Türken die Politik der indirekten Regierung dieser unbezähmbaren Halbinsel verfolgten. Er errichtete auch den heutigen Südteil der Stadt, der damals aber die ganze Stadt war. Der Ort des antiken Gýtheion nahe dem Theater war zu seiner Zeit schon lange verlassen. Die neue Stadt nahm den Namen Marathonísi von der gegenüberliegenden Insel an. Zanétbeys Hauptsitz lag etwa zwei Kilometer südlich von Kranai auf dem hohen Vorgebirge von Mavrovoúni, dem ›schwarzen Berg‹. Von hier aus konnte er auch die reiche Küstenebene von Passavá, die sich im Südwesten des Vorgebirges mehr als drei Kilometer weit erstreckt, beherrschen. Doch Wohlstand und Macht als türkischer Vasall hinderten ihn nicht, Pläne für einen Aufstand zu schmieden. Er plante immerzu zusammen mit andern Landedelleuten

und mit Seeräuberhauptmännern Verschwörungen und
verhandelte schließlich sogar über eine Schiffsladung
von Waffen und Munition mit den Franzosen. Das
brachte ihn dann zu Fall. Denn Marathonísi wurde
daraufhin vom Kapoudan Pascha und der türkischen
Flotte belagert, die Rebellion im Keim erstickt. Zanétbey selbst floh tiefer ins Land hinein, um seine Freiheit
zu retten, derweil ein schwächerer und willfährigerer
Grieche zu seinem Nachfolger im Amt bestellt wurde.
Zanét starb in äußerster Armut, doch der Ruhm, den
er sich in den Tagen seiner Macht und seines Reichtums
erworben hatte, blieb unvergessen. Sein Andenken
wurde vor allem von den Nutznießern seiner außerordentlichen Großzügigkeit hochgehalten. Colonel Leake
berichtet, daß ihm erzählt wurde, wie Zanét »zur
Abendessenszeit die Glocke zu läuten pflegte und allen,
die ins Haus kamen, zu essen gab«. Der maniotische
Dichter Nikítas Nifákos hatte bereits – zugegebenerma-
ßen nicht ohne ein Auge auf Zanéts Gunst – lobend
diese glückliche Übung in Versen besungen:

> Das Vesperläuten von der Burg
> zur Abendtafel lädt,
> und alle, die es hören, gehn
> und keiner kommt zu spät.

> Als Zanéts Gäste tafeln sie,
> gesättigt gehn sie fort –
> ich sah es selbst und bürg dafür,
> gelogen ist kein Wort.

> Wer arm und fremd, ist Zanéts Freund,
> der Flüchtling Obdach find',
> doch Bösewichtern gilt sein Zorn,
> die jagt er wie der Wind.

Die Burg, die all diese Szenen der Gastfreundschaft und
auch der revolutionären Verschwörung gesehen hatte,

die der Gastfreundschaft schließlich ein Ende machte,
kann man in Mavrovoúni noch sehen, eine traurige
Erinnerung an eine der großen Persönlichkeiten der
Mani des 18. Jahrhunderts:

> Denn nun gähnen ihre verfallenden Säle,
> schweigen Fenster in zerbrochenen Mauern,
> könnten vom Zanétbey erzählen,
> Melíssis und Marathonísis Erbauer,
> von dem tapferen Kapetanákis
> aus dem Stamme der Grigorákis.

Von Mavrovoúni aus erstreckt sich ein langer Sandstrand mehr als fünf Kilometer weit in südwestlicher
Richtung bis zum nächsten felsigen Vorgebirge, dem
Kap Petaléa. Die Straße verläuft zunächst parallel dazu,
etwa 500 m weiter im Innern. Sie durchquert eine fruchtbare Ebene mit ausgedehnten Orangenhainen auf der
Seite zum Meer hin und unzähligen Olivenbäumen,
durchsetzt mit Feigenbäumen und hohen, dunklen Zypressen landeinwärts. Jenseits der Straßenbrücke über
den alten, langsam fließenden Smínos öffnet sich die
Ebene weit ins Land hinein und trägt reich bestellte
Felder. Wenn sich die Straße dann weiter von der Küste
wegbiegt, um die niederen Hügel herum, die auf der
Meerseite etwa vier Kilometer hinter Mavrovoúni an-
fangen, weichen die Oliven den Eichen. Die fernen Berge
des Taýgetos begrenzen nun landeinwärts den Horizont.
Ihre schneebedeckten Gipfel verraten, wo die Flüsse
entspringen, die die Gegend so fruchtbar und für die
fränkischen und türkischen Eroberer so begehrenswert
gemacht haben. Noch einen Kilometer, und die Straße
versinkt zwischen zwei niedrigen Hügeln, deren Vegetation ganz unterschiedlich ist. Die Abhänge zur Linken
sind dicht bedeckt mit Eichen, deren Eicheln im letzten
Jahrhundert ein wertvoller Exportartikel waren; sie

dienten zum Gerben von Leder. Die rechts gelegenen
Abhänge tragen Orangenhaine, die von schwarzen Zypressen beherrscht werden. Wie nubische Wächter in
einem orientalischen Palastgarten stehn sie auf Posten.
Die Straße selbst könnte jedoch auch eine englische
Landstraße sein, mit ihren Hecken aus Brombeergestrüpp und wilden Rosen im Schatten von eleganten
Birken, die in einer sanften Brise schimmern und rau-
schen. Dann, etwa acht Kilometer von Mavrovoúni,
befinden wir uns plötzlich am Ende einer Kurve unterhalb eines kegelförmigen Hügels, der von den Zinnen
der Burg **Passavá** gekrönt ist (Farbbild 4).

Passavá

Wir sind jetzt mitten in der Hügelkette, die südostwärts
das Kap Petaléa formt. Die Straße muß sich nun durch
eine tiefe Schlucht direkt unterhalb der Burgmauern
zwängen. Während die Vorteile der Lage für die Beherr-
schung dieser Hauptverbindungsstraße zwischen Gýtheion am Nordwestende des Lakonischen Golfs und
Ítylon am Messenischen und natürlich auch der reichen
Ebene, durch die wir gekommen sind, unmittelbar ein-
leuchten, können wir die Überlegenheit dieses besonderen Hügels über die vielen anderen erst beurteilen, wenn
wir hinaufgestiegen sind und den Blick von oben haben.
Dort oben finden wir die mächtigen Umfassungsmauern, an manchen Stellen bis zu zwölf Meter hoch. Sie
sind recht gut erhalten, so daß man um große Teile
der Burg herum über die inneren Rampen gehen kann.
Dabei ist diese Burg halb so groß wie die von Mistrá.

Der Grundriß bildet annähernd ein Dreieck. An der
Ost-, Süd- und Westseite gibt es lange Mauern, wobei
die östliche und die westliche in der Weise aufeinander
zulaufen, daß sich eine ganz kurze Nordmauer ergibt.

Dort stehen zwei starke Türme über der Hauptstraße, wo sie durch den Engpaß verläuft. Von den westlichen Mauern kann man die Straße nach Ítylon sehen. Sie schlängelt sich südwärts und dann südwestwärts, während eine abzweigende Nebenstraße genau nach Westen führt, ein offenes Tal hinauf zum Dorf Skamnáki und weiter in das Herz der fernen Berge. Deren schwarze

Die Burg von Passavá

Silhouette scheint näherzurücken, wenn die Sonne eben im rosigen Dunst untergegangen ist. Nach Osten zu hatten die patrouillierenden Wachsoldaten ein schönes, durch die Hügel von Petaléa geteiltes Küstenpanorama. Sie konnten allerdings von den östlichen Mauern nicht über diesen Hügelzug hinaussehen; dazu mußten sie von den wesentlich höher gelegenen westlichen über die ganze Burg hinweg nach Osten blicken. Von dort aus hatten sie einen prachtvollen Blick nordostwärts bis hin nach Mavrovoúni, geradezu auf die sandige Bucht von Stómion und über die wohlbestellte Ebene, die wir von Gýtheion kommend durchfahren haben. Südostwärts konnten sie ein Tal überblicken bis hin zur *Bucht von Vathý,* die durch Kap Petaléa von der Stómionbucht getrennt ist. Auf dem Vorgebirge, das die Südseite der Vathýbucht bildet, erkennt man deutlich die Türme von Ageranós und weiter südlich das viel größere Kap Kremidará mit der dahinterliegenden Skoutáribucht. In südlicher und südwestlicher Richtung geht der Blick über die Hügel, zwischen denen die Straße nach Ítylon schließlich verschwindet. Man sieht jedoch über eine Entfernung von mehr als sieben Kilometern das Dorf Vachós auf einem Hügel liegen. Wenn die Herren von Passavá also auf einigen der dazwischenliegenden Hügel Signalposten aufgestellt haben, dürfte ihrer Aufmerksamkeit kaum etwas entgangen sein.

Die großen Umfassungsmauern sind zum größten Teil türkisch, und zwar aus dem 18. Jahrhundert. Das gilt auch für die verfallenen Häuser und die Moschee mit dem hübschen Bogen im Innern der Festung. Sie stehen in einem Gewirr von Eichen und Blüten verwilderter Exoten aus einstmals eleganten Gärten. Die Stätte war jedoch schon damals – mit Unterbrechungen – seit wenigstens zweitausend Jahren besiedelt. Zyklopenmauern aus riesigen Blöcken im südlichen Teil der Ostmauer deuten auf eine bronzezeitliche Anlage, so gut wie sicher die Stadt Lás, die von Homer erwähnt und mehr als tausend Jahre später von Pausanias besucht wurde. Pausanias sah dort Ruinen, die schon zu seiner Zeit alt waren. Er beschreibt eine Statue des Herakles vor den Mauern und ein Siegesmal, das Philipp V. von Makedonien aufgestellt hatte, als er 218 v. Chr. Lakonien eroberte. Als Leake 1805 die Stätte besuchte, fand er Reste von Keramik aus klassischer Zeit. Wir entdeckten weitere kürzlich bei einem Besuch, nachdem ein Waldbrand an zwei Seiten der Festung große Flächen der Vegetation zerstört hatte. Zu Pausanias' Zeiten war Lás Mitglied des Eleutherolakonischen Bundes und offensichtlich eine komfortable Stadt mit römischen Bädern und einem Gymnasion. Danach verschwindet es aus der Geschichte bis zur fränkischen Eroberung der Peloponnes zu Beginn des 13. Jahrhunderts.

Die Vorzüge der Lage waren für die Franken ebenso offensichtlich wie für die Menschen der Antike. Als die Gegend dem Baron Jean de Neuilly als Lehen übertragen wurde, errichtete er seine Burg auf diesem Hügel und nannte sie Passavá, vielleicht nach einem Familienmotto ›Pas Avant‹ oder ›Passe Avant‹. Obwohl seine Baronie mit nur vier Rittergütern klein war, wurde ihre Bedeutung durch den Titel eines Erbmarschalls von Achaia hervorgehoben. Zweifellos war die Burg von entscheidender Bedeutung für die Verteidigung des fränkischen Lakonien gegen die Manioten aus der Halbinsel im Süden. Deren leidenschaftlicher Unabhängigkeitsdrang und ihre Angriffslust machten die Mani für die nächsten 600 Jahre zur Achillesferse aller Besatzungsmächte in der südlichen Peloponnes. Der Baronie von Passavá aber war es nicht bestimmt, mehr als ein halbes Jahrhundert zu überdauern.

Die letzte, die das Lehen innehatte, war Marguerite, Tochter des Barons Jean II. von Neuilly, der 1259 mit seinem Lehnsherrn Guillaume, Fürst von Achaia, auf das schicksalsträchtige Schlachtfeld von Pelagonia ritt. Die Schlacht, die eigentlich Guillaumes Herrschaft über Nordgriechenland ausdehnen sollte, endete mit dem Sieg von Kaiser Michael von Nikaia, der Guillaume und seine Barone gefangennahm, um sie zwei Jahre später

zu Zeugen seines triumphalen Einzugs in Konstantinopel zu machen. Als diese schließlich, um ihre Freilassung
zu erlangen, die Oberhoheit von Byzanz anerkannten
und die Festungen Mistrá, Monemvasía und Maina ab-
traten, war Marguerite von Passavá unter den adligen
Geiseln, die dem Kaiser von den Franken als Sicherheit
für die Erfüllung der Vereinbarungen gesandt wurden.

Obwohl Marguerite in Konstantinopel gut behandelt
wurde und so lebte, wie es ihrem Rang angemessen war,
dauerte es fünfzehn Jahre, bis sie heimkehren durfte.
Unterdessen war ihr Vater gestorben, und die Manioten
waren längst über die Burg hergefallen. Marguerite be-
fand sich jetzt in der wenig beneidenswerten Lage einer
Baronin ohne Baronie und eines Erbmarschalls ohne
Armee. Eine noch reichere Baronie in Arkadien, auf die
sie durch den Onkel ihrer Mutter Anspruch hatte, war
in der Zwischenzeit nach Feudalrecht an den Fürsten
Guillaume selbst zurückgefallen. Dabei trug er die
Schuld, daß sie ihre Ansprüche nicht innerhalb der vor-
geschriebenen Frist von einem Jahr und einem Tag nach
dem Tod ihres Großonkels hatte geltend machen können. Aber erst, als sie 1278 den mächtigen Jean de Saint-
Omer, Bruder des Barons von Theben, heiratete, ließ
sich Fürst Guillaume bewegen, ihr anständigerweise wenigstens einen Teil ihrer arkadischen Baronie zu übergeben. Um diese Zeit war natürlich die Herrschaft über
Lakonien unwiderruflich auf die Griechen übergegangen. Passavá war nurmehr ein Name, bis — etwa zwei
Jahrhunderte später — die Türken seine Eignung zum
zentralen Stützpunkt für eine Besatzungsarmee wieder-
entdeckten.

Die Bedeutung Passavás als türkische Festung fiel und
stieg mit Ebbe und Flut der Rebellion in der Mani und
der Entschlossenheit der Türken, sie zu unterdrücken.

Als Soldaten einer spanischen Flotte, die 1601 verheerend in der Mani hausten, ein Überraschungsangriff auf Passavá und dessen Plünderung gelungen war, wurde die Festung stärker ausgebaut. Die Burg war wegen ihrer strategischen Lage zwischen den Häfen von Gýtheion und Ítylon ein wichtiges Glied in der Kette der Festungen Passavá, Kelefá und Zarnáta. Mit ihrer Hilfe wollte Kuesy Ali Pascha die Mani vor venezianischer Einmischung abschirmen, als die Venezianer 1669 aus Kreta vertrieben worden waren. Aber fünfzehn Jahre später wendete sich das Blatt erneut, und als die Manioten sich zugunsten der Venezianer erhoben, ergab sich Passavá und wurde zerstört. Mit den Manioten als Verbündeten brauchten die Venezianer keine Festung, deren Hauptzweck es war, einen wichtigen Paß vor den Bewohnern der Umgegend zu schützen. Für die Venezianer war Passavá zu weit entfernt vom Meer, als daß sie hätten hoffen können, die Festung gegen eine türkische Rückeroberung zu halten. Es war aber auch gefährlich, die Befestigungen zur Besetzung durch einen zurückkehrenden Feind intakt zu lassen. Die Venezianer zogen also die Geschütze ab und zerstörten die Burg. Sie blieb wahrscheinlich in diesem Zustand, bis die Türken mit überwältigend starken Streitkräften 1715 die Peloponnes zurückeroberten. Das nächste Mal rebellierten die Manioten, nachdem sie von Graf Orlow und den Russen unglücklicherweise dazu ermuntert worden waren. Die Türken hatten ihre Truppen bereits aus Passavá abgezogen, als die Aufständischen dort eintrafen. Diese waren unterwegs nach Tripolis, wo sie von den wilden Albaniern, die die Türken nun auf die Peloponnes losließen, geschlagen wurden. Eine Weile blieb Passavá das Zentrum des Widerstands, schließlich aber wurde es von den Türken zurückerobert und erneut befestigt, als der

siegreiche Hassan Ghasi beschlossen hatte, die Mani
mit einem neuen System der indirekten Regierung samt
der Ernennung eines Griechen zum Bey der Mani zu
bezwingen. 1780 jedoch erregte die Gefangennahme und
Hinrichtung des Exarchen Grigorákis, eines Onkels des
späteren Zanétbey und damaligen Chefs des mächtigen
Geschlechts der Grigorákis von Skoutári und Ageranós,
den Zorn seiner Verwandten und riß sie hin zu blutigen
Vergeltungsmaßnahmen an der nächsten türkischen
Niederlassung, und das war Passavá:

> Es klangen die Glocken so traurig
> durch die Dörfer der Mani all,
> und ein jeder fragte den andern:
> »Wem gilt dieser traurige Schall?«
> Da schrie in den Lüften ein Falke,
> und die Antwort, er gab sie wie folgt:
> »Die Türken in Tripolis oben,
> sie haben voll Tücke getötet
> den Ersten der Grigorákis;
> Exarch und ihr Führer er war.«
>
> Darauf alle Männer und Frauen,
> auch Kinder versammelten sich
> im grigorákischen Hause.
> Kouloúria brachten die Frauen
> und Gebacknes, zu ehren den Toten.
> Es hörte die Mutter die Klagen,
> sie sah auch die Gaben zum Troste,
> und zu Stein macht' sie ihr Herz
> und sprach vor dem Hause zu allen:
>
> »Maniotinnen und Manioten,
> wollt Ihr zum Recht uns verhelfen,
> den Sohn mir, den Tapferen, rächen,
> so klaget nicht länger
> und lasset das Seufzen!
> Nach Passavá müßt Ihr schauen,
> dort oben hinauf zur Burg:

die heidnischen Feinde darinnen
sind schuld an des Exarchen Tod –
und solange die Türken dort leben,
ist uns keine Freiheit gegeben!«

Die Manioten, sie säumten nicht lange,
sie zogen nach Passavá
zu den Türken und ihrem Agá.
Mit dem Schwerte hausten sie gräßlich;
ob nun Recht oder Unrecht geschah,
an tausend Türken erschlugen sie dort,
und die anderen zogen auf immer fort.

Dies einfache, aber effektvolle ›mirológi‹, von Generationen maniotischer Frauen über ihren Webstühlen und
Handmühlen gesungen, ist nicht nur historisch und als
Beispiel eines typisch maniotischen Rachegesangs interessant. Es beschwört auch auf einfache Weise die immer
noch in Griechenland gültigen Trauersitten: diejenigen,
die dem Toten ihre Achtung bezeugen wollen, bringen
Ringe aus Brotteig (kouloúria genannt) und in Fett ge-
backene Süßigkeiten (xerotígana) zu seinem Haus. Bemerkenswert ist auch die Ehrlichkeit, mit der das
›mirológi‹ zugibt, daß die moralischen Grundsätze, denen die Rache gehorcht, recht unscharf sind: »... ob
nun Recht oder Unrecht geschah ...« Es war ein blind-
wütiges, aber wirksames Massaker. Männer, Frauen
und Kinder wurden mit der gleichen Begeisterung nie-
dergemetzelt, und von den siebenhundert türkischen
Familien, die in der Gegend ansäßig waren, gelang es
nicht vielen, in die Berge von Vardounía zu entfliehen.
Doch die Befreiung vom türkischen Joch war eine lokale
Angelegenheit, und sogar das nur auf Zeit, trotz und
letztlich wegen der Bemühungen von des Exarchen Neffen. Das war Zanét Grigorákis, der nun von seinem
ermordeten Onkel das Amt des Familienoberhaupts

übernahm. Da der Sieg von Passavá sein Verdienst war, gewann der energische Zanét an Unabhängigkeit; seine persönliche Macht erweiterte er durch den Bau vieler Burgen und Türme in der Gegend. Als er aber mehrere türkische Angebote abgelehnt hatte, Bey der ganzen Mani und türkischer Vasall zu werden, wurde er schließlich vier Jahre später unter dem Vorwand einer Einladung zum Essen auf ein türkisches Schiff gelockt und entführt. Man stellte ihm ein Ultimatum. Er wählte das Leben, und so regierte der Zerstörer von Passavá fünfzehn Jahre lang die Mani als türkischer Bey, bis seine Verhandlungen mit den Franzosen ihn zu Fall brachten. Doch scheinen in der Folge weder Griechen noch Türken mehr Gebrauch von Passavá gemacht zu haben. Es verschwindet 1780 aus der Geschichte, und als Colonel Leake es fünfundzwanzig Jahre später besuchte, lag es bestimmt in Trümmern.

Abstecher zur Bucht von Vathý

Aus dem Engpaß von Passavá, in den 1780 bei dem großen Massaker die türkischen Leichname von der nördlichen Mauer hinuntergeworfen wurden, führt die Straße südwestwärts weiter zum Messenischen Golf. Sie ist – jedenfalls für Fahrzeuge mit Rädern – der einzige Weg, die Felsenbarriere vor der südlichen Halbinsel auf gute Art zu umgehen. Wenn man aber Zeit genug und ein robustes Auto hat, lohnt sich ein Abstecher in die *Bucht von Vathý* (Farbtafel 2) und zu den befestigten Plätzen der Grigorákis von Ageranós und Skoutári an der östlichen Küste. Nicht weit hinter Passavá gibt es eine Abzweigung nach links mit einem Wegweiser ›Belle Hélène‹. Der lange, teils sandige, teils Kieselstrand, an den die Straße nach zwei holprigen Kilometern ziemlich nahe heranführt, hat viele Reize und ist recht schön zum

Baden. Ein ansehnlicher Fluß, der früher Turkóvrysi (=
Türkenquelle) genannt wurde, führt sein klares, kaltes
Wasser durch einen breiten Kanal, den er durch den
Sand gegraben hat, in die Bucht. An seiner Mündung
gibt es ganze Wälder von Schilf, sie sind im Frühjahr
ein Paradies für Vogelfreunde. In Zeiten der Malaria
kann diese Gegend nicht sehr gesund gewesen sein.
Dennoch sind ein wenig landeinwärts, nahe dem alten
Dorf Vathý, noch erhebliche Reste aus römischer Zeit
auszumachen. Am Südende der Bucht liegt ein ganz
und gar nicht hierherpassendes, aber glücklicherweise
verhältnismäßig wenig auffallendes Hotel, das für den
Wegweiser verantwortlich ist. Von diesem Punkt aus
wird die Straße noch schlechter. Sie führt steil durch
dichten Wald zu dem kleinen Dorf *Ageranós* mit den
Türmen, die wir von Passavá aus sehen konnten. Beide
sind Burgen der beiden Zweige der Grigorákisfamilie
(Farbtafel 40). Obwohl der untere der beiden Türme
durch den Anbau eines scheußlichen Betonbalkons am
Hauptturm brutal entstellt ist, ist seine Lage auf der
bewaldeten Landzunge herrlich. Wer auf dem Balkon
steht und ihn nicht ansehen muß, kann einen großartigen Blick über die zerfallenden Befestigungsanlagen genießen.

Auf der Südseite von Ageranós führt die betonierte
Straße mäßig steil hinunter zur Kamáresbucht. Von da
an muß man sich eine Strecke weit über Feldwege und
kleine Straßen landeinwärts durchschlagen, ehe man
auf die Straße kommt, die um die Ausläufer von Kap
Kremidará herum nach Skoutári hinaufsteigt. Das Dorf
Skoutári liegt auf einem hohen Hügel und blickt auf
die gleichnamige Bucht. Man sagt, Flüchtlinge aus dem
Skoutári-Distrikt von Konstantinopel seien 1453 hier
gelandet und hätten den Namen mitgebracht. Die Ruine

eines weiteren Grigorákisturmes steht noch auf dem
Dorfplatz und erinnert an die Tüchtigkeit von Hassan
Paschas Artillerie. In ihrer Nähe befindet sich unter
anderm die Kirche des Hagios Joánnis Chrysóstomos
mit schönen Fresken im Stil des 18. Jahrhunderts und
einer reizenden Inschrift über der Tür mit Anweisungen
an den Küster für die Pflege der Kirche. Eine steile Straße
geht im Zick-Zack hinunter zu der kleinen Bucht mit
der Kirche der Hagia Varvára und ein paar römischen
Mauerresten am Strand. Auf der Südwestseite der Bucht
kann man einen hübschen Spaziergang machen, hinauf
zu dem großen, verlassenen Kloster des heiligen Georg
inmitten seiner einst sorgfältig gepflegten Gärten auf
den Hangterrassen. Einem weiteren Vordringen nach
Süden entlang der Ostküste der Mani schiebt der große
Gebirgszug, der im Kap Stavrí endet, einen Riegel vor.
Zwar beginnt, nur vier Kilometer in der Luftlinie südlich
von Skoutári, am Hafen von Kótronas eine moderne
Straße nach Süden. Aber ein Vogel müßte über sechs-
hundert Meter hohe Berge fliegen, um sie zu erreichen,
und ein Auto muß einen Umweg von mehr als dreißig
Kilometern über den westlich gelegenen Bergpaß ma-
chen. [Das könnte sich bald ändern, denn zwischen
Kótronas und der Bucht von Skoutári hat man mit
Straßenbauarbeiten begonnen.]

Zum messenischen Golf

Um weiter in den Süden der Halbinsel zu gelangen,
müssen wir aber vorläufig tatsächlich fünf Kilometer
fast genau nach Norden fahren. Bei **Karioúpolis** treffen
wir auf die Hauptstraße Gýtheion – Ítylon, an einer
Stelle, die wir – hätten wir nicht den kleinen Abstecher
gemacht – kaum mehr als drei Kilometer hinter Passavá
erreicht hätten. Und wie man das in der Nähe dieser

wichtigen Straßeneinmündung erwarten darf, gibt es
auf einem Hügel eine mächtige Burg, die das Dorf über-
ragt. Sie war der Sitz der Familie Kavallierákis. Deren
Ahnherr Thomas Fokás, damals auf Kelefá, legte sich
einen reiterlichen Beinamen zu, als er 1695 für seine der
Republik Venedig geleisteten Dienste zum Ritter des
Heiligen Markus ernannt wurde. Seine Nachkommen
bewahren noch die Ernennungsurkunde, unterschrieben
und besiegelt im Dogenpalast am 30. April jenes Jahres.
Sie verzeichnet viele blutige Heldentaten, die seine Ergebenheit für die Sache der Republik in der Peloponnes
bezeugen. Die Familie stellt auch gern eine Verbindung
zwischen diesem Thomas Fokás und dem byzantinischen Kaiser Nikephóros Phokás her. Dessen Ermor-
dung im Jahre 969 durch den usurpatorischen Joánnis
Tsimiskís hatte die Zerstreuung der ehemals kaiserlichen Familie zur Folge. Aber, wenn es auch nicht unmöglich ist, daß ein von seinem Besitz vertriebener Phokás Zuflucht in der Mani suchte, so ist es doch seltsam,
daß der Adelsbrief eine derartige Verbindung in der
Reihe all der anderen Ansprüche auf Nobilitierung nicht
erwähnt. Aber auch ohne kaiserliches Blut in ihren
Adern ist die Kavallierákisfamilie berühmt genug für
ihren Einsatz im Widerstand gegen die Türken. Er beginnt mit den Heldentaten ihres Ahnherrn für die Venezianer im späten 17. Jahrhundert und dauert an bis zur
Revolution von 1821, in der mehrere Abkömmlinge der
Familie sehr rühmlich kämpften und starben.

Obwohl sie mittelalterlich aussieht, ist die Burg der
Kavallierákis in Karioúpolis nicht vor dem späten
18. Jahrhundert erbaut. Sowohl die Burg selbst als auch
ihre Nebengebäude sind gut genug erhalten, um einen
Eindruck zu vermitteln vom Lebensstil dieser aufrührerischen maniotischen Edelleute, die sich gewöhnlich ge-

genseitig bekämpften, wenn sie nicht gerade gegen die
Türken zusammenstanden. Der Haupttrakt der Burg
besteht aus einem langen, schmalen, zweigeschossigen
Gebäude, etwa zweiundzwanzig Meter breit und fünf
Meter tief. Ein vierstöckiger Turm, etwa fünf Meter im
Quadrat, bildet den Abschluß am östlichen Ende. Der
Turm ist im Erdgeschoß fensterlos, seine oberen Stock-
werke haben nach jeder Seite jeweils nur ein mittelgro-
ßes, hübsches Bogenfenster, und die oberen Ecken des
Turmes sind mit wuchtigen Ausbauten verstärkt. Die
Familie lebte in dem einen großen Raum im ersten
Stockwerk, an dessen Westseite sich Reste eines hohen,
offenen Kamins befinden. Das Erdgeschoß bot in Zeiten
der Gefahr Raum für die Verteidiger wie für Lager und
Magazine, die sich teilweise in unterirdischen Gewölben
fortsetzten. Noch heute liegt auf der südlichen Seite eine
Reihe halbverfallener Nebengebäude, die offenbar in
Friedenszeiten Wohnungen von Gefolgsleuten oder
Ställe waren. Nicht weit von der Burg steht die kleine
Kirche des heiligen Petrus, die vermutlich als Familienkapelle diente und wahrscheinlich zur gleichen Zeit wie
der Turm, dessen kleine Fensterwölbungen identisch mit
denen der Kirche sind, errichtet oder wiederaufgebaut
wurde. Über der Einfahrt zu einem mit hohen Mauern
umgebenen Hof zwischen Kirche und Burg kann man
das Familienwappen sehen; der zweiköpfige Adler von
Byzanz verkündet noch immer eine kaiserliche Herkunft
der Herren einer kleinen und verwahrlosten Burg.

Von Karioúpolis erreicht man über eine kurze steile
oder eine längere bequemere Nebenstraße wieder die
Hauptstraße. Auf ihr fährt man durch ein offenes Tal
mit Getreidefeldern und Olivenbäumen zu beiden Seiten, ehe sich die Straße zwischen weitere Hügel zwängt.
Sie folgt dann lange einem tiefen Flußbett, das im Früh-

jahr und Sommer von rosa Oleanderblüten überfließt.
Wenn wir dann wieder in offenes Gelände kommen,
können wir zum ersten Mal den *Kouskoúni* sehen, einen
grauen, kahlen Berg, der wie ein spartanischer Ephor
über dem Zugang zur Inneren Mani wacht. (Siehe Farbbild 5.)

Die Landschaft ändert sich erstaunlich abrupt, während wir uns dem Kouskoúni nähern. Innerhalb eines
Kilometers verabschieden wir uns von den fruchtbaren
Feldern, die sich bis an das wohlhabende Bergdorf **Vachós** erstrecken, und von den eichen- und olivenbedeck-
ten Hügeln, an die wir uns inzwischen gewöhnt hatten.
Nur die zähesten und dornigsten Sträucher können auf
den Hängen am Fuße des Kouskoúni gedeihen, und nur
Ziegen können seine Geröllhalden leichtfüßig erklim-
men. Und doch bezeichnet ein winziger weißer Fleck
auf dem äußersten Gipfel ein Bauwerk. Es ist die Kirche
des Profíti Ilías, des Propheten Elias, dessen feuriger
Wagen und dessen wie Helios klingender Name ihn zum
natürlichen Schutzheiligen fast aller Berggipfelkirchen
in Griechenland macht. Sie stehen dort, wo vielleicht in
heidnischer Zeit der Sonnengott verehrt wurde.

Während die Straße nach Westen ausbiegt, dies un-
überwindliche Hindernis südlich zu umrunden, blicken
wir ein letztes Mal zurück auf den Lakonischen Golf
und zum erstenmal voraus auf den Messenischen, dorthin, wo einst der Hafen von Ítylon an der Westküste
das Gegenstück zu Gýtheion an der Ostküste war. Ítylon
selbst leuchtet weiß auf dem fernen westlichen Vorgebirge vor dem dramatischen Hintergrund des *Pentadáktylos,* jener fünf Berggipfel, die wie bleiche Knöchel
an einer geballten Faust aussehen. Sie bilden das Südende des Lakonien und Messenien trennenden Taýgetosgebirges. In der Tat ist Ítylon das Tor zwischen der

Inneren und der Äußeren Mani. Diese sind nur durch die eine gut ausgebaute Straße, die sich vom Hafen hinaufschwingt und dann um den zur Küste hin gelegenen Bergabhang ins fruchtbare Messenien führt, miteinander verbunden. Und da die Kontrolle über diesen Hafen und den Paß offensichtlich für eine Besatzungsmacht von vitalem Interesse war, ist es nicht erstaunlich, daß wir auf dem Plateau, das zwischen uns und Ítylon liegt, ein weiteres Monument türkischer Herrschaft finden: die Festung **Kelefá**. Man kann sie mit dem Wagen erreichen. Von der Straße Gýtheion – Areópolis biegt eine bezeichnete Nebenstraße rechts ab, fast genau gegenüber der nach links führenden Abzweigung nach Vachós. Nach drei Kilometern kommt man in den Ort Kelefá. Im Ort folgt man dem Wegweiser nach links, der ›Kástro‹ bezeichnet ist; die Abzweigung nach Vrýsi läßt man rechts liegen. Man fährt nun über einen Feldweg bis an die Südostecke der Festung. (Farbbild 6)

Die Ruinen sind beeindruckend. Die weiten rechteckigen Umfassungsmauern, die ungefähr 15 000 Quadratmeter Fläche einschließen, konnten eine Garnison von mindestens fünfhundert Mann aufnehmen. Teile der hohen Festungsmauern und drei große Bastionen auf der Südwestseite sind mehr oder weniger unversehrt erhalten. Zwar sind die Kanonen, die einst die Bucht bedrohten, inzwischen verschwunden, aber den spektakulären Blick von der Abschußrampe kann man glücklicherweise nicht abtransportieren. Die Festung wurde 1670 von Kuesy Ali Pascha erbaut. Großwesir Küprülü hatte ihn hingeschickt, nachdem er die Venezianer aus Kreta vertrieben hatte. Kuesy Ali Pascha sollte die Mani gegen die Venezianer sichern, den gewinnbringenden Handel, der durch den Hafen von Karavóstasi am Nordende der Bucht lief, kontrollieren und die Seeräuberei der

Manioten, die Ítylon den Spitznamen ›Groß-Algier‹ ein-
gebracht hatte, unterbinden. Die Truppen und die Kanonen von Kelefá ließen sich aber auch dazu verwenden,
eine Gruppe einander befehdender Familien gegen eine
andere zu unterstützen, gemäß einer Politik des ›divide
et impera‹. Die Emigration der Jatráni nach Italien im
Jahre 1671 und ihrer Rivalen Stefanópouli nach Korsika, ein paar Jahre später, war unter anderem darauf
zurückzuführen. Doch auch so blieb Kelefá, wie Passavá, nur fünfzehn Jahre in türkischer Hand, bis es
nämlich 1685 mit dem Beginn von Morosinis Feldzügen
in die Peloponnes an die Venezianer und ihre maniotischen Verbündeten fiel. Die Manioten belagerten die
Festung bereits, als Morosinis Flotte in die Bucht einlief,
woraufhin der türkische Kommandant sich ergab. Er
stellte zur Bedingung, daß ihm selbst und seinen fünfhundert Mann sicheres Geleit bis zur Insel Elafónisos
in der Nähe von Kap Maléa gewährt würde. Die Türken
machten zwar im folgenden Jahr einen Gegenangriff,
und es wäre ihnen beinahe gelungen, Breschen in die
Mauern zu schlagen, doch erschien Morosini gerade
noch zur rechten Zeit mit Verstärkungen, und die Mar-
kusfahne wehte weitere zwanzig Jahre über Kelefá.

Die venezianischen Kommandanten neigten dazu,
Kelefá für eine Festung von verhältnismäßig geringer
Bedeutung zu halten – »eine Festung, eher dazu erbaut,
der widerspenstigen Natur der Manioten den der ober-
sten Herrschaft geschuldeten Gehorsam einzuschärfen
als einen für energischen Widerstand geeigneten Stützpunkt zu schaffen ... oder als Bollwerk gegen Angriffe
vom Meer zu dienen.« Und in dem Maße, in dem die
widerspenstigen Manioten ihre Verbündeten waren,
brauchten sie die Festung gewiß weniger als die Türken.
Gleichviel, Kelefá zerstörten sie nicht, wie sie es mit

Passavá getan hatten, und zumindest ein venezianischer
›Provveditore‹, Francesco Grimani war sich darüber im
klaren, wie entscheidend Kelefá für einen erfolgreichen
Widerstand bei einer ernsthaften türkischen Gegeninva-
sion sein würde. Aber der venezianische Senat war stets
eher bereit, Geld zu empfangen als Geld auszugeben,
und als 1715 die türkischen Armeen wieder in die Peloponnes einfielen, war Kelefá nicht im Stande, sich selbst
zu verteidigen, und ergab sich kampflos.

Ítylon ist heute nur noch ein Schatten von ›Groß-
Algier‹, wie es Jules Verne unsterblich gemacht hat, und
obwohl es noch die offizielle Hauptstadt der Region
ist, hat es seit langem Bedeutung und Wohlstand an
Areópolis abgetreten. Auch als Straßenknotenpunkt hat
Areópolis Ítylon abgelöst. Die Straße von Gýtheion trifft
in Areópolis zusammen mit der aus der Messenischen
Mani, die um den Pentadáktylos herumkriecht und sich
südwestlich Ítylon zur Bucht hinunterschlängelt. Über
die Schlucht, die Ítylon und Kelefá trennt, gibt es keine
fahrbare Straße. Um das erste vom letzteren aus mit
einem Fahrzeug zu erreichen – eine Entfernung von
wenig mehr als einem Kilometer zu Fuß oder mit einem
Reittier –, muß man einen Umweg von 10 km machen;
nach Areópolis, hinunter nach Liméni und entlang der
Küste durch die fruchtbare kleine Ebene, die am Ende
der Bucht unter den nicht mehr vorhandenen Kanonen
von Kelefá liegt. Doch auch wenn man nicht vorhat,
der Paßstraße in die Messenische Mani zu folgen: es
lohnt sich der Weg zu der etwas unterhalb von Ítylon
am Hang gelegenen hübschen *Klosterkirche Dekoúlou*,
der Stiftung einer großen Familie der Gegend. Ihre Lage
ist idyllisch; nahe einem Brunnen zwischen Bäumen
schmiegt sie sich an die meerwärtige Seite eines kleinen
Tals unterhalb von Ítylon. Sie blickt nach Süden über

die ganze Bucht bis dorthin, wo die im Zick-Zack verlaufende Straße von Areópolis zur Küste hinunterführt
(Farbbild 7). Die Kirche ist zwar nicht alt – wenigstens
für maniotische Verhältnisse –, das hindert nicht, daß
ihre aus dem 18. Jahrhundert stammende Ikonostasis
vorzüglich geschnitzt und bemalt ist (Farbbild 8). Ihre
vielen schönen Fresken sind in gutem Zustand. Die
stygische Finsternis allerdings, dank der sich die Fresken
so gut erhalten haben, verlangt, daß man eine starke
Taschenlampe zur Besichtigung mitbringt, will man
nicht umsonst gekommen sein.

An der Nordseite der Bucht erinnern nur noch ein
paar verstreute Häuser an den alten Hafen von Karavóstasi, wörtlich übersetzt ›Schiffshalt[eplatz]‹, der in den
Tagen der Segelschiffahrt so großen Anteil an Ítylons
Wohlstand hatte. Aber in **Liméni,** dem Hafen von Areópolis, gibt es viel mehr zu sehen, wie man das im übrigen
auch von dem Stammsitz der großen Mavromichálisfa-
milie erwarten darf (Farbtafel 9). Liméni liegt etwa zwei
Kilometer – quer über die Bucht gesehen – genau südlich
von Karavóstasi. Petróbeys Burg ist perfekt restauriert
und gut gehalten, aber nicht öffentlich zugänglich. Hier
wurde ihm 1815 die Würde des Bey von Mani verliehen;
zuvor hatte er den Repräsentanten der Hohen Pforte,
dessen Flotte im Hafen lag, verschwenderisch bewirtet.
Und hier war es auch, wo er mit den anderen bedeutenden Anführern der Mani und mit dem Geheimbund
›Philikí Hetairía‹ die Verschwörung anzettelte, die dann
am 17. März 1821 auf dem Marktplatz von Areópolis
zur Proklamation der Revolution führte.

Daß Pétros Mavromichális große Dinge zustande-
bringen würde, wird Colonel Leake nicht gewundert
haben. Leake hatte ihn zehn Jahre, bevor er Bey wurde,
kennengelernt und war sehr von ihm beeindruckt gewe-

sen: »ein elegant aussehender Mann zwischen 30 und
40 und der vornehmste Maniote, den ich bisher gesehen
habe.« Er war offensichtlich dem damaligen Bey überlegen, dem alten Antón Grigorákis, »ein ungesund aussehender Grieche von schwachem Charakter, der sich
leicht von seiner Umgebung dazu verleiten läßt, seine

Areópolis, Portalskulpturen der Taxiárchiskirche

Meinung zu ändern.« Als schließlich das Amt des Bey
von der Grigorákisfamilie aus dem Gebiet um Gýtheion
auf die Mavromichális aus Tsímova überging, wuchs
natürlich auch die Bedeutung von Tsímova, bis dort
1821 der Unabhängigkeitskrieg begann und der Ort sich
die spätere Namensänderung in Areópolis, das heißt
Stadt des Ares, verdiente.

Ungefähr zwei Kilometer Fahrstrecke in Haarnadel-
kurven bringen uns von Liméni, dem Hafen, hinauf
nach **Areópolis**, einem geschäftigen Marktstädtchen,
das sich, keinem Ordnungsprinzip folgend, auf seiner

Hochebene zwischen Bergen und Meer ausbreitet. Es hat leider inzwischen zuviele scheußliche Betonbauten, als daß sein Charme ungeschmälert erhalten geblieben wäre. Aber ein wenig lebt die Atmosphäre des alten Tsímova noch fort in den engen Gassen im alten Teil der Stadt. Das schöne Kopfsteinpflaster jedoch ist inzwischen zum größten Teil unter einer Betondecke verschwunden. Da gibt es auch eine schöne Kirche des Erzengels Michael (Taxiárchis), eines angemessen kriegerischen Schutzheiligen für eine Stiftung der Familie Mavromichális in der Stadt des Ares. Das eigentliche Wahrzeichen von Areópolis aber ist der weiße Glockenturm, der sich über der Kirche des Erzengels erhebt. Von weitem sieht er aus wie ein Leuchtturm, der die südwärts ziehenden Reisenden vor den vor ihnen liegenden Gefahren warnt. Es hatte nämlich durchaus seine Gründe, wenn die Manioten sich rühmen konnten, ihre Kirchenglocken seien niemals von den Türken zum Schweigen gebracht worden: das Land, das wir nun betreten, wird höflich als Innere Mani bezeichnet, daneben erfreut es sich aber der düsteren Namen Kakovoúnia und Kakovoúlia. Kakovoúnia bedeutet ›Böse Berge‹ und Kakovoúlia ›Böser Rat‹. Dies Land liegt nun zwischen uns und dem südlichsten Punkt des Balkans, Kap Matapán.

KAPITEL II

Höhlen, Kirchen und eine Stadt der Türme

ALS COLONEL Leake 1805 mit seiner schwer bewaffneten Eskorte nach *Kakovoúlia* kam, erfuhr er bald den Grund für den bösen Namen dieser Gegend, als nämlich der von dort stammende Anführer der Eskorte gegenüber Leakes Diener bekannte: »Hätte der Bey nicht so strenge Anweisungen in bezug auf Euch gegeben, wie fein hätten wir Euch all Euer Gepäck abgenommen!« Die Bewohner der Kakovoúlia waren als Räuber zu Land ebenso bekannt wie als Seeräuber. Die Notwendigkeit, das Leben zu fristen, ließ eben in dieser abgelegenen und unfruchtbaren Halbinsel wenig Raum für zivilisierte Umgangsformen, und außerdem gab es immer noch Homer, wenn man einen Präzedenzfall brauchte, der es erlaubte, die Piraterie als ehrenhaften Beruf anzusehen. Sie würden vollkommen verstanden haben, wie Prinz Telemachos in der Odyssee, eben in Nestors Palast in Pylos eingetroffen, zum festlichen Mahl geladen wurde, bevor man ihn mit großer Höflichkeit fragte:

Fremdlinge, sagt, wer seid Ihr? Woher durchmeßt Ihr die
Wellen?
Ist es wegen Geschäften, durchkreuzt Ihr planlos die
Meere,
wie es wohl Räuber tun, die so in irrendem Schweifen
Leib und Leben wagen, um anderen Unheil zu bringen?
(Homer, Odyssee, 3, 71-74)

Was sie nicht verstanden hätten, ist, wie Prinz Telemachos Pylos überhaupt sicher zu Lande erreichen konnte, oder, wenn er das schon geschafft hatte, wie er es angestellt hat, ebenso sicher wieder davonzukommen. Denn die Auffassung von Gastfreundschaft in Kakovoúlia wird von Nikítas Nifákos wie folgt beschrieben:

> Die Fremden, wenn es sich so traf,
> daß sie das Dorf betraten,
> man grüßte sie mit Höflichkeit,
> lud sie zu Wein und Braten.
>
> Doch wenn der Fremde gehen wollt',
> so konnt er nicht entfliehen:
> er sei ihr Freund, so sprachen sie
> und ließen ihn nicht ziehen.
>
> Wir woll'n, Gevatter, Dir ja wohl,
> drum höre, was wir sagen,
> und alles präge Dir gut ein,
> sonst gehts Dir an den Kragen.
>
> Und zieh Dir Deine Hosen aus,
> den Gürtel und die Weste
> und, daß kein Feind sie nehmen kann,
> die Stiefel, als das Beste.
>
> Denn wenn dies alles nähme Dir
> der Feinde Räuberbande,
> welch großen Schaden hätten wir
> und was für eine Schande!

Es ist ein Glück für den heutigen Besucher, daß die Zeiten sich geändert haben und er nicht mehr fürchten muß, schutzlos dem Hungertod auf den Hängen des Kouskoúni preisgegeben zu sein. Doch sind die Manioten auch heute noch nicht die am leichtesten zu behandelnden Menschen, die man kennenlernen kann. Jahrhunderte, die geprägt waren durch Familienfehden, Mißtrauen und Isolation, haben im Charakter der Ma-

nioten tiefe Spuren hinterlassen. So ist es zwar nicht
sehr wahrscheinlich, daß dem Besucher mit Gewalt sein
Geld abgenommen wird, aber er wird andererseits auch
finden, daß es nicht leicht ist, einem Manioten etwas
zu schenken. Ein kleines Kind wird eine angebotene
Süßigkeit ablehnen. Ein gebrechlicher alter Mann wird
Ihr Angebot, ihn im Wagen mitzunehmen, solange nicht
annehmen, bis Sie vorschützen, ohne seine Hilfe den
Weg nicht zu finden. Sogar ein verhungerter Hund wird
ein mißtrauisches Auge auf den Knochen werfen, den
ihm der Fremde zuwirft, und er wird warten, bis sein
Wohltäter außer Sicht ist, bevor er sich gierig darüber
hermacht. Aber, wie es oft der Fall ist bei Menschen, an
die man schwer herankommt: es gibt keinen besseren
Freund als einen Manioten, wenn er endlich sicher ist,
daß Ihre Freundschaft echt ist und auf Achtung gegründet.

Es ist aber auch wahr, daß es keinen schlimmeren
Feind gibt als einen Manioten, und die Wälder von
Türmen in den Dörfern der Kakovoúlia sind grimmige
Zeugen für den Schiffbruch, den das Christentum erlitten hat bei dem Versuch, die unversöhnlichen Rachevor-
stellungen, deren Ausdruck diese Türme sind, zu mäßi-
gen. Nirgendwo in Griechenland gab es mehr Kirchen
und eine der Kirche ergebenere Bevölkerung als in der
Mani; nirgendwo sonst war es jedoch weniger wahrscheinlich, daß jemand »auch die andere Wange bot«.
Tatsächlich waren die Priester selbst oft schlimmer als
ihre Gemeinden, und die unbezweifelbare Devotion galt
gänzlich dem Ritual und gar nicht den Grundsätzen des
Christentums. Leake bemerkt: »Niemand beachtet die
Regeln der griechischen Kirche strenger als die Manioten. Ein Kakovoúnier, der es sich als Verdienst anrech-
nen würde, sich hinter der Mauer einer verfallenen Ka-

pelle zu verbergen, um Rache für den Verlust eines
Angehörigen an irgendeinem Mitglied der gegnerischen
Familie zu nehmen, würde es für ein Verbrechen halten,
an der gleichen Ruine vorüberzugehen, möge sie auch
ein noch so kleines Relikt des ursprünglichen Gebäudes
sein, ohne sich sieben- oder wenigstens dreimal zu
bekreuzigen.«

Solch unchristliche Methoden, übermäßige Rache zu
nehmen, wurden nach dem maniotischen Kodex nicht
nur verziehen, sondern sogar erwartet. Der maniotische
Scharfschütze, der sich hinter der Kapelle verbarg, um
einen andern Manioten in Ausübung einer Familienblut-
rache zu erschießen, war gewiß kein Feigling, wenn es
zur regelrechten Kriegführung zwischen den Familien
kam oder zum Nahkampf mit den Türken. Auch seine
Frau war nicht feige, und Leake gibt verschiedene Beispiele von tapferen Frauen in den endlosen Bürgerkrie-
gen der Mani um die Wende vom 18. zum 19. Jahrhundert. Eine dieser Frauen verteidigte ihren Turm, indem
sie drohte, ihn in die Luft zu sprengen. Eine andere
war ganz entstellt von den Narben, die sie im Kampf
davongetragen hatte, und ihr Ruf war so erschreckend,
daß Leake nicht bereit war, ihr seinen besten Hut für
ihre Zielübungen zur Verfügung zu stellen.

Die Frauen von Díros

Aber diese Amazonen waren zahm, verglichen mit den
heroischen Frauen aus der Zeit der Revolution, die sich
1826 Ibrahim Paschas großangelegtem Versuch, die
Mani zu überwältigen, entgegenstellten. Als er mit seinen Truppen nach dem Fall von Mesolóngi wie ein
Orkan über die Peloponnes gebraust war, plante er, die
trotzigen Manioten in zwei aufeinander abgestimmten
Aktionen zu Land und vom Meer aus anzugreifen. Die

Manioten hatten ihre Kräfte bei Vérga, nahe Almirós, in der Messenischen Mani konzentriert. Es war eine der kritischsten Konfrontationen dieses Krieges. Die Manioten waren durchaus in der Minderheit, aber ihr leidenschaftlicher Widerstand unter der Führung von Ilías und den anderen Mavromichális, bestimmte Ibrahim zu einem gleichzeitigen Angriff auf ihre Heimatbasis in der Inneren Mani, die fast schutzlos zurückgeblieben war. Wenn es ihm gelänge, sich die Gegend um Areópolis zu sichern, würde er bald die Verteidiger von Vérga demoralisieren, ihre Versorgungswege abschneiden und rasch die Kontrolle über die Pässe, nicht nur nach Messenien, sondern auch nach Gýtheion und auf diese Weise nach Lakonien gewinnen.

Sein Plan war geschickt. Seine Galeeren erschienen völlig überraschend in der Dírosbucht, und schon bald schwärmten über 1500 Ägypter zu der Hochebene hinauf, machten sich daran, das Land zu verwüsten und das etwa zwei Kilometer nördlich gelegene Areópolis in Besitz zu nehmen. Aber er hatte seine Rechnung ohne die Frauen gemacht, die bei der Getreideernte waren. Als die Kirchenglocken Sturm läuteten, liefen ungefähr dreihundert Frauen von den Feldern zusammen, und zu ihnen kamen bald ebenso viele Männer von etwas ferner gelegenen Dörfern; obwohl sie nur mit ihren Erntegeräten bewaffnet waren, verliehen die Frauen ihrer Empörung in einer Weise Ausdruck, die ihrer spartanischen Ahnen würdig war:

> Daß Ihr Euch nicht schämt, Ihr Türken,
> gegen Frauen Krieg zu führen!
> Unsere Männer, die hier fehlen,
> sind nach Almirós gezogen.
> Doch wir schwingen unsere Sicheln,
> lassen Eure Köpfe fliegen.

Die Truppen des Pascha zogen sich zurück und bezogen Stellung an der Küste, wo sie Hilfe von der Flotte bekommen konnten. Zwei Tage später jedoch hatten sich so viele Manioten, Frauen und Männer, versammelt, daß die Ägypter auf das Meer hinausgetrieben wurden und nur ein Drittel von ihnen sich auf Ibrahims Schiffe retten konnte. Inzwischen war Kolokotrónis mit Verstärkungen eingetroffen und bedrohte Ibrahims Landstreitkräfte bei Vérga im Rücken, und als Ibrahim nun rasch zurückkkam, sah er keine andere Möglichkeit als die ganze Offensive einzustellen. Als er zwei Monate später eine neue Offensive an der Ostküste versuchte, erlitt er einen ähnlichen Rückschlag.

Die Díroshöhlen

Das Heldentum der Amazonen von Díros hat sein bleibendes Denkmal in der Geschichte und dem Mythos der Revolution gefunden. Die **Dírosbucht** aber ist heute vor allem wegen ihrer herrlichen Höhlen bekannt, die jedes Jahr Tausende von Touristen aus ganz Europa anziehen und die ihrerseits eine Art Denkmal weiblichen Heldentums und Durchhaltevermögens sind. Die Geschichte von Anna Petrochílou ist schon erzählt worden – wie sie die Höhlen erforschte und erschloß, zunächst mit ihrem Mann und dann nach seinem Tode allein. Aber erst wenn man hingeht und die ungeheure Größe und Kompliziertheit der Labyrinthe anschaut, kann man ihren stillen Mut wirklich richtig beurteilen. Noch heute erscheint es einem wie ein Abenteuer, in den bequemen Booten durch die von elektrischem Licht erhellten unterirdischen Wasserwege der ›Glyfáda‹ mit ihren großen Hallen und versteinerten Wäldern von Stalaktiten und Stalagmiten zu gleiten, aber wie bedrohlich muß es für eine Frau gewesen sein, die allein war, nur mit einer Grubenlampe und einem Boot? Photographien können zwar die Schönheit einzelner Strukturen zeigen, aber sie können weder die ungeheure Größe einiger dieser Höhlen vermitteln, noch die Länge der Wasserwege, die sich schweigend vor einem ausdehnen und deren Tiefe sehr plötzlich zwischen zwei und zwanzig Metern schwanken kann.

Die Beleuchtung der Höhlen ist gut und vermeidet glücklicherweise die psychedelischen Scheußlichkeiten einiger anderer weltberühmter Höhlen, die man als Tourist besuchen kann. Die Díroshöhlen haben einfaches weißes Licht, das die natürliche Schönheit der Strukturen nicht beeinträchtigt. Manche Formationen haben ihre eigenen natürlichen Farben: die sogenannten ›Karotten‹ ein zartes Orange, die ›Drachengrotte‹ ist karminrot, und im ›Schokoladensaal‹ sind die Tropfsteine mit einem dunkelbraunen Schlamm überzogen. Der perlweiße ›Kronleuchter‹ besteht aus tausenden von

In der Glyfádahöhle

bleistiftdünnen Stalaktiten, die sich an der Decke einer großen Höhle bündeln. Die Namen, die man all den vielen einzelnen Formationen gegeben hat, mögen zum Teil kitschig sein, und es mag nicht sehr geschmackvoll sein, wenn ein besonders phallischer Stalagmit sich im blendenden Licht wie ein Leuchtturm präsentiert – die Strukturen und Formationen sind verblüffend in ihrer Vielfalt und nicht leicht zu beschreiben.

Die Boote brauchen ungefähr 45 Minuten für die Fahrt durch die zugänglichen Teile der Glyfádahöhle. An einem unterirdischen Landeplatz setzen sie dann, wie Charon, ihre Passagiere ab und stellen ihnen anheim, Plutos Palast zu Fuß zu erkunden. Aber ungleich Charon bringen sie sie auch wieder an das Licht des Tages zurück. Wäre nicht das zweite große Höhlensystem, das trockene *Alepótrypa* oder ›Fuchsloch‹, das erst 1958 entdeckt wurde, für den Tourismus derzeit geschlossen, so könnte man gleich nach dem Verlassen der Glyfáda das Tageslicht wieder hinter sich lassen und in diese neue unterirdische Welt eintreten. Die Alepótrypa – man erkundet sie zu Fuß – hat zwar nicht die ständigen Wasserreflexe, die die Glyfáda so bezaubernd machen, doch ist sie nicht weniger beeindruckend und in mancher Hinsicht sogar interessanter.

Man geht durch eine Folge von Hallen mit verblüffenden Formationen. Da gibt es die ›Olivenbaumhalle‹ mit winzigen, blattartigen Stalaktiten, die das Laub liefern für einen großen Felsenstamm, der sich in der Mitte erhebt; sodann die ›Halle des kristallenen Regens‹, deren Decke wie ein versteinerter Wolkenbruch schimmert und aus den gleichen schlanken Stalaktiten besteht, die in der Glyfáda den ›Kronleuchter‹ bilden. Die mit mächtigen Säulen versehene ›Aus dem Stein geschnittene Treppe‹ führt hinauf zum ›Geheimen Durchgang‹, wo man einen menschlichen Schädel fand, durch dessen rechte Wange ein Stalagmiten-Paar gewachsen ist. Dann folgt die ›Empore‹, von der aus sich die ›Gefrorenen Regenvorhänge‹ am vorteilhaftesten präsentieren; und so geht es weiter durch einen weiteren Durchgang in die ›Felsenhalle‹, von der eine Treppe hinab in die ›Kultstätte‹ führt. Sie ist die Höhle mit dem größten Formenreichtum. Hier ist alles von den Fackeln der prähistorischen Bewohner rauchgeschwärzt. Den großartigsten Anblick von allen jedoch bietet die letzte, die ›Große Halle‹, die man abwärts über eine lange Leiter erreicht. Sie hat wahrhaft palastartige Ausmaße, etwa hundert Meter Länge, sechzig Meter Breite und dreißig Meter

In der Glyfádahöhle

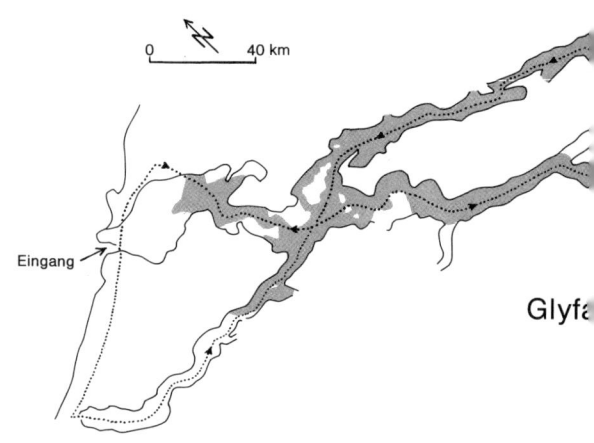

Glyf

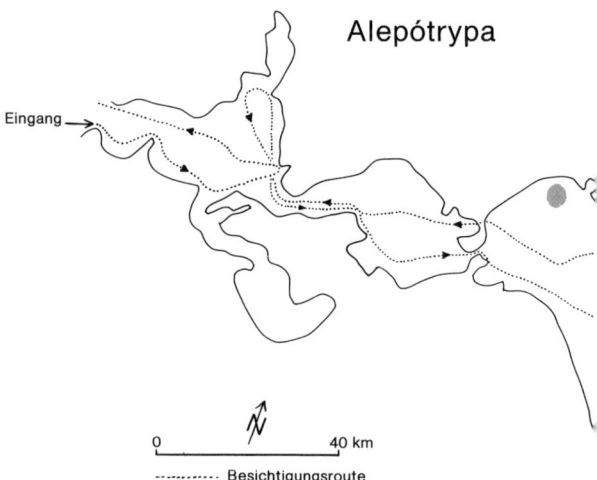

Alepótrypa

Eingang

---------- Besichtigungsroute

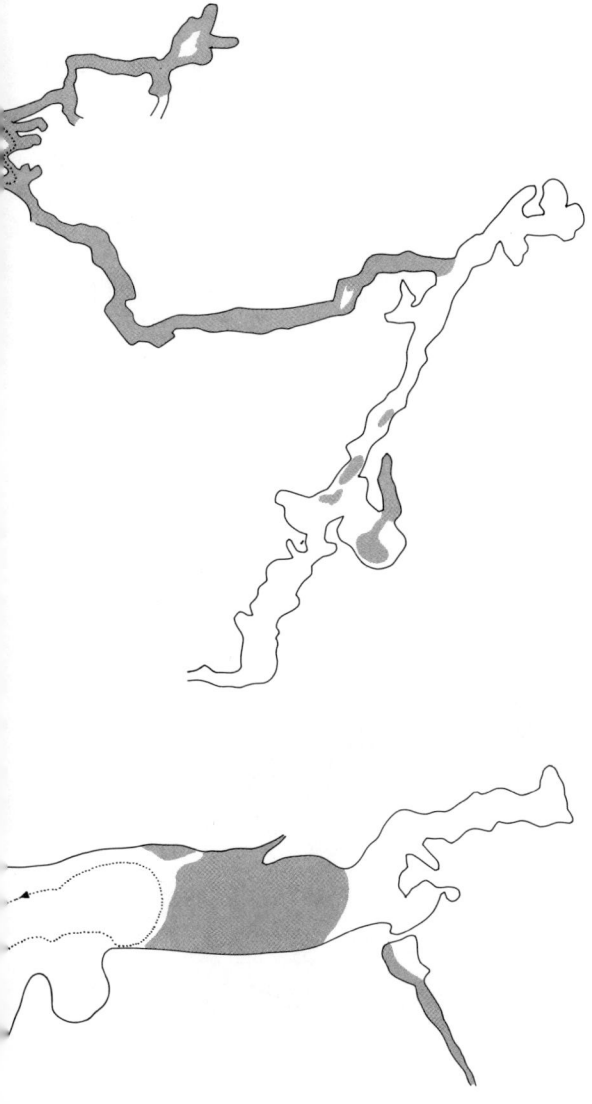

Höhe. Nahe dem Eingang ist der ›Versteinerte Wasserfall‹ und am anderen Ende ein großer See mit riesigen Stalagmiten, die sich aus seiner Tiefe erheben.

Die Bedeutung der Alepótrypahöhle beschränkt sich nicht auf ihren imposanten Umfang und die komplizierte Schönheit ihrer Formationen. Sie ist doppelt faszinierend durch das wertvolle prähistorische Material, das sie freigegeben hat: viele Menschenknochen und -schädel, Werkzeuge aus Stein, Ton, Kupfer und Obsidian, Pfeilspitzen und Keramik, Armbänder aus Austernschalen, silberne Ohrringe, Marmoridole und primitive Felsbilder. Offenbar benutzten die prähistorischen Bewohner den Bereich in der Nähe des Eingangs zum Wohnen und Arbeiten und behielten die tieferen Regionen den religiösen Mysterien vor: die mittleren Hallen den Kulthandlungen und die ›Große Halle‹ der Bestattung der Toten. Was sie hinterlassen haben, zeigt, daß es eine ganz anders geartete Mani war, in der diese

Anna Petrochílou mit den Entdeckern der Alepótrypahöhle

frühen Menschen jagten und fischten, ein Land mit
großen Pinienwäldern und nicht die trockene, unfrucht-
bare Wildnis, die uns nach der Kühle der Unterwelt
bei der Rückkehr ans Licht eines heißen und blendend
leuchtenden Sommernachmittags umgibt.

In Zick-Zack-Kurven bergauf kehren wir von der
Dírosbucht zurück zum Dorf **Pýrgos Diroú,** das Leake
als ungewöhnlich antibritisch aufgefallen war, als er es
um 7 Minuten nach 9 Uhr am 12. April 1805 durcheilte,
»weil vor nicht langer Zeit bei Díros durch Captain
Donnelly von der Kriegsmarine fünfundzwanzig See-
leute eines Piratenbootes, von denen alle bis auf den
Kapitän, einen Kreter, aus diesem Dorf stammten, gefangengenommen und anschließend in Konstantinopel
in Haft gehalten wurden«. Heute wird der Tourist alle
Nationen in den kleinen Tavernen und Cafés, die neuer-
lich eröffnet haben, um die Besucher der unterhalb gelegenen Höhlen zu erfrischen, gleichermaßen willkommen finden. Auch ein Engländer hat nichts zu fürchten.
Aber wenigstens ein Relikt weniger gastfreundlicher
Zeiten bleibt entschieden furchterregend: der mächtige,
quadratische Turm der Familie Sklavonákis steht noch
in seiner vollen Höhe von fünfundzwanzig Metern, und
lange nach Leakes Zeit bekräftigten seine Kanonen noch
immer den mittelalterlichen Anspruch auf Überlegenheit und Unabhängigkeit einer Familie gegenüber den
Bedrohungen durch rivalisierende Geschlechter oder
fremde Mächte.

Ein Kranz byzantinischer Kirchen

Wenn wir Pýrgos Diroú verlassen, können wir rasch
südwärts fahren durch die anspruchslose kleine Ebene,
die sich mehr oder weniger beengt zwischen den Bergen
und einer Reihe felsiger Buchten hinzieht. Wenn wir das

tun, werden uns jedoch einige der schönsten Schmuck-
stücke aus dem außergewöhnlich reichen Schatz an byzantinischen Kirchen, die innerhalb der siebzehn Kilometer zwischen Pýrgos und Gerolimén liegen, entgehen.
Nur wenige dieser Kirchen sind sehr weit von der
Hauptstraße abgelegen, doch sind sie nicht immer leicht
zu finden. Vielleicht weist eine verräterische Zypressen-
gruppe auf einen Friedhof hin, manchmal aber ist die
erlesenste kleine Kirche vollständig in Olivenhainen verborgen oder nur über ein Labyrinth von Eselspfaden, die
landeinwärts in die Berge oder seewärts in die Klippen
führen, zu erreichen. Und selbst wenn man sie findet,
so offenbaren nicht alle diese interessanten Kirchen ihre
Vorzüge auf der Außenseite. Während nämlich einige
unmittelbar als Juwel der Architektur zu erkennen sind,
zeigen sich andere als unförmige Ruinen, deren Äußeres
nur auf Esel und Schafe auf der Suche nach einem Unterschlupf anziehend wirkt. Niemand würde in ihnen
schön freskierte Wände oder fein skulptierten Marmor,
der übrigens oftmals schmutzbedeckt auf dem Boden
liegt, vermuten.

Nicht mehr als drei Kilometer von Pýrgos entfernt
gibt es drei schöne Kirchen des 11. Jahrhunderts; zwei
sind dem Erzengel Michael geweiht, und zwar in Glézos
und Charoúda, die dritte in Triandafylliá dem heiligen
Petrus. Nur wenige hundert Meter hinter Pýrgos biegt
man links in eine mit »Odós Glézou« bezeichnete
schmale Betonstraße ein. Man fährt durch **Glézos** immer geradeaus bergwärts weiter, kommt hinter dem Ort
über ein kurzes Stück sehr holpriges Steinpflaster, und
gleich danach – ungefähr fünfhundert Meter nach Verlassen der Hauptstraße – endet der Weg in einem kleinen
Platz. Von dort kann man sich nach rechts wenden und
die Kirche zu Fuß oder im Wagen über einen guten

Glézos, St. Michael

Feldweg nach hundert oder zweihundert Metern erreichen. *St. Michael* – im Griechischen Hagios Strátigos oder auch *Taxiárchis* genannt – liegt in den Ausläufern der Berge, und nahebei befindet sich der zugehörige Friedhof mit seinen Zypressen. Die kleine mit roten Ziegeln wohlgedeckte Kuppel sieht man zuerst. Die Kirche ist aus Quadern gebaut, dazwischen sind horizontal und vertikal Ziegel verlegt – eine Technik, der wir noch oft begegnen werden und für die sich die Bezeichnung ›Cloisonné‹ in der Literatur findet. Auffallend an Hagios Strátigos sind einige große doppel-T-förmig gesetzte Steine in der Nordfassade, ebenfalls ein Motiv, das wir nun häufiger antreffen werden. Im Innern der Kirche sehen wir zum erstenmal auf unserer Reise vier marmorne Zugbalken in der Vierung, verziert mit Mustern und Halbkugelmotiven. Auch diese ›elkystíras‹, wie sie im Griechischen heißen, gehören zu den Charakteristika der byzantinischen Kirchen, die sich in der Mani häufig und in vielerlei Gestalt finden, oft wundervoll skulptiert und manchmal, wie zum Beispiel hier,

Charoúda, St. Michael, dekoratives Mauerdetail

mit Inschriften versehen. *St. Peter* liegt auf derselben Höhenlinie, nur einen Kilometer weiter südlich, gegenüber dem auf der meerwärtigen Seite der Hauptstraße gelegenen **Triandafylliá.**

Wir durchqueren den Ort und biegen gleich in die nach Westen führende und nach Nikándri und Charoúda bezeichnete Straße. **Charoúda** liegt – in der Luftlinie – nur drei Kilometer von Pýrgos entfernt, obgleich der Fahrweg natürlich viel länger ist. Er windet sich durch die Olivenhaine und Feigenbäume und führt mitten hinein in das Hochplateau auf dem kleinen Vorgebirge, das die Buchten von Spathári und Langadáki trennt.

Die nur noch als Ruine erhaltene ›megalithische‹ Kirche *Hagios Sotíras,* die in einer scharfen Kurve am Ortseingang von Charoúda steht, bereitet uns keineswegs vor auf die zarte Eleganz der hinter einer hohen Mauer in einem schönen Kirchhof liegenden Kirche *St. Michael* (Taxiárchis). Die Sotíraskirche ist ein primitives Meisterwerk der Kunst, Steine ohne Mörtel zu

Mauern zu fügen. Die riesigen, unregelmäßigen Blöcke sind nackt und weiß; die schön zu Quadern behauenen Steine der Taxiárchiskirche dagegen haben eine sanfte Sandsteinfarbe und sind durchsetzt mit Ziegelsteinen, und zwar in derselben Cloisonnémanier wie an der gleichnamigen Kirche in Glézos. Ihre Ostseite zeigt drei Apsiden, jede mit einem hübschen, ziegelgedeckten Dach, und in das Mauerwerk der mittleren sind Keramikschüsseln eingelassen. Der Hauptteil der Kirche hat einen kreuzförmigen Grundriß und eine sorgfältig restaurierte oktogonale Kuppel, deren Bögen durch zierliches Ziegeldekor hervorgehoben sind. Obwohl der Glockenturm der Westseite modern ist, harmonieren seine Bögen sehr gut mit dem Übrigen; bei seinem Bau wurden viele alte Marmorspolien, manche davon mit Inschriften, wiederverwendet.

Charoúda, St. Michael

Während der Kirchendiener – nach dem man im Dorf fragen muß – mit den Schlüsseln die Westtür öffnet, wird einem plötzlich bewußt, daß sowohl der Türsturz als auch die Schwelle so köstlich bearbeitete Marmorspolien sind, daß sie vergleichbaren Stücken beispielsweise an der berühmten Klosterkirche von Hosios Lukas in der Nähe von Delphi ebenbürtig erscheinen. Und wenn Sie erst in der Kirche sind und Ihre Augen sich an das Dunkel gewöhnt haben, finden Sie sich von einer ganz anderen, aber nicht weniger farbigen Welt umgeben. Im Kirchhof waren die Farben im blendenden Sonnenlicht deutlich und grell: das helle Rot der Geranien kontrastierte mit den weißen Marmorgräbern, das sanfte Schwarz der Zypressen stand gegen einen Himmel aus leuchtendem Blau. Dagegen haben die Farben im Innern der Kirche zarte Pastelltöne. Wände und Gewölbe sind bedeckt mit sorgfältig ausgeführten Fresken, meist aus dem 18. oder 19. Jahrhundert, doch gibt es auch einige ältere, die zu einer früheren Dekoration gehörten. Und wie erfreulich ist es, diese alte Kirche so sorgfältig restauriert und gepflegt zu sehen, ihre Leuchter glänzend geputzt, ihren Boden mit Teppichen ausgelegt, ihre hölzerne Einrichtung poliert, bis sie das Kerzenlicht wie Spiegel reflektiert! Leider ist das eher die Ausnahme als die Regel bei den alten Kirchen der Mani. Es gibt ihrer so viele, aber offensichtlich zu wenig Geld oder Interesse, ein so unschätzbares kulturelles Erbe, das rasch der Vergessenheit anheimzufallen droht, zu bewahren.

Ein klassisches Beispiel für solch unverzeihliche Vernachlässigung bietet die in ihrer Anlage ungewöhnliche Kirche *Trissákia* bei **Tsópakas**. Dies kleine Dorf liegt ganz abseits der Hauptstraße, in Richtung zum Meer, ungefähr fünf Kilometer südlich von Pýrgos. Man sollte nicht in der Dunkelheit hinfahren, um nicht unversehens in einen etwa dreißig Meter tiefen Krater unmittelbar neben der Straße zu stürzen. Sein Boden ist bedeckt mit Gebüsch und Bäumen, doch nur ein riesiger Feigenbaum reicht mit seinen höchsten Zweigen an den oberen Rand der Versenkung. Die Seitenwände sind zu abschüssig, als daß man ohne Seil oder Leitern hinuntersteigen könnte. Was die Erde veranlaßte, sich in dieser Weise zu öffnen, bleibt ein Geheimnis. Die üppige Vegetation auf dem Grund, dazu einige Stalaktiten unter den Überhängen des östlichen Kraterrandes, deuten auf eine Unterminierung durch Wasser. Sie ist wahrscheinlicher – wenn auch prosaischer – als meteorische oder olympische Ursachen, die doch soviel besser zu der sinistren Atmosphäre des Ortes passen würden.

Doch wir waren nicht hergekommen, um die kleine weiße Dorfkirche neben der Vertiefung zu sehen. Wir konnten unser eigentliches Ziel aber nur zu Fuß oder mit einem Reittier erreichen. Nachdem wir ein kurzes Stück in Richtung Hauptstraße zurückgefahren waren und unsern Wagen an der ersten scharfen Linkskurve geparkt hatten, folgten wir einem engen, zwischen zwei Steinmauern meerwärts durch die Felder führenden Maultierpfad. Er war sehr unbequem, verlief erst durch offene Felder und dann durch dichte Olivenhaine, die von beiden Seiten an den Weg heranreichten. Nach ungefähr zwanzig Minuten, als wir gerade überzeugt waren, uns verlaufen zu haben, befanden wir uns unversehens am Rande eines länglichen Wasserreservoirs, in dem Tausende von Kaulquappen zu Hause waren. Und gleich dahinter – ihre drei Apsiden spiegelten sich in dem rötlichen Wasser – lag die Trissákia, deren Name im örtlichen Dialekt ›drei Kirchen‹ bedeutet. – Heute führt eine unbefestigte Straße links an der weißen Kirche

bei dem Krater vorbei und in vielen Windungen bis hin
zu dem Platz neben dem im Hochsommer ausgetrockne-
ten Wasserreservoir. Für sehr tiefliegende Wagen ist dieser Weg jedoch ungeeignet.

Die *Trissákia* ist ganz anders als die Kreuzkuppelkir-
chen von Glézos und Charoúda. Sie ist ein primitiverer
Bau aus drei einschiffigen, tonnengewölbten Kirchen
nebeneinander: eine große Hauptkirche in der Mitte
mit je einer kleineren im Norden und im Süden. Sie hat
nichts von der Eleganz von Charoúda oder Glézos. Ihr
Mauerwerk ist grob, aus Feldsteinen mit Mörtel gefügt,
und sie befindet sich in einem traurigen Verfallszustand.
In den Apsiden klaffen große Lücken. Dort sind die
Gewölbe über den Altären eingestürzt. Doch als wir –
nun erst recht entschlossen – durch die niedere Westtür
der verhältnismäßig großen Hauptkirche eher gekro-
chen als eingetreten waren und uns wieder aufrichteten,
standen die Kunstschätze, die uns in Gestalt von Fresken
und Bauplastik begrüßten, in äußerstem Gegensatz zu
ihrer verkommenen Umgebung.(Farbtafel 10)

Die Kirchenwände waren einst bedeckt mit Fresken,
und obwohl viele nun zu Staub zerfallen sind und der
Einsturz des Apsisgewölbes über dem Altar dort alles,
bis auf die Hände der Madonna, zerstört hat, gibt es
noch ein paar wundervolle Malereien aus dem 14. Jahrhundert an den Seitenwänden der Hauptkirche. Und
das sind nicht die kleinen Szenen im Stil des 18. und
19. Jahrhunderts wie in Charoúda oder Dekoúlou sondern großflächige, in großzügiger Manier gemalte
Wandbilder. Im dritten der ungefähr zwei Meter hohen
Blendbögen in der Südwand stehen wir vor dem heiligen
Theodóros Stratelátes. Er ist dargestellt hoch zu Roß,
hinter ihm bauscht sich sein herrlicher Mantel, während
die besiegte Schlange sich unter den wild schlagenden

Hufen krümmt. Die Komposition ist ungewöhnlich bewegt, und die Farben, obwohl zart, sind zu machtvoller
Wirkung gebracht. Das Mitternachtsblau des Hinter-
grundes läßt das steigende Roß und seinen prachtvollen
Reiter dramatisch hervortreten: das Weiß des Pferdes,
den Heiligen mit goldenem Nimbus und Brustharnisch,
die roten und blauen Gewänder und einen mit Sternen
besäten Mantel, der unmerklich, wie die Milchstraße,
in einen Nachthimmel von unermeßlicher Tiefe übergeht.

Ursprünglich füllten ähnlich schöne Heiligenbilder
alle acht Blendarkaden der Nord- und Südwand der
Hauptkirche. Aber außer vom heiligen Theodóros sind
nur noch schwache Spuren von ihnen geblieben, und
auch sein Bild ist in den letzten Jahren zunehmend
beschädigt und verblaßt. Aber es gibt noch einige schöne
Szenen aus dem Leben Christi und der Jungfrau Maria
in der höhergelegenen Zone über den Blendarkaden, wo
die Wände sich einwärts neigen und das Tonnengewölbe
beginnt. Auch diese sind an der Südwand besser erhalten, am besten ein Feld mit drei Darstellungen: der
Zwölfjährige Jesus im Tempel, das Letzte Abendmahl
und der Verrat des Judas. Interessant zu sehen ist, daß
die Soldaten im Garten von Gethsemane wie zeitgenös-
sische Kreuzfahrer gekleidet und bewaffnet sind. Wenn
wir wieder den heiligen Theodóros darunter anschauen,
sehen wir ihn nach westlicher Mode gestiefelt und ge-
spornt, und werden uns darüber klar, daß die flüssige
Erzählweise der Szene eher vom Westen als vom Osten
inspiriert ist. Auch die Gesichter im Letzten Abendmahl
sind ungewöhnlich ausdrucksvoll (Farbbild 10). Wenn
Judas über den Tisch langt, um von dem Fisch – der die
Christenheit symbolisiert – zu nehmen, erscheint seine
grobe Gier fast rührend in ihrer Direktheit, sein Verbre-

chen mehr als Schwäche und Einfalt denn als teuflische Bosheit. Christus betrachtet ihn mit einem Blick sorgenvoller Resignation, und der Ausdruck der anderen Jünger reicht von Verwirrung und Besorgnis bis zu achtloser Gleichgültigkeit. Sie stellen einen ziemlich guten Querschnitt der menschlichen Schwächen zur Schau.

Das Sonnenlicht, das durch das durchlöcherte Dach des Sanktuariums hereinströmt, erlaubt nicht nur, die Fresken bei natürlichem Licht statt beim Schein der Taschenlampe zu sehen, sondern beleuchtet auch das andere, nicht ganz so bedeutende Meisterwerk der Kirche: die prachtvolle Ikonostasis, die Schranke, die das Allerheiligste vom Kirchenraum trennt. Einige schöne, bearbeitete Marmorstücke lagen im Schutt der verfallenen Kapelle auf der Nordseite, das größte zeigte ein großes Lothringisches Kreuz. Wir waren überrascht, eine vollständige marmorne Ikonostasis dieser Qualität intakt und ›in situ‹ in der Hauptkirche vorzufinden. Ihren oberen Abschluß bildet ein Marmorbalken mit Reliefs. In ihnen wechseln fein ausgearbeitete Kreismuster, Bogenmotive und plastisch hervortretende, unterschiedlich verzierte Halbkugeln miteinander ab; in den Ecken finden sich stilisierte Tierdarstellungen. Die Pfosten im Durchgang sind hoch, schlank und elegant, und die großen skulptierten Marmortafeln, die zu beiden Seiten die heute verlorenen Ikonen trugen, haben verschlungene Muster, die sich um ein Kreuz in der Mitte ranken. Wie bei den Fresken steht die Qualität der künstlerischen Arbeit an diesen Steinen in verblüffendem Gegensatz zur rauhen Gestalt des Außenbaus. Die Tatsache, daß die Sockelplatten etwas zu breit für diese Ikonostasis sind, legt den Gedanken nahe, daß sie für eine frühere und vielleicht schönere Kirche gemacht und von ihr in diese übernommen worden sind.

Nachdem man diese herrlichen Dinge gesehen hat, wird die Rückkehr zum Auto – falls man den Fußweg genommen hat – vermutlich rascher gehen als der Hinweg, denn man wird versuchen, sich die Empörung über die unverantwortliche Vernachlässigung dieser Kirche von der Seele zu laufen. Kunstwerke, die hier sechs turbulente Jahrhunderte überdauert haben, stehen dicht vor der Zerstörung aus grober Fahrlässigkeit, und das in diesem angeblich so aufgeklärten Jahrhundert. Die Verschlechterung des Zustands der Fresken, wie durch die Photographien von vor zwanzig Jahren und von heute belegt ist, ist ebenso deprimierend wie unnötig. Selbst wenn kein Geld für ihre Restaurierung vorhanden ist, so könnten doch sicher das Dach der Kirche repariert und die Eingänge mit Türen versehen werden, deren Schlüssel einem Dorfbewohner in der Nähe anvertraut werden. Statt dessen ist sie auf Gnade und Ungnade dem Wetter ausgesetzt, der Verwaltung durch Esel und Schafe, die dort Schutz suchen, und dem Vandalismus der kirchenschänderischen Barbaren, die bereits einige der Köpfe auf den Fresken zerstört haben bei dem Versuch, sie abzunehmen, um sie in irgendeinem schäbigen Trödelladen in den abgelegenen Gassen von Athen zu verkaufen. Und es ist nicht so, als ob die Trissákia als einzige so heruntergekommen wäre. Vielleicht sind die Behörden blind für die Notwendigkeit, Kunst um ihrer selbst willen zu bewahren, aber sogar der größte Banause als Finanzminister muß bestimmt zur Kenntnis nehmen, daß das touristische Potential der Mani in nicht wiedergutzumachender Weise geschädigt wird, wenn nicht sofort Maßnahmen ergriffen werden, um zu tun, was jede zivilisierte Gesellschaft schon längst getan hätte, um ein solches Erbe für spätere Generationen zu bewahren.

Mindestens sieben Tage würde es erfordern, wollte man all die interessanten Kirchen erforschen, die in den vielen kleinen Dörfern zu beiden Seiten der neuen Hauptstraße zwischen hier und Kítta an ihren alten Verbindungswegen wie zwei Perlenschnüre aufgereiht liegen – und dabei beträgt die Distanz doch nur sieben Kilometer in der Luftlinie! Auf der meerzugewandten Seite würde man gern Kafíona, Kouloúmi und Érimos sehen, ehe man nach Mézapos kommt. Mézapos ist der erste Hafen mit tiefem Wasser südlich von Liméni und die Heimat des berühmten – oder berüchtigten – Seeräuberunternehmens der Familie Sássaris. In *Kafíona* würde man die Kirche des heiligen Theodor aus dem 12. Jahrhundert finden, deren ein Jahrhundert später gemalte Fresken unter anderm das Dogma der Transsubstantiation und der Reinkarnation darstellen, einmalig in der byzantinischen Kunst. In *Kouloúmi* würde man wieder den Erzengel Michael vorfinden, ebenso eine Kirche des 12. Jahrhunderts, die allerdings im neunzehnten stark restauriert wurde. Ihre Fresken sind übertüncht worden in der nicht sonderlich intelligenten Annahme, daß diese Form von Sauberkeit der Frömmigkeit am nächsten komme. An der Außenmauer der Kirche befinden sich eine antike Grabinschrift und etliche kleine bearbeitete Marmorfragmente, die wahrscheinlich zu einem antiken Sarkophag oder auch Tempel gehörten. Nur wenige Minuten zu Fuß von der Kirche aus nach Süden gibt es eine Einsenkung im Gelände wie die in Tsópakas, vielleicht fünfzig Meter im Durchmesser und dreißig Meter tief. Sie war offensichtlich ein alter Kultplatz, da ein grobes, aus dem Fels gehauenes Relief des Herakles – eines häufig dargestellten Besuchers der Unterwelt – an dem nordwestlichen Rand des Kraters gefunden worden ist. Wenn man aber wenig

Zeit hat und nur eines dieser drei Dörfer sehen kann,
so muß es Érimos sein, dessen Hagia Varvára-Kirche
(hl. Barbara) eine der schönsten byzantinischen Kirchen
in ganz Griechenland ist.

Hagia Varvára erreicht man, indem man in Lákkos
von der Hauptstraße in Richtung Meer abbiegt. In diesem Dorf ist vor einigen Jahren ein kleiner Junge auf
tragische Weise ums Leben gekommen. Er hatte mit
einer Handgranate, die er in den Felsen gefunden hatte,
gespielt. Es war schrecklich, zu sehen, wie die ganze
Familie die kläglichen Reste küßte, die zusammengetragen und nun zu den exhumierten Gebeinen eines älteren
Bruders gelegt worden waren. Die Schulkameraden des
toten Jungen standen und verbissen sich die Tränen wie
echte Spartaner. Die Mutter und die Großmutter jedoch
waren außer sich vor Schmerz, und die ›mirologístra‹
versuchte sie mit dem nutzlosen Gedanken zu trösten,
daß ihre Leiden nicht ungeteilt seien:

> Weine und trag doch Dein Geschick!
> Wisse: Du trauerst nicht allein,
> denn unsre Herzen, die brennen vor Schmerz,
> Rauch aber wird nicht zu sehen sein.
> Doch sprengte der Rauch die heißen Herzen,
> er würde den ganzen Himmel schwärzen.

Doch die Großmutter, die selbst eine ›mirologístra‹ ist,
antwortete, daß das Leid einer Mutter grenzenlos sei:

> Eine Mutter einst eine Schlange gebar.
> Sie warf sie tief in den Wald.
> Doch als ein Feuer den Wald zerstört,
> da hat man sie angstvoll fragen gehört:
> Sagt, sind auch die Schlangen verbrannt?

Darauf hielt sich die offizielle ›mirologístra‹ nicht länger
zurück, sondern ließ einem leidenschaftlichen Ausbruch
von Trauer freien Lauf. Er stieg und fiel wie die Wellen

des Meeres, manchmal unbeschreiblich zart im Rühmen des toten Jungen, manchmal rauh und wild im Verdammen seines brutalen Geschicks. Auf den Höhepunkten des Klagelieds übertrug sich auf unbegreifliche Weise die Raserei und Besessenheit der ›mirologístra‹ auf die andern Frauen, so daß sie alle zusammen wehklagten, ihre Haare raufen und ihre Brüste schlugen in einem großen Crescendo von Lamentationen, die in der Tat den Himmel in Flammen zu setzen schienen.

Von Lákkos kann man mit dem Auto durch Olivenhaine über eine zum Teil sehr felsige, aber befahrbare Straße bis zur Kirche *Hagia Varvára* fahren. Unterwegs

Érimos, Hagia Varvára

kommt man vorüber an einer verfallenen ›megalithischen‹ Kirche. An einem alten Karrenweg, der von hier hinab zum Hafen von Mézapos führt, liegen weitere primitive Kirchen, die heute nur noch Ruinen sind.

Doch die Kirche der heiligen Barbara in Érimos ist weder primitiv noch verfallen, obwohl dringend restaurierungsbedürftig. Sie ist eine besonders schön proportionierte Kreuzkuppelkirche mit Narthex, und ihr Mauerwerk ist der Architektur ebenbürtig. Die großen grauen Quadern, zwischen denen in den unteren Partien der Mauer sparsam und mit großer Sorgfalt Marmorblöcke eingefügt sind, werden durch schmale Ziegel in der schönsten Cloisonnémanier belebt (Farbbilder 11 und 12). Etwas weiter oben läuft ein hübscher Fries aus auf die Spitze gestellten, quadratischen Ziegelplatten. Darüber hinaus werden die einzelnen Bauglieder durch Bänder von diagonal gestellten Ziegeln betont. Die Fensteröffnungen sind mit reliefverzierten Marmorplatten verschlossen und die Fensterbögen zeigen raffinierten Ziegelschmuck. Und obwohl, kaum zu glauben, Dach und Kuppel dieser superben byzantinischen Kirche im Rohzustand blieben, also nie mit Ziegeln gedeckt wurden, ist sie immer noch außerordentlich schön, besonders wenn die rosenfingrige Morgenröte die Berge im Osten berührt und die grauen Steine und den Marmor der Kirche in ein sanftes rosiges Licht taucht.

Nach der Rückkehr zur Hauptstraße sehen wir als erstes Dorf gegenüber auf der Gebirgsseite **Mína**, eine Ansammlung von weißen Türmen und dunklen Zypressen. Hier ist der Ausgangspunkt für einen der wenigen passierbaren Wege durch das Gebirge hinüber zur Küste der Sonnigen Mani. Freilich können hier keine Wagen fahren, nicht einmal für einen Landrover gibt es ein Durchkommen auf den zwanzig Kilometern zwischen der Areópolis-Kótronas-Straße im Norden und dem Álika-Lágia-Paß im Süden. Für Maultierkarawanen mit Schmuggelware aus Mézapos aber ist der Weg gangbar. Es ist auf alle Fälle eine strapaziöse Reise. Sie in der

Érimos, Hagia Varvára

Hitze eines Sommertages zu unternehmen, wäre geradezu selbstmörderisch, und nur, wenn man sehr früh
aufbricht, kann man den köstlichen Schatten und die
kühlen Brunnen des Dormitio-Klosters (Dormitio,
griech. Koímesis = Marientod) auf der andern Seite des
Gebirges erreichen, bevor die Sonne am unbarmherzig-
sten brennt.

Mína selbst ist wegen seiner vielen schönen Türme
bemerkenswert. Die nördlicheren Dörfer auf der Ostseite der Hauptstraße, die wir liegen ließen, während
wir die westlich gelegenen anschauten, sind um ihrer
Kirchen willen ebenso beachtenswert. Zum mindesten
zwei davon sollte man nicht auslassen: Bríki und Vámvaka. **Bríki,** einst ein klösterliches Gemeinwesen mit
vielen Mönchen, hatte nicht weniger als vier bedeutende
byzantinische Kirchen: Hagios León, Hagios Geórgios,
Hagia Triáda (Dreifaltigkeit) und Hagios Nikólaos. Hagios León und Hagios Geórgios sind Ruinen, die erste

eine sehr frühe Kirche aus dem 10. Jahrhundert und
darum ein großer Verlust, die letzte bewahrt in ihren
Trümmern, die kürzlich in ihrem Bestand gesichert worden sind, noch einen über die ganze Kirchenbreite rei-
chenden, mit sehr schöner Reliefarbeit verzierten Mar-
morsturz. Er belohnt den Besucher, der sich die Mühe
macht, an dieser traurigen Ruine am Wegrand anzuhal-
ten und einen Blick hineinzuwerfen. Ein weiterer, noch
›in situ‹ links auf halber Höhe der Ikonostasis einge-
mauerter Stein trägt die Inschrift: ›Nikítas der Steinmetz, Diener Christi‹. Die Dreifaltigkeitskirche ist die
heutige Klosterkirche und bis zur Unkenntlichkeit mo-
dernisiert, doch Hagios Nikólaos ist noch unberührt
und enthält schöne Fresken des 15. Jahrhunderts, die
allerdings dringend der Restaurierung bedürfen.

Vámvaka liegt ungefähr einen Kilometer nördlich von
Bríki, wenn man der oberen alten Straße, die parallel zur
Hauptstraße verläuft, folgt. *Hagios Theodóros* befindet
sich am äußersten oberen Ende des Dorfes, und man
muß ein wenig zu Fuß gehen, um es zu erreichen. Nahebei, im Schatten einiger Bäume, liegt ein großer Dreschplatz und gewährt einen herrlichen Blick nach Süden
und Südwesten aufs Meer. Man sieht über die Dörfer
Kouloúmi, Angiadáki und Koutréla mit ihren Kirchen
und Türmen hinaus bis hin zu dem fernen Vorgebirge
von Tigáni jenseits Mézapos und auf das Nordende des
Cávo Grósso im äußersten Hintergrund. Der Platz ist
ideal als Standort für eine schöne Kirche, und St. Theodor ist seiner wert. Die Kirche ist ein gutes Beispiel
für den Typ der Zwei-Säulen-Kreuzkuppelkirche (Farbbild 16), nicht ganz so vollkommen in den Proportionen
wie Hagia Varvára in Érimos, aber fast ein Jahrhundert
älter. Sie ist durch eine Inschrift auf dem westlichen
marmornen Zugbalken in der Vierung genau auf das

Jahr 1075 datiert. Das Mauerwerk der Kirche zeigt wieder die Cloisonnétechnik, und wenn ihm auch die architektonischen Feinheiten und die dekorativen Raffinessen von Hagia Varvára fehlen, so hat man jedenfalls mehr Ziegel für den dekorativen Effekt verwendet als bei irgendeiner anderen Kirche in der Mani. Die Theodóroskirche hat auch das früheste Biforenfenster von allen maniotischen Kirchen (ein weiteres Detail, das zur Bauzeit von Hagia Varvára bereits weitgehend verfeinert worden war). Obwohl fast alle Fresken in St. Theodor wie in Kouloúmi übertüncht sind, bleiben uns noch die Steinmetzarbeiten, die es an Qualität mit allen anderen aufnehmen können.

Der Steinmetz des 11. Jahrhunderts, der sie schuf, war zu Recht stolz auf sein Werk und meißelte seinen Namen zusammen mit dem des Stifters ein: ›Gedenke, oh Herr, Deines Dieners Leontos mit seiner Frau und seinen Kindern. Aus seiner großen Ergebenheit entstand diese Bauzier und so mögen alle, die hier singen, für ihn beten. Amen, so sei es, oh Herr. Sie wurde vollendet von Nikítas, des Steinmetz' Hand im Monat August 6583 [d. i. 1075].‹ Es handelt sich offensichtlich um den gleichen Steinmetz, der den Stein in der Ikonostasis von St. Georg in Bríki signiert hatte. Plötzlich scheint das 11. Jahrhundert weniger weit entfernt, nun, da wir den Namen eines der Schöpfer der gewöhnlich anonymen Kunstwerke dieser Zeit kennen.

Noch eindrucksvoller als der mit seiner Inschrift versehene marmorne Zugbalken in der Vierung sind das Gesims über der Ikonostasis und der Sturz über der Westtür. Auf beiden erscheinen außer den üblichen komplizierten Mustern des Meisters noch Tiermotive. Auf dem Gesims im Innern der Kirche sind es Greifen, jene Fabelwesen, die eine Kreuzung aus Löwe und Adler sind und die auch auf den skulptierten Steinen von Hagii Asómati hoch in den Bergen über Kítta erscheinen. Für die Westtür hingegen wählte Nikítas Pfauen, die Weintrauben im Schnabel haben und ein schön herausgearbeitetes Kreuz flankieren. Unter diesem Stein liegt ein zweiter Türsturz mit geometrischen Mustern und Pflanzenmotiven. Nicht weit davon finden wir Namen aus noch früherer Zeit als der des Nikítas. Rechts von der Tür ist ein Marmorblock in der Wand vermauert, den man offensichtlich als nützliches Baumaterial entdeckt hatte, als die Kirche errichtet wurde – ein alter, heute auf dem Kopf stehender Grabstein mit den lakonischen Abschiedsworten: › Lebwohl Diophantes, Lebwohl Morgenröte, Lebwohl Fortuna. ‹

Wir sagen Hagios Theodóros Lebewohl und sind gespannt, wie lange es dauern wird, bis auch diese Kirche das Schicksal so mancher anderer teilen wird, die

Vámvaka, Hagios Theodóros

durch Vernachlässigung zur Ruine geworden sind. Doch 1987 sind erste Sicherungsarbeiten an der Fassade abgeschlossen, und eine umfangreiche Bauaufnahme ist im Gange. Langsam fahren wir hinunter, durch das Dorf Vámvaka mit seinen Türmen und hübschen, halbverfallenen Bögen, zur Hauptstraße und südwärts **nach Kítta.** Diesmal sind wir entschlossen, es wie die meisten Touristen zu machen und die Halbinsel hinunterzueilen, ungeachtet der byzantinischen Schätze, die sich in den kleinen Dörfern zu beiden Seiten der Straße verbergen. Die Nebenstraßen und Feldwege nach Koutréla, Kouloúmi und Érimos flitzen auf der rechten Seite vorbei, die nach Bríki und Mína auf der linken, und in unserem Eifer, die Stadt der Türme zu sehen, ignorieren wir sogar den Wegweiser nach Mézapos und merken ihn uns für einen andern Ausflug. Wir befinden uns plötzlich weiter im Lande, das Meer hat sich nach Westen zurückgezogen, und die enge Küstenebene, durch die wir bisher gekommen sind, weitet sich zu einem gut vier Kilometer breiten westlichen Kap, dem Cávo Grósso. Für die nächsten fünf Kilometer sind die Berge durch die größte landwirtschaftlich nutzbare Fläche der Tiefen Mani von der Steilküste getrennt. Ein Blick auf die Karte genügt, Kíttas Entwicklung zum Zentrum dieser Gegend zu erklären. Doch als wir eben am Fuße des großen kegelförmigen Berges Ágia Pelagía zu unserer Linken entlangfahren, werden wir durch den Anblick einer exquisiten kleinen Kirche am Hang, ungefähr dreihundert Meter von der Straße gelegen, jäh aufgehalten. Ihre Patrone sind die heiligen *Sergios und Bakchos*. Nachdem wir die Kirche erst einmal von der Straße aus entdeckt haben, ist es uns unmöglich, vorbeizufahren. Sie heißt in der Gegend **Tourlotí,** was etwa ›Die mit der Kuppel‹ bedeutet, und in der Tat waren es die orangenen Dachziegel

ihrer sorgsam restaurierten Kuppel gewesen, die unsere
Aufmerksamkeit erregt hatten (Farbbild 17). Zwar hat
sie keinen Narthex und ist auch weder so groß noch so
elegant proportioniert wie Hagia Varvára – die nahezu
gleichzeitige Kirche des 12. Jahrhunderts in Érimos –,
doch gehört ihr Mauerwerk zum schönsten in der gan-

Tourlotí, Kirche der hll. Sergios und Bakchos

zen Mani. Wir freuen uns, zu sehen, wie gewissenhaft
der Bau restauriert worden ist; er bildet damit eine
Ausnahme innerhalb von soviel Vernachlässigung und
Verwahrlosung, die durch diesen Gegensatz nur um so
bedrückender wirken. Wie bei Hagia Varvára werden
in den Außenmauern Ziegel in Cloisonnétechnik verwendet, wir sehen Schmuckbänder aus diagonal gestellten Tonplatten und Zahnfriese; auch die Fenster mit

Bögen und Halbbögen sind ähnlich wie in Érimos angeordnet und mit Ziegeldekor geschmückt. Im unteren
Bereich der Außenwände sind die Marmorblöcke so
zueinandergeordnet, daß sie ein Muster aus T-förmigen
Kreuzen bilden, was aus einiger Entfernung eine sehr
schöne Wirkung ergibt und aus der Nähe durch die
darüberliegende feine Ziegeldekoration nicht plump erscheint.

Im Innern sind schöne marmorne Zugbalken und
skulptierte Kapitelle an den vier Säulen, die die Kuppel
tragen. Es sind nur wenige Fresken erhalten, darunter
aber ein interessantes Letztes Abendmahl, auf dem Johannes aufrecht sitzend anstatt zu Christus hingeneigt
dargestellt ist. Es ist dies ein archaischer Zug in der
Ikonographie, der zu einer Zeit, als diese Art der Darstellung längst aus den byzantinischen Malvorschriften
verschwunden war, durch einen eigenwilligen Maler
noch bewahrt worden ist. Vielleicht hängt sie aber auch
zusammen mit dem Herkunftsort des Stifters, dessen
Inschrift noch über der Tür vorhanden ist: ›Oh, Herr,
hilf Deinem Diener Georgios, dem Marasiaten mit seiner Frau und seinen Kindern, der diese heilige Kirche
der heiligen Märtyrer Sergios und Bakchos und des
heiligen Georgios mit großer Hingabe und viel Mühe
erbaut hat.‹ Nun waren Sergios und Bakchos Kriegerheilige und darum nicht unpassend für eine Kirche in
der kriegerischen Mani, aber sie sind hier keineswegs
zu Hause. Sie wurden in Resafa in Syrien verehrt, und
ihr Patrozinium in einer maniotischen Kirche ist nur
solange erstaunlich, bis man aus der Inschrift erfährt,
daß der Stifter der Kirche aus der alten Stadt Marasch
oder Maras, etwa hundertfünfzig Kilometer nördlich
von Aleppo, stammte. Warum kam er wohl in die Mani?
War er auf der Flucht vor Verfolgungen oder ein Verbre-

cher, der seiner Strafe zu entgehen suchte? Nur eines ist sicher, er brachte genügend Geld mit, um eine schöne Kirche bauen und seinen bevorzugten syrischen Heiligen sowie dem überall verehrten heiligen Georg weihen zu lassen.

Kítta, die Stadt der vielen Türme

Von der Tourlotí ist es kaum einen Kilometer bis zum Ziel dieses Kapitels, nämlich nach ›Kítta, der Stadt mit den vielen Türmen und dem ähnlichen Nómia‹. Kítta setzt einen starken Akzent in die Landschaft (siehe Farbtafel 13). Es erhebt sich vor dem Einschnitt zwischen den beiden kahlen Bergkegeln *Ágia Pelagía* und *Ágii Asómati*. Wer gut genug in Form ist, den steilen Aufstieg auf den ungefähr achthundert Meter hohen Ágii Asómati (was eigentlich ›die Körperlosen‹ bedeutet) zu wagen, sollte gewiß nicht versäumen, die kleine Kirche dort oben zu besuchen, die ihren geistigen oder körperlosen Patronen so nahe dem Himmel eine Heimat bietet. Der Ausgangspunkt ist das Dorf *Kallóni,* eine kleine Ansammlung von Türmen hart oberhalb von Kítta. Von der Stelle aus, wo man mit dem Auto nicht mehr weiterkommt, steigt ein holpriger Weg steil den Abhang auf der linken Seite der Schlucht zwischen den beiden Bergen hinan. Er führt durch eine strenge und dürre Gegend, die den Anschein erweckt, als könnte sie selbst das halbwilde Hochlandvieh, das hier weidet, nicht ernähren. Aber die Mani hält stets Überraschungen bereit: wenn man nach etwa einer halben Stunde das Ende der Schlucht erreicht hat und sie nach rechts, also Süden, überschreiten kann, sieht man plötzlich auf halbem Wege zu dem gegenüberliegenden Bergsattel, eine sogar im September grüne Oase, ein verfallenes Labyrinth von Trockenmauern und halb eingestürzten landwirtschaft-

lichen Gebäuden. Sie sind überwachsen von einer Un-
menge Feigen-, Kastanien- und Apfelbäumen und von
Brombeergestrüpp, die alle aufs üppigste gedeihen in
einer Art Frühling, der in dieser großen Höhe unerklärli-
cherweise ausbricht. Steigen Sie dort hinauf, und wenn
Sie bei der Oase angelangt sind, werden Sie gegen den
Himmel, nahe dem Berggipfel, die beschädigte Kuppel
der aus dem frühen 10. Jahrhundert stammenden Kirche
Hagii Asómati, der Allerheiligenkirche, sehen.

Die Kirche ist eine frühe Kreuzkuppelkirche mit drei
Apsiden und einer oktogonalen Kuppel von primitiver,
aber einmaliger Bauart. Von innen sieht man, daß vier
einander gegenüberliegende steinerne Rippen ein Kreuz
über dem kreisförmigen Grundriß der Kuppel bilden.
Die vier Segmente sind mit Trockenmauerwerk ausgefüllt. In der Tat ist das ganz aus dem Stein der Umgebung
errichtete Mauerwerk ziemlich grob, aber um ein Jahr-
tausend in einer derart exponierten Lage zu überstehen,
ist Festigkeit für einen Bau wichtiger als Schönheit. Im
übrigen wird, was an Schönheit fehlt, durch die Lage
mehr als wettgemacht. Der Blick ist nämlich wundervoll. Nach Norden sieht man über den Rand des Abhangs, den man heraufgestiegen ist, auf den riesigen
Bergkegel des Ágia Pelagía, nach Süden bis zum Kap
Matapán, über einen breiten Bergsattel hinweg, auf dessen fernem Grad die Türme von Moundanístika, einem
der höchsten Dörfer der Mani, wie Zinnen stehen. Im
Innern fehlt es der Kirche nicht völlig an Schönheit.
Man kann noch ein paar grüngetönte Steine sehen, lange
Marmorbalken mit sorgfältiger Steinmetzarbeit: Bögen, verschlungene Rosetten, ornamentale Kreuze und
prächtige Greifen, wie sie Nikítas in Vámvaka, ungefähr sieben Kilometer nördlich von hier, ausmei-
ßelte.

Auch sehr energische Wanderer brauchen wenigstens drei Stunden für diesen Aufstieg, und es ist besser, die Kühle des frühen Morgens für einen Besuch zu nutzen, als den Aufbruch auf den frühen Abend zu verschieben, denn dann riskiert man, die Nacht in einem so desolaten Gebirge verbringen zu müssen. Ein Abstieg nach Sonnenuntergang wäre viel zu gefährlich. Doch für einen Besuch von **Kítta** selbst ist der Sonnenuntergang eine gute Zeit; die enggedrängten Türme ragen dann als Silhouetten noch drohender und unheimlicher empor. Als Colonel Leake 1805 hier ankam, war er überwältigt von den zweiundzwanzig Türmen, die allein Kítta zur Schau stellte, und er bemerkte, daß die damalige Bevölkerung von achtzig bis hundert Familien Kítta zum weitaus größten Dorf machte, durch das er gereist war. Und obwohl viele von den Türmen, die Leake gesehen hat, und noch weitere, die erst später gebaut wurden, heute mehr oder weniger zerstört sind, hat man immer noch den Eindruck, durch einen versteinerten mittelalterlichen Wald zu wandern. Es fällt einem schwer, sich mit der unglaublichen Diskrepanz abzufinden zwischen dem Erscheinungsbild dieser Festungen und der Tatsache, daß manche von ihnen Entstehungsdaten aus dem 19. Jahrhundert tragen. Während die industrielle Revolution in vollem Gange war und die Baumwollkönige von Lancashire in der Höhe ihrer Fabrikschornsteine miteinander wetteiferten, waren die Magnaten von Kítta und Nómia noch immer damit beschäftigt, einander mit mittelalterlichen Türmen zu übertrumpfen und mit Musketen und Kanonen ihre Fehden um Familienehre und steinige Grundstücke auszutragen. Und es ist verblüffend, wenn man bedenkt, daß Kítta noch 1870 Schauplatz eines ausgewachsenen Feudalkrieges zwischen zwei rivalisierenden Familien, den Kaouriáni und den Kourikiáni, war. Sie donnerten Tag und Nacht gegeneinander von ihren rivalisierenden Türmen aus, und es bedurfte des Eingreifens der regulären griechischen Armee und ihrer Artillerie, um einen Waffenstillstand zustandezubringen. Doch dies war eine der letzten Zuckungen eines glorreichen Anachronismus, und heute bleiben nur noch die Ruinen der Türme als Zeugen einer hartnäckigen mittelalterlichen Mentalität, die bis ins Zeitalter des transatlantischen Telegraphen überdauerte (Farbtafel 13).

KAPITEL III

Mézapos, Tigáni und das Cávo Grósso

CÁVO GRÓSSO, das ›große Kap‹, wird die Gegend bezeichnet, die sich von Kítta wie ein unregelmäßiger Halbkreis mit einem Umfang von ungefähr zehn Kilometern ausbreitet. Kítta selbst liegt am Fuß der Berge, sozusagen auf dem Kreisdurchmesser. Der Blick von dort beherrscht die ganze Gegend: nach Norden sieht man die Küste hinauf bis über Areópolis hinaus, nach Süden fast bis Álika und nach Westen ungefähr fünf Kilometer über eine Ebene; diese steigt in mehreren Stufen bis zu einem Hochplateau an, das in steilen Klippen ins Meer abfällt. In dieser Ebene findet sich das beste – oder eher: das am wenigsten ärmliche – Land der Inneren Mani. Sie ist zwischen Mézapos und Gerolimén vom Meer aus praktisch unzugänglich. Warum das so ist, zeigt sich erschreckend deutlich bei einem Versuch, das Kap mit dem Boot zu umfahren. Nur die allerruhigsten Tage machen da eine Ausnahme. Doch selbst an solchen ganz ruhigen Tagen ist etwas Bedrohliches um diese turmhohen Klippen, die wie von Pockennarben entstellt sind durch ihre Höhlen. Sie haben die Alten dazu veranlaßt, das Gebiet Kap Thyrídes = Kap der Fensterchen zu nennen. Man wird sich voller Unbehagen der enormen Tiefe des Meeres unter dem Boot bewußt. Die Höhlen sehen aus wie Fenster zur Unterwelt, aus der das Wasser schwarz zurückkehrt. Es pul-

siert in der sanften Dünung mit dem dumpfen, rhythmi-
schen Echo eines unterirdischen Herzschlags. Hier muß
auch dem prosaischsten Gemüt die von Ungeheuern
bevölkerte Welt der griechischen Mythologie lebendig
werden. Die sechs Augenpaare der Skylla könnten hung-
rig aus jeder der Höhlen über Ihrem Kopf schielen,
während die Schreie der Seevögel klingen, als seien sie
geisterhafte Echos aus den Hunderten von Schiffs-
wracks, die diesem Kap einen noch schlimmeren Ruf
eingetragen haben, als selbst Matapán:

>»Bleib vierzig Meilen von Kap Matapán
vom Cávo Grósso halt Dich doppelt so fern.«

Mézapos, die Heimat der Sássaris

Es waren keineswegs nur die Gefahren der Natur, die
dies lakonische Verschen inspirierten. Die ruhigste See
konnte ebenso tödlich wie der schlimmste Sturm sein,
wenn sich herausstellte, daß ein näherkommendes Segel
zu einem maniotischen Piratenschiff aus Mézapos, dem
besten Hafen der westlichen Küste südlich Liméni, gehörte. Denn Mézapos war und ist immer noch die Heimat der Familie *Sássaris.* Ihre Ahnherren waren die
Geißel der Türken während der Besetzung. Sie spielten
eine hervorragende Rolle bei den Manioten, die auf
Petróbeys Revolutionsproklamation vom 17. März 1821
hin nach Kalamáta marschierten, und sie sahen keinen
Grund, nach der Unabhängigkeit Griechenlands ihre
Lebensweise zu ändern. Seeräuberei war ihr ererbter
Beruf, und wenn auch das Hauptmotiv nichts weiter als
ziemlich blinde Habgier war, so genoß sie doch noch
einen Anstrich von Respektabilität als antitürkischer
Kreuzzug, wenigstens solange die anderen Gebiete
>Griechenlands< noch nicht >befreit< waren; doch waren
die Türken keineswegs ihre einzigen Opfer.

Von den vielen Liedern und Geschichten, die die Heldentaten der ›Sassariáni‹ feiern, gehört das ›mirológi‹ für einen gewissen Nikólas Sássaris zu den besten. Er war ein romantischer Raufbold, der ein Auge und eine Hand an der afrikanischen Küste verloren hatte. Man hat seine blutige Karriere gewöhnlich dem 17. Jahrhundert zugewiesen. Die Mani ist jedoch so sehr ein Land der Anachronismen, daß es keinen Grund gibt, dem Beweismaterial, das auf das 19. Jahrhundert verweist – wahrscheinlich auf die Jahre um 1830, als die Türken und Ägypter von der Peloponnes vertrieben worden waren – zu mißtrauen. Seine Witwe sang dieses ›mirológi‹, das nicht nur wegen seiner einfachen aber lebhaften Beschwörung einer Lebensweise bemerkenswert ist, sondern auch, weil die erbärmliche Realität der Seeräuberei in keiner Weise glorifiziert wird. Obwohl sie ihrem toten Gatten ergeben war und Reichtum und Ansehen, die ihr seine Tätigkeit einbrachten, genoß, gibt sie doch zu, daß er kein altruistischer Kreuzritter war, der die reichen Ungläubigen ausplünderte, um die Armen der Christenheit zu unterstützen. Diese Piraten fielen vielmehr über schutzlose Küstendörfer her, töteten oder versklavten Männer und Frauen, plünderten ihre armseligen Besitzungen, ließen Waisen in äußerster Armut zurück. Da die Witwe selbst die Armut gekannt hat, hat sie Sympathie für die armen Opfer ihres Mannes. Ihr stillschweigendes Eingeständnis, daß sein Schicksal auch Züge göttlicher Vergeltung trägt, gibt den einfachen und ungekünstelten Versen einen Anklang an Aischylos:

> Damals war's und zu jener Zeit,
> als Koúkos beherrschte die Berge
> und in den Dörfern Voídos gebot,
> das Meer aber sassariánisch war

und allein dem Nikólas gehört'.
Ich hatte vier Brüder
und wir waren arm.
Doch dann bekam ich mein Ackerland
und die Saat dazu und die Ernte,
und zum Wintermantel hatt' ich das Tuch
im sassariánischen Kabí.
Und Münzen hatt' ich im Beutel drin,
ging oft und gerne zum Laden hin,
kaufte Rock mir und Bluse und Schal,
und zum Meer schaut ich alle Mal.

Als ich sah, daß sie wieder zu neuem Raub
mit den Schiffen auf See hinaus wollten,
warf ich mich flehend auf die Knie:
»Ach, Nikóla mein, ach, Kapitän,
geh doch nicht zu den Türken
und plündere nicht die Armen aus
und laß nicht die Waisen ertrinken!«
Doch er hörte nicht hin und versammelte
seine Schiffe, nahm selbst einen Schoner,
und sie fuhren hinaus und hin zur Türkei
und trieben dort Raub und Plünderei.

Doch eines Tags, ein Sonntag war's,
ein Festtag im ganzen Lande,
ich zog meine schönsten Kleider an,
mein goldgesticktes Vláchiko,
und ging wie die andern zur Kirche.
Ich schlug das Kreuz und ich betete,
und als dann alles zu Ende war,
ging ich hinaus und zeigte mich.
Da schauten mich alle bewundernd an,
und zufrieden ging ich nachhause dann.
Am Fenster ordnete ich mein Haar
und nahm auch den Spiegel dazu,
dann wusch und kämmt' ich mein Töchterlein
und nahm aus der Truhe das Teleskop
und sucht' auf dem Meere nach Schiffen.

Ein Schoner taucht' auf
und er nähert sich,
sah ganz wie der unsrige aus;
doch waren seine Ruder ganz schwarz
und ganz schwarz auch waren die Segel,
nur der Mastbaum war rot.
Die Kanonen feuerten keinen Schuß
und die Fahne war nicht gehißt.
Sie fuhren vorbei und ankerten dann,
und ich wußte sofort und begriff:
mit Nikólas ist etwas geschehn.

Mein einziges Kind nahm ich rasch zu mir
und eilte hinunter zum Meer,
wo das Schiff nun vor Anker lag.
Da fand ich sie alle in einem Hof,
verwundet manche und blind,
und nirgends war mein Nikólas zu sehn.
Ich begrüßte sie alle
und sie grüßten zurück.
»Doch wo ist Nikólas«, fragt ich den Schwager,
»der Besitzer der Schiffe und ihr Kapitän?«
»Wir trafen ein Schiff unter türkischer Flagge,
und der Türk, der gesetzlose Hund,
er schoß, und der schwarze Nikólas
ging über Bord und versank.«

»Du hast es gewollt und nun hast Du es!
Komm her, Du einäugiger Nikóla,
wie habe ich um Dein Mitleid gefleht,
Dich beschworen, Du sollst nicht mehr fahren,
sollst lassen von der Seeräuberei,
den Armen das Unglück ersparen!
Wie arm war ich selbst,
doch Gott hat bestimmt
mich zur Frau eines Kapitäns,
des Oberhauptes der Sássaris.

Doch mein Schwager lebt,
und er ist hier,
zu sitzen auf dem goldenen Stuhl:
er soll empfangen die Schlüssel von mir,
und aller Respekt gilt nun ihm.
Und mein Kind hier,
mein Kleines, so sehr geliebt,
das ist nun alleine mit mir,
die ich eine Sássaris bin und gut,
stets Haus und Hof hier führ'.
Da sprach der Schwager und antwortet ihr:
»Meine kleine Braut, was sage ich nur,
ich wünschte mir niemals solchen Preis,
solchen Schatz und so großes Ansehn.
Nur Nikólas, ihn selber, den wünschte ich mir,
den Besten von all meinen Brüdern.«

Mézapos hat heute das melancholische Air einer alt gewordenen Geliebten, die nun vernachlässigt und arm ist, aber voller Erinnerungen an eine glänzende, erregende und ziemlich sündhafte Vergangenheit. Vor nicht allzu langer Zeit kamen noch jede Woche zwei Dampfer vom Piräus und machten im Hafen fest. Sie nahmen die örtlichen Produkte an Bord und belieferten ihrerseits die ganze Gegend mit allem Möglichen, von Yardley's Seife bis zu den Heckensicheln für die drei großen Läden, die die ganze Gegend versorgten. Doch die Eröffnung der Autostraße hat alles verändert. Sie hatte zur Folge, daß Mézapos noch mehr an Bevölkerung verloren hat als die übrige Innere Mani. Die Dampfer heulen nicht mehr, der tiefe Hafen bietet heute nur noch ein paar Fischerbooten und gelegentlich einer Jacht einen sicheren Ankerplatz. Um sich rasch auf die neue Tourismusindustrie umzustellen, war das Dorf zu abgelegen (Farbtafel 14).

1   Gýtheion am Lakonischen Golf mit den Schneehäuptern des Taýgetos im Hintergrund

2   Blick von Ageranós auf die Bucht von Vathý

3 Kranai

4 Burgberg von Passavá

5 Der graue, kahle Kouskoúni

6 Festung Kelefá, im Hintergrund die Bucht von Ítylon

7   Klosterkirche Dekoúlou über der Bucht von Ítylon

8   Dekoúlou, Ikonostasis

9   Liméni mit Blick auf die Bucht von Ítylon und den Pentadáktylos

10   Kirche Trissákia, Fresko Letztes Abendmahl

11-12   Érimos, Hagia Varvára

13   Kítta, die vieltürmige Stadt

14   Mézapos an der gleichnamigen Bucht

15 Die Halbinsel Tigáni

16 Vámvaka, Hagios Theodóros

17 Tourlotí, Kirche der hll. Sergios und Bakchos

18   Der Bootshafen von Mezalímonas mit den hölzernen Schiffskranen

19-20　Felsenkirche Odigítria, die Kirche der ›Muttergottes, die den Weg weist‹, und Fresko mit Erzengel Michael

21-22   Kreuzkuppelkirche Episkopí, Tigáni im Hintergrund, und
Fresko der Himmelfahrt: Schwebende Engel

23   Cávo Grósso: Rückkehr der Fischer nach Gerolimín

24 Kirche Vlachérna über der Bucht von Mézapos

25 An der Straße nach Mína, Blick nach Westen

26 Kéria, Hagios Joánnis

27 Gardenítsa, Hagios Sotíras

28   Ochiá, Hagios Nikólaos

29-30 Boularií, Mantoúvalosturm und Hagios Strátigos

31-32   Boularií, Hagios Strátigos, Fresken der Himmelfahrt
         und der Heilung des Gelähmten

33   Terrassenlandschaft bei Álika, im Hintergrund Kap Matapán

34   Váthia, eine Ansammlung von ›Wolkenkratzern‹

35　Taínaron, Hagii Asómati

36   Kypárissos, Basilika des hl. Petrus

37   Pýrgi über der Bucht von Marmári

38   Blick über den Isthmus auf Kap Matapán

39 Flomochóri an der Bucht von Kótronas, auf der ›Sonnenseite‹ der Ma

40　Ageranós, Grigorákisturm　▷

Doch Erinnerungen an die Vergangenheit gibt es überall und nicht nur in Form von Kirchen, Burgen und Häusern. Maria Sássaris betreibt das winzige Kafeneíon im oberen Teil der kleinen steilen Straße, die zum Kai hinunterführt. Wie in der Mani üblich, sind die meisten aus der jungen Generation fortgezogen, um ihr Glück in Athen oder Amerika zu versuchen. Wenn man Maria nach den vielen Photos an den Wänden fragt, erzählt sie stolz von ihren acht Kindern. Die Söhne gedeihen ausgezeichnet als Ärzte, Geschäftsleute oder Offiziere bei der Armee, die Töchter sind gut verheiratet und ihre Familien wachsen. Man braucht sich nicht zu wundern, daß die Manioten gescheit sind und im Leben gut vorankommen. Generationenlange Bemühung, dem unfruchtbaren Boden und den gefährlichen Meeren der Mani den Lebensunterhalt für ein unabhängiges Leben abzutrotzen, haben den Verstand der Menschen in einem Ausmaß geschärft, daß sie sich nun sehr unterscheiden von den dumpfen Bauern aus den reicheren landwirtschaftlichen Gebieten, wo das Leben und Denken langsam und phantasielos vonstatten geht.

Die relative Unabhängigkeit der Mani zog Männer von unabhängigem Geist an, und das Gesetz, wonach der Tüchtigste überlebt, entwickelte ihren Verstand ebenso wie ihre Muskelkraft. Auch das Kriegführen liegt ihnen im Blut, und in der Tat sind unverhältnismäßig viele Offiziere der griechischen Luftwaffe Manioten. Es ist bezeichnend, daß sie sich von der schnellsten Waffe angezogen fühlen, ebenso wie ihre zur See fahrenden Ahnen sich an Gefahr und Geschwindigkeit ihrer schnittigen ›trattas‹ berauschten. Aber auch wenn sie ins Wirtschaftsleben gehen, haben diese maniotischen Industriekapitäne denselben mörderischen Ehrgeiz und Angriffsgeist wie die Seeräuberkapitäne.

Typisch für diese Ahnherrn war, außer Nikólas, ein gewisser Michális Sássaris, ebenfalls ein berühmtes Familienoberhaupt. Sein Turm steht als Ruine in Mézapos. Er legt still Zeugnis ab von seiner Bestimmung, die Unabhängigkeit von Mézapos zu verteidigen, und damit indirekt für die Schwierigkeiten, die es machte, die Feudalgesellschaft der Mani nach der Unabhängigkeit Griechenlands in einen modernen Nationalstaat einzugliedern. Germanós Mavromichális aus der großen Familie von Liméni, der mit der königlichen Regierung auf gutem Fuße stand, versuchte, die Kontrolle über die anderen Häfen der Tiefen Mani durch den Bau von Festungen in ihrer Nähe sicherzustellen. Als er aber seine Leute ausschickte, um eine Festung bei Mézapos zu bauen, mußten diese feststellen, daß der Erlaß der Regierung bei Michális Sássaris und seinen Gefolgsleuten wenig Gewicht hatte:

> »Wozu viel Worte, Sássari,
> der Germanós schickt uns hierher.
> Athen, so sagt er, ist dafür,
> den Turm zu bauen in Kabí.«
> »Sagt dies dem Germanós von mir:
> Solang Michális lebt
> kann keinen Turm er bauen hier!
> Nehmt Hebel jetzt und schweres Gerät,
> schlagt alles kurz und klein,
> solang Michális Sássaris lebt,
> wird Germanós hier niemals sein.«

Mavromichális' Leute taten ihr Bestes, ihren Befehl auszuführen, aber schließlich mußten sie nach Liméni berichten, daß jedesmal, wenn sie die Fundamente fertiggestellt hatten, des nachts die Sássarisleute erschienen und sie wieder zerstörten. Der alte Petróbey Mavromichális war wütend, und als zufällig ein bewaffnetes

Schiff im Hafen von Liméni vor Anker ging, wandte er sich an dessen Kapitän Tsikákos und bot ihm 250 Pfund in Gold, wenn er nach Mézapos führe und die Sássaris durch die Zerstörung ihrer Familienfestung niederzwingen würde. Tsikákos nahm das Angebot an, segelte hinunter nach Mézapos und eröffnete das Feuer. Obwohl er aber einen direkten Treffer auf den Sássaristurm erzielte, der die Mauern bersten ließ, konnte er doch die sássarianischen Kanonen nicht zum Schweigen bringen. Tsikákos wurde das Schiff unter den Füßen zerschossen, und mit dem Schiff gingen Mavromichális' Hoffnungen, Mézapos unter Kontrolle zu bringen, unter.

Der übel zugerichtete Turm ist leicht zu erkennen. Er liegt über einigen unbenutzten Salzpfannen, nahe dem Meer an der Nordseite des Hafens. Als wir das letzte Mal dort waren, trafen wir auf eine kleine alte Dame in Schwarz, die aus einem der winzigen Häuser in der Nähe hervorkam und die sich als eine weitere Sássaris erwies. Ihr Name war Zacharoúla, ›Zückerchen‹, und indem sie in das steinige Tal in ihrem Rücken hinaufwies, erzählte sie uns voller Stolz, daß ihr Mann, Geórgios Sássaris, dort begraben liege. Zunächst verstanden wir nicht, was sie meinte, aber wie so oft in der Mani: was aus der Entfernung wie die grobe Hütte eines Schafhirten aussah, erwies sich als Kirche, diesmals als die des heiligen Basilius und als Familienkapelle der Sássaris. Der kranke alte Mann war nach Athen ins Krankenhaus gebracht worden; als er erfuhr, daß er sterben würde, bat er, daß man ihn bei den Gebeinen seiner Vorfahren zur Ruhe legen möge, in dieser kleinen, freskengeschmückten Kirche, von der aus man den Turm des Michális, die große Bucht und die lange, schmale Halbinsel Tigáni, die die Meeresbucht im Westen säumt, überblicken kann.

Tigáni

Von Mézapos kann man mit einem jungen Sássaris in seinem Fischerboot die zwei Kilometer über die Bucht nach *Tigáni* fahren. Die Verhandlungen darüber werden kurz und wortkarg sein. Wenn er Sie mag, nimmt er Sie mit. Mag er Sie nicht, so fährt er Sie auch nicht. Große Freigebigkeit wird einem eher Geringschätzung als Gunst eintragen. Unser Sássaris war ein kräftiger Mann mit feinen Zügen, etwa 35 Jahre alt. Er hatte einen Zug aristokratisch wirkender Härte um den Mund und eine mahagonifarbene Haut, die auf das afrikanische Blut wies, das in so vielen maniotischen Adern rinnt. Seine außerordentlich schöne Frau war noch afrikanischer in ihrer Erscheinung. Sie hatte außer dem dunklen Teint noch volle Lippen, eine flache Nase und eine ganz und gar ungriechische Eleganz der Bewegungen, die vielleicht ererbt war von einem der sudanesischen Soldaten Ibrahim Paschas im Unabhängigkeitskrieg oder von einer hübschen Gefangenen, die durch einen seeräuberischen Sássarisahnherrn vor dem Serail bewahrt worden war.

Der Griff der ›Bratpfanne‹, denn das bedeutet das Wort ›Tigáni‹, reicht beinahe einen Kilometer ins Meer hinaus: dann erhebt sich ein großes Felsplateau, das von antiken und mittelalterlichen Festungsresten gekrönt ist. Und ob es einem nun gelingt oder nicht, einen der Sássaris zu der Bootsfahrt über die Bucht und an die kleine Anlegestelle nicht allzuweit von dem Felsplateau zu überreden – wer fit genug dazu ist, sollte die strapaziöse *Wanderung über Land* dorthin nicht auslassen. Ausgangspunkt dafür ist die kleine Akropolis von Ágia Kyriakí. Das ist der Name eines verlassenen Fleckens, der wie eine Krone auf einem kleinen Bergkegel sitzt. Er liegt ein wenig landeinwärts der Stelle, an der das Festland in die Halbinsel übergeht, oder anders gesagt,

an der die Hand die Bratpfanne hält. Man kann dorthin gelangen, indem man von Mézapos entlang der
Klippen eine ungefähr zwei Kilometer lange und
schwierige Wanderung unternimmt. Es ist aber einfacher, mit dem Auto von Mézapos zurück zur Hauptstraße zu fahren, dann ein wenig weiter südwärts
Richtung Kítta, dann wieder nach Westen auf die
Nebenstraße nach Psíon und weiter nach Stavrí: eine
im Halbkreis führende Reise von ungefähr fünf Kilometern. Von Stavrí führt ein neuerdings zum größten
Teil betonierter Weg etwa 750 Meter nach Norden und
nach *Ágia Kyriakí*. Von dort hat man ein grandioses
Panorama, vor allem von der kleinen weißen Kirche
auf dem höchsten Punkt.

Landeinwärts leuchten weiß die Türme von Kítta
und anderen kleineren Dörfern am anderen Ende der
landwirtschaftlich genutzten Ebene, vor dem Hintergrund des gebirgigen Rückgrats der Mani und der beiden heiligen Berge *Ágia Pelagía* und *Ágii Asómati*.
Ziemlich genau im Osten liegt Mézapos, der kleine Ort,
der sich in eine Ecke seiner Bucht schmiegt, dort, wo
die Küste sich nach Norden wendet und allmählich im
Dunst verschwindet. Nur an wenigen, ungewöhnlich
klaren Tagen kann man die schneebedeckten Gipfel des
Pentadaktylos hinter Itylon, etwa zwanzig Kilometer
entfernt, sehen. Tigáni ragt nach Nordwesten ins Meer
hinaus, die unterhalb davon liegende Küste tritt nach
Südwesten zurück bis zum *Löwenkopf,* dem großen
Vorgebirge, das das nördliche Ende des Cávo Grósso
bewacht und sich beinahe dreihundert Meter hoch über
das Meer erhebt. Die Aussicht ist nach allen Richtungen
wundervoll, und welche Macht auch immer die Burg
von Tigáni beherrscht hat, sie wird nicht verfehlt haben,
Wächter und Signalposten in Ágia Kyriakí aufzustellen.

Unser zwei Kilometer langer Weg zur Burg fängt im
Südwesten, zu Füßen des Hügels von Kyriakí an. Entlang an den steilen Abhängen der kleinen Akropolis, die
zu unserer Rechten aus einem Gewirr von indischem
Feigenkaktus aufsteigen, gehen wir etwa zwanzig Minuten nordwestwärts durch rauhes, steiniges Gelände, bis
wir auf einen alten Karrenweg stoßen; er ist ungefähr
zwei Meter breit, und seine weißen Steine sind mit nied-
rigem Strauchwerk bedeckt fast wie mit Moos. Im Frühling ist die ganze Gegend erfüllt von Kräuterduft, und
sogar im Juni finden sich noch bunte Büschel zwischen
den Felsen, winzige Nadelkissen von Rosa, oder die
größeren, gelbblühenden Salbeibüsche mit ihren schönen silbrigen Blättern. Während wir weitergehen, bleibt
die Küste zu unserer Linken hinter uns zurück. Sie verliert sich im Südwesten in steilen, ungefähr hundertfünfzig Meter hohen Klippen, deren beinahe senkrechter
Abbruch nur durch eine schmale Stufe unterbrochen
wird. Vor uns im Westen läuft nun die Schulter der
Halbinsel langsam aus, und wenn wir eine verfallene
Kapelle aus Trockenmauerwerk erreicht haben, liegt
Tigáni vor uns wie ein langer Arm, der in einer großen
Faust endet (Farbtafel 15). Der Arm ist flach und weiß,
seine gebleichten Felsen ragen nur fünf bis zehn Meter
über das Meer, und er verengt sich bis auf ungefähr
hundertfünfzig Meter, bevor das große Felsplateau beginnt. Der Pfad führt nun steil bergab. Sobald wir auf
Meereshöhe angelangt sind, müssen wir weiter über
eine Fläche mit so scharfen und schartigen Felsen, daß
ein riesiger Fakir sie als Lager zur Kasteiung benutzt
haben könnte: nur die widerstandsfähigsten Schuhe
werden von diesen Steinen nicht zerfetzt. Der Karrenweg, der einst zur Burg führte, ist längst der Erosion
zum Opfer gefallen. Und trotz all dieser Widrigkeiten

arbeiteten hier bis vor kurzem barfüßige Salzsammler. Sie schliefen primitiv in einer großen Höhle unten am Wasser. Aus den rechteckigen, aus dem Fels gehauenen Salzpfannen – die heute unbenutzt sind und rasch zu phantastischen Formen verwittern – trugen sie das Salz zusammen.

Vor uns, ungefähr fünfhundert Meter entfernt, ragt das befestigte Plateau dunkel und drohend im Abendlicht auf. Ist es schon von Natur aus wie zur Verteidigung geschaffen, so wird diese Eigenschaft noch verstärkt durch Mauern und zwei große Türme auf der Landseite. Ganz nahe am Rand der steilen Klippen an der Südostecke liegt der Eingang und darüber in beherrschender Lage der am besten erhaltene Turm. Eine steile, aus dem Felsen gehauene Treppe führt auf die Hochfläche. Die beiden Sássaris sagten uns, wir sollten auf den Abdruck eines Hufes auf einer der Stufen achten, und wirklich ist er noch dort und bezeichnet die Stelle, wo eine besiegte Prinzessin sich mit ihrem Pferde ins Meer stürzte, um der Gefangennahme durch den Eroberer ihrer Burg zu entgehen. Als wir oben angekommen sind, können wir uns allerdings schwer vorstellen, wie diese große Festung jemals erobert werden konnte. Ungefähr zwei Drittel ihres Umfangs sind durch so gut wie unbesteigbare Felswände geschützt, die mehr als dreißig Meter fast senkrecht ins Meer abstürzen. Dazu sind sie noch durch Mauern und Türme befestigt, von denen einige praktisch aus der Felswand selbst bestehen und nur vom Meer aus zu sehen sind. Nach der Landseite zu sind die Felsen nicht so hoch, dafür aber durch mittelalterliche Mauern stärker befestigt. Die einzige schwache Stelle ist – wie bei der ähnlich gelegenen Festung Monemvasía – der Mangel an frischem Wasser, doch ist das ganze Gebiet innerhalb der Mauern förmlich durchsetzt mit Zisternen zur Aufnahme von Regenwasser. Es wäre eine sehr lange Belagerung bei Sommerhitze nötig gewesen, um – sei es auch nur aus diesem Grunde – eine Übergabe zu erzwingen.

Dies entlegene Felsplateau besuchen und davon unbewegt bleiben – das kann nur der unempfindlichste und phantasieloseste Mensch. Auch wenn es dort keine menschliche Niederlassung gegeben hätte, so wäre doch die Szenerie beeindruckend: die schmale weiße Felszunge, die zurückführt nach Ágia Kyriakí, die Bucht von Mézapos auf der Südostseite und das ›Löwenhaupt‹ des Cávo Grósso im Südwesten. Aber es haben Menschen hier gelebt. Man sieht heute die Ruinen eines bedeutenden mittelalterlichen Machtzentrums, und zwar nicht nur die Mauern, Brustwehren, Türme und Türmchen, verteilt auf die 750 Meter des Burgumfangs, sondern im Innern Ruinen von Häusern und Hütten, Reste von Bögen, große Zisternen und vor allem die Reste einer großen byzantinischen Basilika, einer der größten und möglicherweise frühesten Kirchen in der Mani.

Diese Kirche wurde vor kurzem durch Professor Drandákis von der Athener Universität ausgegraben. Es ist jetzt deutlich zu erkennen, daß der Grundriß ein Rechteck von zweiundzwanzig Metern von Ost nach West und fünfzehn Metern von Nord nach Süd bildet. Die drei Apsiden am Ostende sind auf der Innenseite jeweils halbkreisförmig, bilden auf der Außenseite jedoch je ein halbes Sechseck. Die mittlere Apsis hat einen inneren Durchmesser von ungefähr fünf Metern, die andern von zwei Metern. Die Wände sind für eine so große Kirche nicht sonderlich stark, und das Dach oder doch ein größerer Teil davon hat wohl eher aus Holz als aus Stein bestanden. Viele Säulenbasen und einige zerbrochene Säulen sind noch vorhanden, ebenso Fragmente von schön skulptiertem Marmor und sogar einige Freskenreste an den hüfthoch erhaltenen Teilen der Mauern, die am Westende der Basilika ausgegraben worden sind. Die meisten Marmorsteine mit Steinmetzarbeit sind weggeholt und beim Bau späterer Kirchen wiederverwendet worden. Säulenbasen, die mit denen auf Tigáni identisch sind, bilden die Altäre der Kirche am Kai in Mézapos und von Hagios Nikólaos in Stravrí, in deren Mauern auch noch ein Stück des Marmorlettners von Tigáni steckt. Einige Ornamente lassen an Arbeiten aus dem 8. oder 9. Jahrhundert denken, andere sind nicht vor dem 13. Jahrhundert möglich, und es ist schwer, die ursprüngliche Anlage zu datieren, zumal dieser Typus der Drei-Apsidenbasilika in Bulgarien bereits im 6. Jahrhundert, in Sparta erst im 10. Jahrhundert bekannt ist. Das Äußerste, was man mit Sicherheit sagen kann, ist, daß sie spätestens im 9. Jahrhundert schon existierte, und daß sie – nach ihren beeindruckenden Ausmaßen zu urteilen – gut die Kathedrale des byzantinischen Bistums von Mani gewesen sein könnte. Die Existenz einer solchen Kathedrale in der Zeit des Kaisers Leo des Weisen (886-912 n. Chr.) ist in dem Verzeichnis, das der Patriarch Nikólaos Mystikós für ihn aufstellte, schriftlich belegt.

Tigánis Geschichte reicht jedoch weit vor die christliche Zeitrechnung zurück. Eine ungefähr zwei Meter starke Quermauer an der Südwestecke, und zwar außerhalb der mittelalterlichen Mauern, besteht aus typischem Zyklopenmauerwerk der griechischen Bronzezeit und könnte gut ins 13. Jahrhundert v. Chr. gehören, ebenso wie einige große Blöcke in den unteren Lagen des mittleren Turms der mittelalterlichen Festungsmauern. Zugegeben, bisher ist noch keine Keramik gefunden

worden, die diese Datierung bestätigt, aber es ist kein
Zweifel möglich, daß es an dieser Küste bronzezeitliche
Besiedlung und daß es im Gebiet um Mézapos ein
Machtzentrum gegeben hat: Keramik der späten Bronzezeit ist im alten Hippola auf dem höchsten Rücken des
Cávo Grósso gefunden worden, und der Name Mézapos
leitet sich her von ›Messes Taubengefilde‹, das von Homer unter den Städten erwähnt wird, die Menelaos
Truppen für den Trojanischen Krieg stellten. Und wenn
es möglich ist, daß Tigáni die Zitadelle des bronzezeitlichen Messe war, so könnte es auch eine der letzten
Bastionen der achäischen Griechen im Kampf gegen die
dorischen Eroberer gewesen sein, die in die Peloponnes
hinunterdrängten und im 12. Jahrhundert v. Chr. die
mykenische Kultur vernichteten.

Ob Tigáni während der zweitausend Jahre, die zwischen dem Bau der Zyklopenmauern und dem der
christlichen Basilika liegen, ständig oder überhaupt bewohnt war, ist unbekannt. Pausanias erwähnt im
2. Jahrhundert n. Chr. »die Stadt und den Hafen von
Messe«, aber wir können nicht mit Sicherheit sagen,
daß es sich dabei um Tigáni handelt. Auf der andern
Seite brachte die Existenz eines praktisch uneinnehmba-
ren Felsplateaus unmittelbar neben einer Meeresbucht
mit einem tiefen sicheren Hafen so etwas wie ein nach
Westen orientiertes Monemvasía hervor. Das mußte natürlich für jede Macht, deren Basis jenseits des Meeres
lag, seine Anziehungskraft haben. Wenn uns also Prokopius berichtet, daß Kaiser Justinian im 6. Jahrhundert
ein Sofortprogramm zur Befestigung der Peloponnes in
Angriff nahm, so ist es durchaus möglich, daß Tigáni
zu seinen Burgen gehörte, auch wenn wir noch nicht
sicher sein können, daß die große Kirche vor dem
9. Jahrhundert entstanden ist.

Wie steht es aber mit den mittelalterlichen Befestigungsanlagen, die noch immer auf Tigáni sind und in
Gestalt von Mauern und Türmen die naturgegebenen
Verteidigungsmöglichkeiten noch verbessert haben?
Sind sie fränkisch oder venezianisch? Oder beides? Ist
Tigáni der Ort, an dem Guillaume de Villehardouin,
Fürst von Achaia, die Burg Maina errichtete, die dann
zusammen mit Mistrá und Monemvasía 1261 an Byzanz
abgetreten wurde? Sehr wahrscheinlich war es so, trotz
der rivalisierenden Ansprüche von Kástro tís Oriás, das
wir auf dem höchsten Rücken des Cávo Grósso noch
besuchen werden. Ob nun aber Guillaumes große Festung hier lag oder nicht, es ist wahrscheinlich, daß die
Fahne mit dem zweiköpfigen Adler des paläologischen
Kaiserhauses im 13. Jahrhundert über Tigáni und seiner
großen Kirche flatterte. Es ist nicht minder wahrscheinlich, daß im 15. Jahrhundert, nach dem Ende der letzten
großen Zeit von Byzanz, als die Peloponnes für Türken
und Venezianer ein Schlachtfeld geworden war, der
Löwe von San Marco mehr als einmal dies maniotische
Monemvasía für die Republik beanspruchte.

Wenn Tigáni jemals seine Geheimnisse preisgeben
soll, wird sehr viel weitere Ausgrabungsarbeit nötig
sein, sowohl im Gelände von Tigáni selbst als auch in
den mittelalterlichen Quellen vieler Bibliotheken. Vorläufig bleibt es ein verlockendes Rätsel, obwohl das,
was an harten Tatsachen fehlt, durch Folklore und Le-
genden, die sich in reichem Maße gebildet haben, mehr
als wettgemacht wird. Ein gutes Beispiel dafür ist die
Ballade von Mavroeidís und Cháron. Cháron ist der
Tod, der antike Fährmann über den Styx, in der mittelalterlichen Legende umgeformt zu einem mächtigen
schwarzen Ritter. Volkstümliche griechische Balladen
sind voll von seinen Kämpfen mit Mavroeidís, dem

›von schwarzer Gestalt‹ – eine Bezeichnung für *Digenís Akrítas,* dessen Name noch heute bei all denen, die von seinem Ursprung nicht mehr wissen als vom Leben der meisten ihrer Heiligen, ein Inbegriff patriotischen Heldentums ist. Digenís Akrítas, in der wörtlichen Bedeutung ›Er von doppelter Geburt, der sich an der Grenze aufhält‹, war der Sohn eines sarazenischen Emirs von Syrien und einer Tochter der Doúkasfamilie, deren Burg der Emir gestürmt hatte. Dieser Sprößling von einem mohammedanischen Vater und einer christlichen Mutter wurde in den Grenzgebieten zu einem großen Helden. Zwar ging die Urschrift des Epos von Digenís verloren, doch ist die Geschichte, so wie sie im 16. Jahrhundert erzählt wurde, durch ein Ende des letzten Jahrhunderts in Trapezunt aufgefundenes Manuskript wieder bekannt geworden. Sie ist ein Ritterepos, vergleichbar dem Artusroman. Bei den Erzählungen von Ritterlichkeit und großem Heldentum im Kampf gegen wilde Tiere und Grenzbanditen ist auch eine Beschreibung des großen Palastes und des Gartens, den der Held für sich und seine Braut an den Ufern des Euphrat erbaute. Aber die Manioten sind nicht so dumm, das zu glauben. Es war auf Tigáni, wo Digenís das Schloß für seine Prinzessin baute – haben sie nicht als Beweis den Hufabdruck ihres Pferdes? – und hier in Tigáni war es, wo Digenís mit Cháron um ihr Leben kämpfte:

> Mein Gott, was wurde aus ihnen all,
> aus den tapferen Helden der Mani?
> Sang ihnen denn keiner das Hochzeitslied
> und niemand den Totengesang?
> Ja, stürmen und plündern wollten sie
> das königliche Schloß,
> darin schwarzäugig und wunderschön
> des Königs Tochter saß.

Der Mavroeidís, er liebte sie
und wollte sie zur Frau,
so zogen sie hin und raubten sie
und brachten sie auf ihr Schiff.
Weit war der Weg und voller Gefahr,
doch erreichten sie glücklich die Mani.
Dort war's, hoch über dem steilen Fels
und über der Meeresbucht,
wo tiefe Schluchten und Höhlen sind
und das Meer schwarz wie der Tod.

Und sie legten den Grundstein zu einer Burg
auf dem Vorgebirg von Tigáni,
aus Frankreich brachten sie Eisen und Stahl,
aus Venedig Kristall und viel Perlen
und aus Byzanz den Marmor und
die goldenen Fische in Schwärmen.
Sie bauten aus Glas einen hohen Turm,
der war nur für die Braut,
und besondere Wächter bestellten sie,
denn sie fürchteten ihren Raub.

Doch ach, welch Unglück, Cháron kommt,
der schwarze Reiter, herbei.
Er will die junge Prinzessin sehn,
will sehn, wie schön sie sei.
Von weitem schon grüßt er alle Mann,
und als er heran ist, sagt er:
»Gut soll es Euch gehn, Ihr edlen Herrn,
meinen Glückwunsch für Eure Kämpfe!«

»Sei uns willkommen, Cháron, Herr,
Du ehrst uns mit Deinem Besuch –
setz Dich und speise und trinke mit uns
und ruhe ein wenig Dich aus!
Wo kommst Du, Cháron, denn heute schon her
und wohin willst Du noch reisen?«

»Ich komme heut nicht zum Gastmahl zu Euch
und will auch nicht bei Euch ruhen –
die Prinzessin zu holen, kam ich hierher,
das Mädchen, das tausendmalschöne!«

»Die Prinzessin, die ist in ihrem Turm,
und dem Mavroeidís gehört sie,
und niemals werden wir geben sie Dir,
bevor Du uns nicht besiegt hast;
Wir haben hier eine starke Burg
und sind recht tapfere Männer!«

Als Cháron diese Reden hört,
nimmt er sie übel auf,
und seine Stimme wird rauh und wild
und läßt seinem Zorn freien Lauf:
»Wer stellt sich mir mit stählernem Schwert
und mit eiserner Rüstung, wer?
Wer hat eine Brust, wie Stein so hart,
wer glaubt, er kann Cháron besiegen?«

Und Mavroeidís, als er das gehört
– er ist eben im Turme droben –
da nimmt auch er es sehr übel auf,
nimmt Abschied von seiner Braut.
Er steigt voller Mut vom Turme herab
und spricht mit Galle im Blut:
»Ich habe ein gutes stählernes Schwert
und auch eine eiserne Rüstung;
ich hab eine Brust, wie Stein so hart,
und ich will und werd' Dich besiegen!
Wenn Du, Freund Cháron, stark genug bist
und ein Held und ein tüchtiger Kerl,
dann komm auf den eisernen Dreschplatz her,
und der Kampf steht uns beiden wohl an –
der Boden ist gut und aus blankem Fels,
und die Brüstung rings ist von Stahl!«

Und Mavroeidís hat siebenmal
den Cháron niedergezwungen,
doch beim achten Mal, als der sich erhob,
überkam ihn gewaltiger Zorn,
und all seine Kräfte versammelt' er
und dem Jüngling entwand er die Waffen.
Bei seinen Haaren dann packte er ihn
und warf ihn hin auf den Boden.

»Laß mich nun, Cháron, laß mich los,
tapfer bin ich gewesen,
doch jetzt, wo ich ohne Waffen bin,
sag ich: Du hast mich besiegt.
Und mein Leben hier in der oberen Welt
– ich mag Dich nicht darum bitten –
zeige mir nur Deinen Weg hinab,
und ich komme mit der Prinzessin.«

Und Cháron in grausamem Scherzen sagt:
»Wo ließest Du nun Dein stählernes Schwert
und wo ist Deine eiserne Rüstung,
wo blieb Dein ganzer Heldenmut
auf dem eisenbewehrten Dreschplatz –
wo ist die Brust, die hart wie Stein,
wer wollte den Cháron besiegen?
Nun bring das Mädchen rasch herbei,
und rasch sollst Du mir folgen.
Den Weg zum Meer hin sollst Du gehn,
darfst Deine Augen nicht wenden;
nach dort nur schau, zu jenem Berg
und hinab zu den Felsenriffen,
wo die Abgründe sind und der Höhlen viel'
und das Meer an die Klippen schlägt.
Dort wirst Du schon meine Straße sehn,
und nur ein wenig tiefer
da wird auch meine Höhle sein
und das Tor, das zum Tártaros führt:
zu all den Toten geht es dort hin
in die Tiefen der Erde hinein.

Und wenn Du vor jenem Tore stehst,
wo schon Spinnweben Dich umwehn:
wie finster wird es darinnen sein,
wie wird Deine Eile Dich reun!
Aus Menschengebein ist dort alles gebaut
und bedeckt mit dem Haar junger Frauen,
und die Gänge sind kalt und unendlich lang,
und Dir bleibt nur ewiges Grauen.«

Umschiffung des Cávo Grósso

Man sollte Chárons Anweisungen nicht allzu wörtlich
nehmen. Es lohnt sich jedoch, einen der Sássaris zu einer
gemeinsamen Seefahrt nach Gerolimén zu überreden.
Gerolimén liegt nur sechs Kilometer genau südlich von
Mézapos – in der Luftlinie –, zur See aber rund um das
große Kap sind es zwölf Kilometer. Eine solche Fahrt
würde wahrscheinlich bedeuten, daß man beim ersten
Morgenlicht aufbricht, denn selbst an ruhigen Tagen
frischt der Wind am Nachmittag oft auf, und die Sássaris würden keine Lust haben, die Nacht über in Gerolimín herumzulungern. Bei der Umrundung von Tigáni
unter den fast senkrecht aufsteigenden, in 30 Meter
Höhe von Festungsmauern gekrönten Felsenklippen
wird die naturgegebene Uneinnehmbarkeit vom Meer
aus deutlich. Und da ist noch ein Türmchen, das etwa
fünf Meter unter dem oberen Rand wie eine Meeres-
schnecke an einer Felswand klebt. Dann, nachdem wir
langsam an der Westseite des Pfannenstiels entlangge-
tuckert sind, befinden wir uns unter den Felsen der
Küste, da, wo sie sich nach Südwesten wendet. Mit
einem letzten Blick über die linke Schulter auf Ágia
Kyriakí nehmen wir dann Kurs auf den *Löwenkopf*. Die
Klyppen steigen nun an die hundert Meter auf, nur
unterbrochen von einem natürlichen Absatz, der unge-

fähr in halber Höhe horizontal verläuft. Es gibt einen kleinen Pfad, der von unterhalb Ágia Kyriakí ausgeht und über diesen Absatz verläuft bis zu einem weißen Flecken. Dieser entpuppt sich als Kirche, die in einer phantastischen Position auf dem Felsvorsprung thront und die der **Odigítria,** der ›Mutter Gottes, die den Weg weist‹, geweiht ist (Farbbilder 19, 20). Wir hätten sie vom Ausgangspunkt unserer Wanderung nach Tigáni zu Fuß erreichen können. Hat man sie erst einmal vom Meer aus gesehen, so verlangt und belohnt sie, daß man den schwierigen Weg auf sich nimmt, um sie näher kennenzulernen; denn der Glaube, der solch eine Kirche an solch einem Platz entstehen ließ, ist kaum geringer als der, der Berge versetzt. Sie ist nicht, wie man erwarten könnte, die primitive Unterkunft eines exzentrischen Eremiten, sondern eine schöne Kreuzkuppelkirche mit Narthex aus dem 13. Jahrhundert. Über den Durchgang zum Allerheiligsten schwingt sich ein eleganter Marmorbogen, es finden sich hübsche Säulenkapitelle und Reste von schönen Fresken aus zwei verschiedenen Perioden. Da ist die Glykofiloúsa aus dem 18. Jahrhundert, die ›Mutter Gottes, die das Kind küßt‹, und zwar mit einer natürlichen Zartheit, die außerordentlich anrührend ist. Dann gibt es noch etliche sehr viel frühere Fresken, möglicherweise aus dem gleichen Jahrhundert wie die Kirche selbst, darunter ›Christus, der sein Kreuz trägt‹, und die Himmelfahrt. Doch am eindrucksvollsten von allen ist der Erzengel Michael im prunkvollen Fürstengewand des byzantinischen Kaiserhofes. In anderen Kirchen der Gegend und auf Fresken aus ähnlich früher Zeit ist der heilige Michael eleganter dargestellt. Einen solchen Mangel aber macht dieser hier mehr als wett durch den lebendigen Ausdruck seines großen Gesichts mit der fein gebogenen Nase und den großen

Augen. Denn dies ist kein himmlischer Bürokrat oder Schreibtischgeneral, sondern ein wirklicher Anführer der Himmlischen Heerscharen, der mannhaft gegen die Kräfte des Bösen in einer rauhen Welt gekämpft hat.

Jenseits der Odigítria sind die Felsen so mit Höhlen durchlöchert wie ein reifer Emmentaler, und als wir mit unserem Boot dicht unter ihnen entlangfahren, können wir erkennen, daß viele von ihnen zugemauert worden sind, und das, obwohl sie für jeden, der nicht gerade ein geschickter Bergsteiger ist, unerreichbar sind. Dort liegen die Schatzkammern der Seeräuberahnen der Sássaris, doch sind sie so sehr mit dem Miasma von Blut und vergangenen Verbrechen belastet, daß die Leute aus der Gegend noch heute nicht in ihre Nähe kommen wollen. Wir können nicht sagen, was in den vermauerten Höhlen liegt. Wir überlassen es behenderen Besuchern, die mit Seilen und schwindelfreien Köpfen kommen, die Geheimnisse dieser Höhlen zu entdecken, und dabei zu riskieren, sich mit dem Blut, das an solch übel erworbenem Reichtum klebt, zu beflecken.

Während wir uns der nördlichen Landspitze des Cávo Grósso, dem ›Löwenkopf‹ mit seiner mächtigen Felswand nähern – wir müssen ihn umrunden, ehe wir unsere Fahrt nach Süden fortsetzen können –, ragen die Felsen zu unserer Linken nicht mehr ganz so steil aus dem Wasser. Sie steigen endlich in sanfterem Winkel an und erlauben einiger Vegetation, auf ihnen Fuß zu fassen. Es gibt aber keinen von draußen erkennbaren Hinweis, daß sich in diesem Winkel ein winziger natürlicher Hafen befindet, von dem ein steiler Maultierpfad durch ein Tal zu der darübergelegenen Hochebene hinaufführt. Sogar als unser Sássaris darauf zusteuert, ist die Einfahrt nach *Mezalímonas* so gut verborgen, daß wir entschlossen scheinen, Schiffbruch zu leiden. Dann befinden wir uns plötzlich in dem Häfchen und blicken zu den hölzernen Kranen auf, die ein Boot aus dem Wasser heben und sicher freihängend vertäuen können (Farbtafel 18). Sie können auch schwere Lasten heben, und es wäre sicher taktlos, allzu genau nachzufragen, welche Art von Jagdbeute hier in mondlosen Nächten an Land gebracht wird, während oben eine Karawane von Eseln mit Tragsätteln geduldig wartet.

Es ist eine ziemlich unheimliche Erfahrung, wieder auszulaufen aus Mezalímonas und unter dem *Löwenkopf* entlangzufahren. Die Felswand ist über 250 Meter hoch, und man hat das ungemütliche Gefühl, daß das Wasser unter einem genauso tief ist. Die Vorsprünge im Felsen scheinen kaum groß genug für die wenigen Pflanzenbüschel und Seevogelnester, die sich daran festklammern, doch auch hier, in schwindelnden Höhen, gibt es Höhlen, die von Seeräubern zugemauert wurden, und zwar an Stellen, die nur von oben mit Seilen zu erreichen sind. Sobald wir die Landspitze hinter uns gelassen haben, erwartet uns nach ungefähr einem Kilometer an der westlichen, nun etwa sechs Kilometer genau nach Süden verlaufenden Steilküste eine neue architektonische Überraschung. In ungefähr 150 Metern Höhe über dem Meer und vielleicht siebzig Meter vom oberen Rand der roten Felswand entfernt blickt eine kleine schwarze Öffnung in weißem Rahmen blind, wie das ausgekratzte Auge in einer Ikone, über den Messenischen Golf. Schaut man durch das Fernglas, so erweist sich das Auge als der rechteckige Eingang in eine vermauerte Höhle. Diesmal aber ist es die Unterkunft eines Priesters und nicht die eines Seeräubers. Ein Ausschnitt in der Mauer über der Tür hat die Form eines Kreuzes, und ein hölzernes Kreuz wächst aus einem nahen Felsen hervor. Am Ast eines einsamen Baumes, der bedenklich

über die Felswand ragt, hängt eine Glocke. Dies alles
gehört zur Kirche der *Hagia Eleoúsa*, der barmherzigen
Gottesmutter. Was die Unzugänglichkeit angeht, kann
sie den Wettbewerb mit den luftigen Metéora-Klöstern
aufnehmen. Hier aber war es nur ein einzelner Mönch,
der die Kirche baute und darin lebte, und zwar beinahe
wie ein Säulenheiliger, nur daß das, was er zum Leben
brauchte, ebenso von oben heruntergelassen, wie auch
von unten heraufgezogen werden konnte.

Wir hatten weder die Nerven noch die Geschicklich-
keit, um ohne Seil vom oberen Rand der Felsen hinun-
terzuklettern. An einem Tag mit ruhiger See nahm uns
aber einer von den Sássaris in einem kleinen Boot mit
an den Fuß der Klippen, und von dort gelang uns der
längere, aber weniger schwierige Aufstieg. Der Rückweg allerdings, bei dem wir in die Tiefe schauen mußten,
erwies sich als weniger angenehm. Als wir oben anka-
men und die Höhle erreicht hatten, wirkte unser Boot
so klein wie ein Korken, der freundlich auf der Dünung
tanzte, und wir waren froh, in die Kirche hineingehen
zu können. Sie erwies sich als überraschend groß und
kaum verändert seit der Zeit, als der Eremit hier gelebt
hatte. Sowohl als Wohnung wie als Kirche hatte sie eine
ziemlich traurige Mischung aus sakralen und nützlichen
Geräten aufzuweisen. Etliche Ikonen hingen noch von
der rauchgeschwärzten Ikonostasis zusammen mit Lampen und Weihrauchgefäßen, an den Wänden waren Gra-
fitti von irgendwelchen kommunistischen Guerilla-
kämpfern, die sich in den vierziger Jahren dort verborgen gehalten hatten. Der einfache Besitz des Einsiedlers
stand und lag noch auf dem Boden herum; ein kleiner
Tisch und ein Stuhl, ein von Holzwürmern zerfressener
Korb, darin die Bibel und ein Brevier und ein paar
plumpe Vorratsgefäße, Töpfe und Pfannen. Die Wasser-

versorgung blieb allein dem Regen überlassen, doch hatte unser Einsiedler es verstanden, in die Felsen draußen Zisternen zu schlagen, die die Unwetter ihm füllten. Für seine Ernährung war er ganz abhängig vom Inhalt der Körbe, die ihm die Bewohner der nahegelegenen Dörfer herabließen, sowie von gelegentlichen Brotlaiben und ein paar Fischen, die ihm ein vorüberkommender Fischer auf die Klippen warf. So lebte und betete er länger als irgendjemand erinnern konnte, und als er fühlte, daß seine Zeit gekommen war, legte er sich in das Grab, das er für sich schon zwischen den Felsen ausgehöhlt hatte, und starb, wie er gelebt hatte, ganz allein. Man sagt, daß ihn die rote Erde, die von den Regengüssen im Winter heruntergeschwemmt wurde, begrub, und es war keine Hand erforderlich, um die Glocke zu läuten, die an dem sturmgepeitschten Baum hing. Sein Grab mit dem morschen Holzkreuz ist noch dort, und auch die Glocke hängt noch immer vom Baum, doch der Baum starb mit dem Eremiten, und nur der Stamm und kahle Äste blieben zurück.

Von Hagia Eleoúsa verläuft die Küste weitere fünf Kilometer genau nach Süden. Dann erreicht sie den südlichsten Punkt des Cávo Grósso, wendet sich nach Nordosten und bildet so die Bucht und den Hafen von Gerolimín. Den größten Teil dieser fünf Kilometer tragen die Klippen eine schmale Hochebene, die zwischen zweihundert und dreihundert Meter über dem Meer liegt und etwa ebenso breit ist. Ihr breitester und zugleich höchster Teil liegt im Süden. Nach Osten hin ragen Felswände vierzig bis siebzig Meter über das niedrigere Plateau. Man kann die Hochebene über verschiedene steile Pfade erreichen, vor allem westlich der Dörfer *Kipoúla* am Nordende, *Koúnos* in der Mitte und *Drý* im Süden. Im Frühjahr gibt es genug Vegetation

dort oben, und es lohnt sich, Schaf-, Ziegen- und Rin-
derherden zum Weiden hinaufzutreiben, doch gegen
Ende Mai ist auf der felsigen Fläche alles, was nahrhaf-
ter als das Wolfsmilchgeflecht ist, von der Sonne verbrannt. Quellen mit frischem Wasser gibt es nicht, und
das Wandern ist ungefähr ebenso bequem wie auf der
zerklüfteten Halbinsel Tigáni. Und trotzdem gibt es
nicht nur sieben Kirchen, die den östlichen Rand der
Hochebene säumen, sondern Überreste von außergewöhnlich vielen anderen Gebäuden sowohl der Antike
wie des Mittelalters, darunter etliche tiefe Zisternen wie
auf Tigáni, die das kostbare Regenwasser sammelten
und aufbewahrten.

Das Hochplateau

Der beste Platz, die Wanderung zu beginnen, liegt hinter
Kipoúla, wo ein gewundener Weg endlich über eine
Flucht von breiten Stufen zwischen zwei hohen, aus dem
Stein gehauenen Felswänden die Höhe des Bergrückens
erreicht. Er kommt in der Nähe der beiden nördlichsten
von den sieben Kirchen heraus. Sie sind zugleich die
beiden einzigen, die noch nicht völlig verfallen sind:
Hagios Geórgios und Hagios Theodóros. Beide werden
nicht benutzt, außer von Tieren, die darin Schutz suchen. Die Kirche des heiligen Theodor enthält noch
einige schöne Marmorarbeiten, Reste von mehreren
Schichten Freskomalerei und zwei fein kannelierte Säulen, die den Durchgang durch die Ikonostasis in den
Altarraum flankieren. Sie können gut vom Tempel der
Athena Hippolaitis stammen, den Pausanias im 2. Jahrhundert n. Chr. bei der Stadt Hippola erwähnt, denn es
gibt kaum einen Zweifel, daß dies die Stätte des antiken
Hippola ist. Ihr Name ist in dem des heutigen, unterhalb
gelegenen Dorfes Kipoúla bewahrt. Man hat hier viel

antike Keramik gefunden, und zwar nicht nur aus klassischer, sondern auch aus der Bronzezeit. Und wenn auch Hippola offensichtlich zu Pausanias' Zeit verlassen war, so weisen doch die steinernen Trümmerhaufen von mittelalterlichen und späteren Bauten darauf hin, daß es früher oder später wieder bewohnt worden ist.

Warum aber war ein so unwirtlicher Ort überhaupt bewohnt – ein Platz, im Winter bitterkalt, im Sommer von der Sonne verbrannt, das ganze Jahr über von Stürmen gepeitscht und ohne frisches Wasser? Zugegeben, der Blick von hier oben ist wundervoll, und die Höhe bringt Tempel und Kirchen dem Himmel näher, doch können wir kaum eine ganze menschliche Niederlassung mit asketischen Ästheten bevölkern. Die Antwort kann also nur sein: Sicherheit. Die Bewohner von Hippola werden das Land unterhalb besessen und bebaut haben, doch Sicherheit für sich und ihren Besitz fanden sie nur auf dem Höhenrücken. Sie bauten dort nicht nur Häuser und Kultstätten, sondern auch tiefe Zisternen, um sich mit Wasser zu versorgen. Dank ihres weiten Rundblicks sowohl über das Landesinnere als auch über den Messenischen Golf, dürften sie kaum Gefahr gelaufen sein, überraschend von Land oder See aus angegriffen zu werden und keine Zeit mehr zu haben, ihre Herden und sich selbst in die Sicherheit ihrer Höhenstellungen zurückzuziehen.

Auch dieser Bergrücken erhebt Anspruch darauf, der Sitz der mittelalterlichen Burg Maina gewesen zu sein, und ist damit einer der Rivalen von Tigáni. Die Burg soll entweder hier, wo das antike Hippola lag, oder an der höchsten Stelle des Plateaus, nahe seinem Südende gewesen sein. Am Südende kommt eine Stelle genau westlich des Dorfes *Drý* in Frage, dort wo der Bergrükken in zwei kegelförmigen Hügeln, die durch einen schmalen Sattel miteinander verbunden sind, auf bis zu 309 Meter Höhe über dem Meer ansteigt. Der nördliche – auf dem sich ein trigonometrischer Punkt befindet – zeigt keine Spuren menschlicher Besiedlung. Auf dem südlichen jedoch gibt es eine einschiffige Kirche, die aus großen, grob behauenen Steinen errichtet ist, und in der ein mächtiger Marmorstein den Sturz über der in der Südwand gelegenen niedrigen Tür bildet. Im Innern findet man die Basis und die Füße von etwas, das offensichtlich eine große antike Statue war. Leider ist die Inschrift auf der Basis unleserlich. Einige weitere Reste könnten auch mittelalterlich sein. Die Gegend erfreut sich des Namens *Kástro tís Oriás,* doch der ›Schöne Mensch‹, dessen Burg – wie man annimmt – hier gestanden hat, war nicht Guillaume, Fürst von Achaia, sondern die überall anzutreffende Helena von Sparta und später Troja. Trotz allem gibt es hier keine Gebäudereste, die man mit denen von Tigánis großen Befestigungsanlagen vergleichen könnte. Gewiß ist es richtig, daß die maritime Bedeutung Tigánis für die Franken, die eine landorientierte Macht waren, eine geringere Rolle gespielt haben mag als für die Byzantiner. Dennoch bleibt Tigáni der wahrscheinlichste Kandidat für den Sitz der Herrschaft über Land und See in dieser Region. Man darf allerdings annehmen, daß die Franken wenigstens eine Garnison auf dem Hochplateau des Cávo Grósso stationiert hatten.

Ungefähr vier Stunden Zeit, kräftige Schuhe und einen scharfen Blick für Keramikscherben und Schlangen muß man haben, um die ganzen fünf Kilometer des Hochplateaus der Länge nach zu bewältigen. Und die Wanderung wäre, selbst wenn der Erdboden ohne archäologisches Interesse wäre, der Mühe wert wegen der herrlichen Szenerie. Der Blick ins Landesinnere kann es mit einer Luftaufnahme aufnehmen, wenn man eines der südlicheren Dörfer genauer überblicken möchte. Fast alle haben wenigstens eine byzantinische Kirche, die verdiente, daß man sie besucht. Aber es ist eine Sache, sie von hier oben auszumachen, und eine andere, sie dann auch tatsächlich in dem Labyrinth von kleinen Straßen und unbezeichneten Landwegen zu finden.

Kirchen im Cávo Grósso

Wenn man im Norden anfängt, dann ist **Episkopí** die erste und typischste: eine schöne Kirche aus dem 12. Jahrhundert, großartig gelegen mit dem Blick über die Bucht von Mézapos (Farbbild 21). Man kann sie zu Fuß in ungefähr einer halben Stunde vom Dorf *Mézapos* aus über einen steilen Maultierpfad erreichen. Er führt in Richtung Ágia Kyriakí (von wo wir die Kirche zum erstenmal gesehen hatten) an den Klippen entlang. Es ist aber einfacher, von Mézapos zur Hauptstraße zurückzufahren, sich nach Süden und dann ungefähr zwei Kilometer vor Kítta nach rechts in Richtung Stavrí zu

Kreuzkuppelkirche Episkopí

wenden, so wie wir das für unsern Besuch der Kirche
Ágia Kyriakí und des Kap Tigáni gemacht hatten. Diesmal biegen wir aber nach ungefähr anderthalb Kilometern wieder rechts ab nach Ágios Geórgios und fahren
einen weiteren Kilometer durch den winzigen Ort hindurch bis zu zwei hohen, verlassenen Türmen, die in
der Gegend als Kolóspita bezeichnet werden. Die Straße
führt von hier aus noch ein wenig weiter nach Norden
zu einem Betonneubau, von dem man einen herrlichen
Blick über die Bucht, auf die Vlachérna und Tigáni hat.
Für den Besuch von Episkopí aber empfiehlt es sich, den
Wagen im Schatten der Kolóspita stehen zu lassen. Ein
steiniger Pfad führt zwischen den beiden Türmen hindurch und verläuft dann hangabwärts zwischen zwei
Feldsteinmauern, die von indischem Feigenkaktus ge-
säumt sind. Rechts erstreckt sich die Meeresbucht, Ágia
Kyriakí liegt in einiger Entfernung genau vor uns, und
daneben greift die Halbinsel Tigáni weit ins Meer hinaus. Wo sich der Pfad teilt, halten wir uns links und
plötzlich, nur etwa hundert Meter von der Stelle, an der
wir das Auto zurückgelassen haben, stehen wir nach
einer Wegebiegung vor der mit orangefarbenen Ziegeln
gedeckten Kuppel von **Episkopí,** das – in seine Mulde
geschmiegt – am Hang liegt (Farbbilder 21, 22).

Der Pfad geht jetzt steil an der meerzugewandten
Seite des Hanges hinunter und bringt uns zunächst mit
der Kuppel, dann mit dem Dach und endlich der Nordtür auf Augenhöhe. Die Kirche gehört zum Typ der
Kreuzkuppelkirche mit Narthex, ist etwa neun Meter
lang und sechs Meter breit. Obwohl ihr Äußeres keinen
so kunstvollen Wechsel zwischen Stein und Ziegel und
vor allem nicht das komplizierte Ziegeldekor im Mauerwerk aufweist wie Hagia Varvára in Érimos oder die
Tourlotí, hat sie doch elegante Marmorsäulchen zwi-

schen den Bögen des oktogonalen Kuppeltambours, Wasserspeier mit Löwenköpfen und schöne ziegelgedeckte Dächer, die von der Sorgfalt zeugen, welche die zuständigen Stellen in Mistrá auf die Restaurierung verwendet haben. Ebenso wie die Tourlotí ist auch diese Kirche damit ein glückliches Gegenbeispiel zu so vielen andern Kirchen, die in erschreckender Weise heruntergekommen sind. Umso überraschender ist es, daß in Episkopí zwar die Westtür erneuert und verschlossen, dafür aber die Nordtür nur mit einem Stück Seil, das an einem rostigen Nagel befestigt ist, notdürftig abgesperrt ist. Hat die Behörde das Interessse verloren, jetzt, da Episkopís schöne Fresken in wissenschaftlichen Zeitschriften veröffentlicht worden sind? Ist es wirklich zuviel verlangt, daß all die geleistete Arbeit nicht umsonst gewesen sein soll? Oder müssen auch diese Fresken von Antiquitätenräubern mutwillig zerstört werden, bis diese Kirche wieder nur noch als Unterschlupf für Esel und Schafe taugt?

Vielleicht erwartet man, das erschreckende Jüngste Gericht im Deckengewölbe des Narthex werde auf jeden Besucher mit bösen Absichten abschreckend wirken. Aber man betritt die Kirche nicht mehr durch die Westtür. Heilige und Hierarchen säumen die unteren Teile der Wände. Unter ihnen – auf der östlichen Mauer der Südseite des Narthex – thronen als Richter die Apostel Simon und Philipp und schauen mit ausdrucksvollen Gesichtern und in erschrockenem Mitleid auf die Szenen der Verdammnis: Frauen von leichtsinnigem Lebenswandel werden von Schlangen verzehrt, umgeben von Flammen und Darstellungen ewiger Gewissensqualen. Doch Hades hat kein Mitleid: er hält – auf der Südwand – mit grimmigem Gesicht und unbarmherzig die falschen Könige und Bischöfe in seiner Gewalt: sie win-

Die Wandgemälde der Kirche Episkopí

*(Die arabischen Ziffern beziehen sich auf die Gemälde des 12. Jahr-
hunderts, die römischen Ziffern auf die des 18. Jahrhunderts.)*

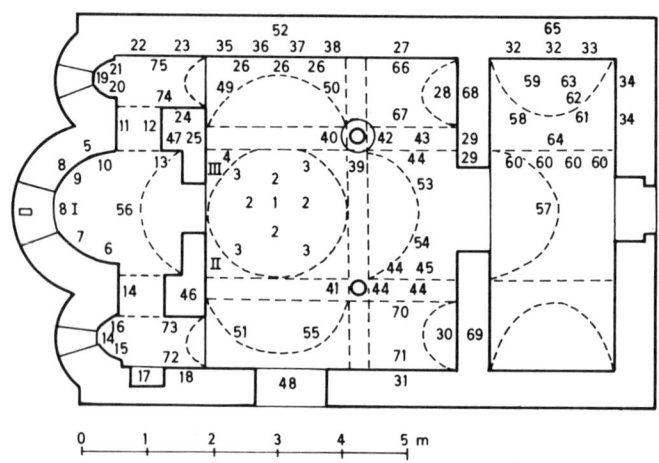

I. Die Jungfrau Maria
II. Muttergottes
III. Christus

1. Pantokrator
2. Engel
3. Propheten
4. Hl. Matthäus
5. Hl. Leo der Große
6. Hl. Gregor

7. Hl. Johannes
   Chrysostomus
8. Hierarch
9. Hl. Basilius
10. Hl. Nikolaus
11. Hl. Euplius
12. Hl. Eleutherius (?)
13. Hl. Lukas
14. Heiliger
15. Hl. Gregor von Nyssa
16. Hierarch
17. Hl. Blasius (?)

18. Hl. Clemens von Ankyra
19. Hl. Theodosius
20. Hl. Polykarp
21. Hierarchen
22. Hl. Gregor von Agrigent
23. Hl. Johannes
    Eleemosynarius
24. Hl. Romanos
25. Christus als Mittler
26. Kriegerheilige
27. Erzengel Gabriel
28. Hl. Prokopios
29. Hll. Cosmas und Damian
30. Heiliger
31. Erzengel Michael
32. Hierarchen
33. Hl. Alexander
34. Weibliche Heilige
35. Heiliger
36. Hl. Gurias
37. Heiliger
38. Hl. Abibus
39. Hl. Mennas
40. Hl. Simeon
41. Hl. Simeon Stylites
42. Hl. Cyrus von Alexandrien
43. Hl. Johannes von
    Alexandrien
44. Heilige
45. Hl. Victor
46. Mandílion
47. Keramidin

*Erzählende Szenen aus dem
Leben Christi und aus dem
Dodekáorton*

48. Verkündigung
49. Geburt Christi
50. Darbringung im Tempel
51. Verklärung

52. Heilung des
    Blindgeborenen
53. Einzug in Jerusalem
54. Kreuzabnahme
55. Christi Höllenfahrt
    (Auferstehung)
56. Christi Himmelfahrt

*Szenen aus dem Jüngsten
Gericht*

57. Parusie
58. Apostel Simon
59. Apostel Philipp
60. Apostel
61. Gewissensqualen
62. Unauslöschliches Feuer
63. Zähneklappern
64. Fische speien Leichname aus
65. Hades als Herrscher der
    Qualen

*Erzählende Szenen aus der
Legende des Heiligen Georg*

66. Verteilung seines
    Vermögens
67. Lehrtätigkeit im Gefängnis
68. Wiederbelebung des
    Ochsen
69. Auferweckung eines Toten
70. Georg vor dem Herrscher
    (Dacianus)
71. Zerstörung der
    Götzenbilder
72. Martyrium mit dem Stein
73. Enthauptung
74. Der Hl. Georg erscheint
    dem Theopistus im Traum
75. Das Fest des Theopistus

den sich qualvoll in einem Meer unauslöschlichen Feuers, während er, Hades, triumphierend auf seinem Drachen über ihnen reitet.

Das kreuzförmige *Kirchenschiff* hat zwei Säulen mit schönen ionischen Kapitellen. Die marmornen Zugbalken zeigen feine Relieformamente. Die Ikonostasis ist jünger und trägt Fresken aus dem 18. Jahrhundert: eine Madonna mit Kind zur Linken des Durchgangs zum Allerheiligsten, einen thronenden Christus zur Rechten. Der schöne Marmorbogen über der Ikonostasis aber ist alt und sehr ungewöhnlich. Er bewahrt eine Eigentümlichkeit frühchristlicher Kirchen, die in der byzantinischen Zeit weitgehend verschwunden war. Die Gottesmutter in der Haltung der Platytéra, der ›Allumfassenden‹, und der Christusknabe, die aus der Mittelapsis herniederblicken, stammen ebenfalls aus dem 18. Jahrhundert, doch fast alle anderen Fresken sowohl im Querschiff als auch in der nördlichen und südlichen Apsis, sind wie die im Narthex aus dem 12. Jahrhundert.

Episkopí, Staunende Jünger im Fresko der Himmelfahrt

Erzengel Gabriel, Fresko der Südwand

Unser erster Blick nach Osten wird von drei *Christusdarstellungen* über der Ikonostasis gefesselt: rechts Christus als Mittler, darüber der Abdruck des Heiligen Antlitzes auf einem Ziegelstein (Keramidín) und links das Mandílion oder das Heilige Tuchbild. Das ist das Christusbild von Edessa, das der Herr einst selbst in ein Tuch gedrückt und dem kranken Fürsten Abgar von Edessa zur Heilung geschickt haben soll. Die Keramidien sind wunderbare Vervielfältigungen dieses Heiligen Mandílions. In diesen Darstellungen liegt eine deutliche Ablehnung des Ikonoklasmus, also der Bilderstürmerei. Wenn man dann in den Altarraum eintritt und nach oben schaut, ist trotz der Zerstörungen noch immer ein großer Teil der *Himmelfahrt* zu sehen: Die staunenden Jünger, die sich zu beiden Seiten scharen, während Engel über ihnen den auferstandenen Christus tragen (Farbbild 21). In den Räumen des Querschiffs finden sich Szenen aus dem Dodekáorton, vor allem eine schöne Geburt Christi, die Darbringung im Tempel, die Verklärung, die Niederfahrt zur Hölle und der Einzug in Jerusalem. Und auf der Südwand steht man von Angesicht zu Angesicht einem herrlichen *Erzengel Gabriel* gegenüber. Seine Gewänder veranschaulichen gut den prächtigen Reichtum des byzantinischen Kaiserhofs. Doch von allen Darstellungen ist vielleicht die Folge erzählerischer Szenen aus dem Leben des *heiligen Georg* am interessantesten. Sie finden sich verteilt über das Kirchenschiff und die nördlichen und südlichen Räume neben dem Sanktuarium: Die Verteilung seines Vermögens, seine Lehrtätigkeit im Gefängnis, seine Zerstörung der Götzenbilder, seine Steinigung und das merkwürdige *Fest des Theopistus,* wobei diese letzte Darstellung für den Historiker der byzantinischen Ikonographie und Hagiologie besonders interessant ist.

Theopistus war ein Bauer in Kappadokien zur Zeit von Theodosius dem Großen. Eines Tages gingen ihm, während er pflügte, zwei Ochsen verloren, und er bat den heiligen Georg, ihm zu helfen, sie wiederzufinden. Er versprach, daß er dann einen von ihnen aus Dankbarkeit schlachten und den Heiligen zum Festmahl einladen würde. Als er aber die Ochsen wiederfand, reute den Theopistus sein unvorsichtiges Versprechen, und er schlachtete statt dessen ein Zicklein. Darauf erschien ihm der Heilige im Traum und warf ihm seine Unbeständigkeit vor. Aber immer noch konnte Theopistus sich nicht dazu durchringen, einen Ochsen zu schlachten, und versuchte, den Märtyrer zunächst mit einem Schaf und dann mit einem Lamm zufriedenzustellen. Doch der Heilige ließ sich nicht erweichen, und nach einigen ähnlichen Vorkommnissen wurde er wirklich böse und befahl dem Theopistus sein ganzes Vieh auf einmal zu schlachten, wenn er nicht selbst mitsamt seiner Familie und all seinem Eigentum vom Feuer verzehrt werden

wolle. Diesmal gehorchte Theopistus, und nachdem er
Arme und Priester eingeladen hatte, an dem Festmahl
teilzunehmen, saß er da und rief immer wieder in die
Nacht hinaus, denn er wartete auf seinen Ehrengast,
den Märtyrer. Endlich erschien der heilige Georg in
Gestalt eines Edelmanns mit großem Gefolge, und als
das Fest vorüber war und alle Tiere aufgegessen, befahl
er, daß alle ihre Knochen zusammengetragen würden,
und segnete sie. Sogleich waren die Tiere wunderbarerweise wiederhergestellt und ihre Zahl verdreifacht;
woraufhin der Heilige verschwand.

Nun sind Darstellungen dieser seltsamen Geschichte
keineswegs ungewöhnlich, was aber gerade diese so
besonders interessant macht, ist, daß sie der frühesten
schriftlichen Quelle, der Ambrosius-Handschrift des
14. Jahrhunderts, um weit mehr als ein Jahrhundert
vorausgeht. Bis zur Entdeckung dieser Fresken hielt man
eine aus dem 15. Jahrhundert stammende Ikone aus dem
Rogozskij-Friedhof in Moskau für die früheste Darstellung der postumen Wunder des heiligen Georg. Episkopí
beweist nun, daß Handschriften, die diese Überlieferung
illustrierten, zumindest schon im 12. Jahrhundert existiert haben müssen.

In der Nachbarschaft von Episkopí gibt es zwei weitere, sehr verschiedene Kirchen, die man zu Fuß erreichen kann. Eine ist mehr etwas für den Gelehrten, die
andere für den Poeten. Die Kirche des Gelehrten sieht
man von der Westtür der Episkopíkirche in ungefähr
fünfhundert Metern Entfernung in einem Winkel von
etwa dreißig Grad südlich von Ágia Kyriakí. Um hinzu-
gelangen, muß man erst abwärts gehen, um dann in
Richtung Stavrí wieder hinaufzuklettern. Erst in unmit-
telbarer Nähe erweist sich ein steinerner Trümmerhaufen als die einfache einschiffige **Kirche des heiligen Pro-**

kópios. In ihrem Innern aber finden sich noch Spuren einer Dekoration, die geeignet sind, den Byzantinisten zu elektrisieren, der dem Blick des Heiligen Antlitzes auf dem Mandýlion von Episkopí hierher folgte. Das Tuch von Edessa war 942 vom siegreichen Johannes Kurkuras nach Konstantinopel gebracht worden. Diese Rechtfertigung der Ikonolatrie (Bilderverehrung) starrt genau auf eines der vier Beispiele für Kirchenmalerei des Ikonoklasmus. Ágios Prokópios bewahrt nämlich Spuren der einfachen Ausmalung mit Kreuzmotiven und ist in die erste Hälfte des 9. Jahrhunderts, die allerletzte Zeit des Ikonoklasmus, zu datieren.

Die Kirche des Poeten, unter dem Namen **Vlachérna** bekannt, liegt beinahe unmittelbar unter dem Platz, wo man den Wagen geparkt hat, halbwegs zwischen den beiden Türmen und dem Meer. Der steile Abstieg auf unbenutzten Maultierpfaden dauert etwa fünfzehn Minuten. Die Vlachérna steht heute in einem ebenso traurigen Zustand da, wie Episkopí vor der Restaurierung (Farbbild 24). Ein wenig größer, ist sie ungefähr zur gleichen Zeit und in ähnlichem Stil gebaut wie Episkopí, hat aber keine vergleichbaren Fresken (zumindest sind noch keine entdeckt worden) und ist schrecklich heruntergekommen. Ihre aus großen Steinblöcken gefügten Mauern sind eher solide als elegant, ihre Kuppel ruht auf hohen und graziösen Bögen, doch sind ihr schon lange die Dachziegel abhanden gekommen. So bleibt ein rührend lächerlicher Eindruck, fast als ob die alte und kahlköpfige Königin Elisabeth I. mit makelloser Halskrause aber ohne ihre Perücke bei Hofe erschienen wäre. Und doch, gerade die Verlassenheit und Melancholie dieser vergessenen Kirche in einem so schönen Rahmen würden Byron oder Shelley gewiß zu Versen inspiriert haben, die Burne-Jones mit Vergnügen illustriert hätte.

Sie steht in einer wundervollen Wildnis aus immergrünen Eichen und wilden Blumen, die den ganzen Kirchhof überwuchern. In der Nähe steht ein halbverfallener Turm; nur noch zwei Stockwerke sind vorhanden, doch sein großes Kellergewölbe ist intakt. Und nichts kann den großartigen Blick von dort aus zerstören, der über die ganze Bucht von Mézapos im Osten bis hin nach Tigáni im Westen reicht.

Dies Trio von Kirchen bei Mézapos ist jedoch nur ein winziger Bruchteil der byzantinischen Kirchen des Cávo Grósso. Wollte man sie alle – wenn auch nur flüchtig – besuchen, so würde man viele Tage brauchen, und eine adäquate Beschreibung würde ein ganzes Buch für sich erfordern. Doch kann man unmöglich nach Gerolimín hinunterfahren, ohne wenigstens noch drei weitere gesehen zu haben. Die erste davon ist nicht weit von Episkopí in **Gardenítsa**. Das kleine Dorf liegt nur wenig abseits der Hauptstraße nach Kítta zwischen den Abzweigungen nach Mézapos und Ágios Geórgios. Seine dem Erlöser geweihte Kirche, *Hagios Sotíras,* stammt aus dem frühen 11. Jahrhundert und veranschaulicht bedeutende Neuerungen im Kirchenbau. Sie ist eines der ältesten Beispiele in der Mani für die Entwicklung des frühen kreuzförmigen Grundrisses zum einfachen Zweisäulentyp (Farbbild 27). Sie zeigt zum erstenmal die Verwendung von Ziegeln und damit die ins Mauerwerk eingelassene Muster und die Cloisonnétechnik, von der wir entwickelte Formen bereits in der Hagia Varvára in Érimos und in der Tourlotí gesehen haben. In Gardenítsa sind große, behauene Steine von irgendwelchen älteren Bauten beim Bau der Mauern verwendet worden. Die T-förmigen Muster, zu denen einige davon gefügt sind, sind die frühesten Beispiele von kufischen Buchstaben als einem Charakteristikum der Au-

Gardenítsa, Hagios Sotíras

ßendekoration maniotischer Kirchen. Sie ist auch eine
der beiden Kirchen der Mani, die eine Vorhalle mit eige-
ner Kuppel haben. Der schöne Bau wurde wahrscheinlich
im 12. Jahrhundert im Westen angefügt. Die ganze Kirche
ist sehr anziehend, besonders wenn man sie von Westen
gegen den Hintergrund des großen kahlen Bergkegels
Ágia Pelagía sieht. Gardenítsa lohnt einen Besuch auch
für denjenigen, der sich nicht so sehr für die Feinheiten
byzantinischer Kirchenarchitektur interessiert.

Die anderen beiden Kirchen hatten wir bereits auf
unserer Wanderung nach Süden über den Höhenrücken
des Cávo Grósso ausgemacht: Hagios Joánnis in **Kéria**
und Hagios Nikólaos in Ochiá. Kéria ist ein winziges
Dorf zwischen Ochiá und Koúnos, und der Weg dorthin,
der teilweise über unbefestigte Straßen führt, ist nicht
leicht zu finden. Wenn man in ein Dorf kommt, in dem
ein riesiges Kanonenrohr am Wegrand liegt, so ist man
infolge eines fast unmöglich zu vermeidenden Irrtums
nach Drý geraten und muß wieder neu nach dem Weg

fragen. Doch wenn man Kéria endlich gefunden hat, ist
es faszinierend (Farbbild 26). Die Kirche ist ein schönes
Beispiel für den komplizierten Viersäulentyp der Kreuzkuppelkirche des 13. Jahrhunderts. Was ihr aber die
besondere Note gibt, ist weniger ihr architektonischer
Grundriß, als das bizarre Erscheinungsbild ihrer Mauern, die eine erstaunliche Anzahl alter Marmorspolien
und Reliefs enthalten. Denn obwohl wir Ähnliches
schon gesehen haben, z. B. die Diophantesinschrift in
der Westwand von Hagios Theodóros in Vámvaka, war
das alles nichts im Vergleich mit Hagios Joánnis, in
dessen Süd- und Westmauern weit mehr als ein Dutzend
solcher Steine, manche davon sehr groß, eingelassen
sind. Es sind sowohl antike als auch byzantinische
Stücke. Die ersteren stellen eine greifbare Parallele dar
zu der Anpassungsfähigkeit, mit der das Christentum
sich heidnische Kulte in seine Heiligengeschichten ein-
verleibt hat. Man findet aber auch ausgezeichnet gear-
beitete Platten mit verschlungenen Mustern oder Kreuz-
blumenmotiven, die offensichtlich von den Ikonostasen
früherer Kirchen stammen. Da ist ein kleines antikes
Relief von einem Mann mit seinem Hund in der oberen

Gardenítsa, Haustein- und Ziegelmauerwerk (Cloisonnétechnik)

Kéria, Hagios Joánnis, vermauertes antikes Grabmal

rechten Ecke der Westwand; ein ähnliches von einem
Reiter links von der Tür, und zu ihrer Rechten ein
riesiger, horizontal vermauerter Grabstein, der zwei
Männer und zwei Frauen darstellt, die einander die
Hände reichen. Doch sonderbar, obwohl die Kirche
selbst schön proportioniert ist, hat man wenig Wert
darauf gelegt, diese so unterschiedlichen Marmorspolien symmetrisch anzuordnen. Sie scheinen einzig und
allein als brauchbares Baumaterial angesehen und mehr
oder weniger absichtslos, wie es sich eben ergab, eingemauert worden zu sein.

Hagios Nikólaos in **Ochiá** liegt nur ungefähr einen
Kilometer südlich von Kéria. Die Kirche ist leicht zu
erkennen, sie steht im Schatten eines großen Campanile
für sich allein in der Landschaft. Der dreistöckige, quadratische Glockenturm mit dem pyramidenförmigen
Dach wetteifert mit dem von St. Michael in Areópolis.

Die Kirche wurde im 12. Jahrhundert errichtet, der Campanile erst 1861, doch scheint ihrer beider stilistische Unvereinbarkeit ihnen gegenseitig nur zum Vorteil zu gereichen. In der Anlage und in der Technik des Mauerwerks ist Hagios Nikólaos sehr eng mit Hagios Sotíras in Gardenítsa verwandt. Wenn man aber einmal absieht von ein oder zwei interessanten Besonderheiten, wie zum Beispiel den gotischen Tierfratzen, in denen die Wasserspeier an der Kuppel enden, so sind es vor allem das Gesamtbild und der landschaftliche Rahmen, was die Kirche von Osten gesehen so eindrucksvoll macht. Sie steht vor der Kulisse der gewaltigen Geländestufe zum westlichsten Höhenrücken des Cávo Grósso. Deren fast senkrechte Felswände lassen die hohen Türme des Dorfes klein erscheinen, und ihr Schatten läßt den Abend früh hereinbrechen (Farbtafel 28).

Kéria, Hagios Joánnis, Reiter

In Ochiá sind wir in der Südwestecke des Cávo
Grósso, und wenn wir so weit wie möglich genau nach
Süden fahren und dann zu Fuß weitergehen, erreichen
wir nach ungefähr einem Kilometer von der Kirche aus
die südlichen Klippen. Allerdings blicken sie hier fast
nach Südosten, weil wir bereits jenseits der Stelle sind,
an der die Küste sich abrupt nach Nordosten wendet,
ehe sie dann in südöstlicher Richtung weiter hinunter
nach Matapán verläuft. Von hier aus ist die ganze Küste
zu sehen bis hin zu der großen Landzunge von Matapán,
die ungefähr sieben Kilometer vor uns im Dunst schimmert. Der Blick ist superb, der Absturz vor uns schwindelerregend. Als wir das letzte Mal zu dieser Stelle gingen und drei junge Mädchen in schwarzen Kleidern auf
dem äußersten Rand der Felsen knien sahen, waren wir
überrascht und erschrocken. Alle möglichen verrückten
Ideen schossen uns durch den Kopf. Es war gerade die
Zeit, als die Zeitungen voll waren von Berichten über
Massenselbstmordepidemien in Amerika. Während wir
noch bemüht waren, die private Andacht der drei nicht
zu stören, war es uns doch eine große Erleichterung,
als die Mädchen endlich aufstanden, etwas aus ihren
Körben die Klippen hinunterwarfen und sich umdreh-
ten, um nach Hause zu gehen. Wir entschuldigten uns
ziemlich unbeholfen, daß wir unwillentlich zu Zeugen
so privater Dinge geworden waren, doch sie waren weder peinlich berührt noch ärgerlich, mit ihren tränen-
überströmten Gesichtern gesehen zu werden. Es war der
Jahrestag von ihres Vaters Tod, erklärten sie uns. Sein
Fischerboot war vor drei Jahren an diesen Klippen zer-
schellt, und sie waren seitdem jedes Jahr von Gerolimín
hier heraufgekommen, um seiner zu gedenken und ihre
Opfergaben ins Meer zu werfen.

KAPITEL IV

Gerolimín, Boularií und die ›unglückliche Braut‹

DER KLEINE Fischerort **Gerolimín**, Heiliger Hafen, ist der beste Ausgangspunkt für die Erkundung der südlichen Teile der Mani. Er hat zwei freundliche und anspruchslose Hotels (die einzigen südlich von Pýrgos), und diese samt drei oder vier Läden, einem Postamt, einer Polizeistation und etlichen Kafeneíons machen ihn für die Innere Mani zu einer Art Metropole. Der Tourismus hat ihn zum Glück wenig verdorben, bringt aber doch langsam etwas zurück von dem Wohlstand, der durch die rasche Entvölkerung der Mani nach dem letzten Krieg verlorengegangen war. Ein Stand mit bunten Postkarten vor einem der Lebensmittelläden und ein Schild, das für Kodakfilme wirbt, sind ein schwacher Abglanz der Schrecken, die die Kommerzialisierung über Mýkonos hereinbrechen ließ. Hier gibt es nichts, was ablenkt von der ungekünstelten Schönheit des kleinen Hafens mit den paar am Kai vertäuten Fischerbooten, den täglich zum Trocknen in der Sonne ausgebreiteten Netzen und der dramatischen Felskulisse, die senkrecht aufsteigt und die kleine Bucht bis ans äußerste Ende begleitet.

Heute hält man es für ganz selbstverständlich, daß Gerolimín sich zu einem Hafen entwickeln mußte, der den Süden des Cávo Grósso versorgte, ganz wie Méza-

pos den nördlichen Teil. Doch in der Tat ist Gerolimín
als Hafen nicht annähernd so sicher wie Mézapos, und
seine kommerzielle Entwicklung im späten 19. Jahrhundert verdankt es ausschließlich dem Reichtum und der
Energie eines einzigen Mannes. Mézapos war – wenn
auch vielleicht mit Unterbrechungen – seit beinahe drei-
tausend Jahren ein Hafenort gewesen, als ein reicher
Mann aus Sýros Gerolimín in den Siebziger Jahren des
19. Jahrhunderts zu seinem Rivalen machte. Aber selbst
da wählte er Gerolimín nur als zweitbesten Platz, nachdem ihn die Familie Grigorakákis aus Pórto Kágio, das
seine erste Wahl gewesen war, vertrieben hatte. 1870
war hier nichts vorhanden außer ein paar verstreuten
Häusern und einem Kiesstrand, auf den man die Boote
aus dem Meer ziehen konnte. Um 1880 aber zogen die
neuen Molen alle Küstendampfer, die zwischen dem
Piräus und Kalamáta verkehrten, an. Noch in den Fünf-
ziger Jahren unseres Jahrhunderts, als dieses Gedicht –
eine lokale ›sátira‹ – geschrieben wurde, liefen die
Schiffe ein. Das Gedicht mutet einen allerdings heute an
wie eine verblaßte Vignette aus viel weiter zurückliegen-
den Zeiten:

> Des Samstags, wenn der Dampfer kommt
> in den Hafen von Gerolimín,
> dann finden sich alle Mädchen ein,
> um dort spazierenzugehn.
>
> Sie kommen aus ihren Dörfern herab,
> geschmückt und im raschelnden Kleid;
> manch neuer Rock, manch hübscher Putz
> erweckt der anderen Neid.
>
> Auch Jungvermählte sind dabei
> und Witwen, geschiedene Fraun
> sie kichern und lachen und werden gesehn
> und wollen auch selber schaun.

Sie fahren in kleinen Booten zum Schiff
und kaufen etwas aus Seide
und vielleicht einen neuen Petticoat
und ein kleines, buntes Geschmeide.

Die Väter und Brüder handeln derweil –
der Preis steht ja nicht gleich fest –,
doch die Mitgift bestimmt, ob der Ehevertrag
sich überhaupt schließen läßt.

Nur Mädchen mit Geld verloben sich hier.
Junge Helden sind nun mal rar,
und wird der rechte Preis nicht gezahlt,
so hilft auch kein lockiges Haar.

Dann gehen die Hübschen mit leerer Hand
in ihre Dörfer zurück;
allein zu bleiben ein Leben lang,
ist dann ihr trübes Geschick.

Aus der Mani alle die Mädchen
spazieren durch das Städtchen ...

Verantwortlich für Gerolimíns Aufschwung war ein gewisser *Michális Katsimantís,* der im nahegelegenen Kipoúla geboren war. Dies war zwar nur eine von vielen geschäftlichen Unternehmungen dieses Wirtschaftsmagnaten, doch muß es außerordentlich befriedigend für ihn gewesen sein, seine wirtschaftliche Macht so nah seinem Heimatort zu entfalten, denn er war als junger Mann arm von dort vertrieben worden. Warum, wird nicht berichtet. Er war aber wohl eher ein ›achamnómeros‹ als ein Niklier, und die noch immer feudale Gesellschaftsordnung der Mani bot auf dem Felde der Begabungen, die dieser junge Mann offensichtlich besaß, wenig Aussichten. Jedenfalls war es das Beste, was ihm passieren konnte. Er brach also auf, sein Glück zu machen, und segelte zur Insel Sýros, die damals das Zentrum des Handels in der Ägäis war. Bei einer europäischen Firma, die sich mit dem Handel in Farben befaßte, bekam er eine Stelle. Infolge seiner ungewöhnlichen Kombination von Intelligenz, Fleiß und Ehrlichkeit arbeitete er sich aus dem Nichts hoch, bis er ein beträchtliches Vermögen angesammelt hatte und selbst der größte Farbenhändler der Levante geworden war. Er führte ein großes, kultiviertes Haus in Ermoúpolis, dem Haupt- und Hafenort der Insel. Als einmal einer seiner früheren Widersacher wegen eines Sturmes in den Hafen einlaufen mußte, nahm Katsimantís auf schmerzlos liebenswürdige Weise Rache. Er lud den Mann ein, in seinem Hause zu wohnen, bewirtete ihn mit besonderer Großzügigkeit, und erst als sein Gast nach vielen Tagen abreiste, erwähnte Katsimantís seine Verbannung. »Was habt Ihr Kipoúlaleute nun davon gehabt, daß Ihr mich vertrieben habt«, fragte er. »Dabei ist nur herausgekommen, daß ich es zu Ansehn und Reichtum gebracht habe. Mein Karfreitag ist üppiger als Euer Osterfest!« Das war ein Satz, der sehr wohl darauf berechnet war, in Mani wiederholt zu werden und sich dem Gedächtnis einzuprägen. Schade, daß der abreisende Gast ihn nicht mit Artigkeit entgegennehmen konnte, doch Erfolg ist schwer zu verzeihen. Der Dank, den Katsimantís für seine Gastfreundschaft erntete, war eine grobe Beleidigung, die die weniger anziehende Seite maniotischen Stolzes zeigt: »Mein Misthaufen in Kipoúla ist mehr wert als Dein ganzes kostbares Sýros.«

Noch heute kann man Katsimantís' originale Kauf- und Lagerhäuser mit ihren schönen Gewölben sehen, und zwei Molen tragen noch seinen Namen. Doch trotz all seiner Verdienste um das Gemeinwesen ist es ein anderer Name, der Gerolimín und die ganze nähere Umgebung beherrscht: *Mantoúvalos,* der Name der

Feudalherren aus dem nahen oberen Boularií, das an den Ausläufern des Eliasberges (Oxovoúni), ungefähr zwei Kilometer nordöstlich des kleinen Hafenstädtchens liegt. Der winzige Marktplatz von Gerolimín ist nach dem Major Panagiótis Mantoúvalos benannt. Eine Büste mit einer Inschrift erinnert an sein Heldentum in dem schrecklichen albanischen Krieg von 1941. Er war ein würdiger Nachfahre seiner Ahnherren, die mehr als hundert Jahre früher im Unabhängigkeitskrieg gekämpft hatten. Über die Ursprünge dieser vornehmen Familie ist jedoch sehr wenig bekannt. Man kann sich kaum auf die byzantinische Abstammung verlassen; sie wird auch von vielen anderen maniotischen Familien in Anspruch genommen. Pouquevilles Bericht über ein Ereignis aus dem Jahre 1786 scheint die erste zuverlässige Erwähnung ihrer Vormachtstellung in dieser Gegend zu bringen. Damals erlitt ein französisches Schiff, die ›Le Sacré Cœur de Jésus‹ bei Gerolimín Schiffbruch. »Der Kapitän und seine Mannschaft wurden nach Boularií geleitet, das dem Ilías Mantoúvalis gehörte«, schreibt der französische Reisende und fügt dem einen knappen Bericht hinzu, der sich mit der außerordentlichen Tüchtigkeit der Dorfbewohner in einer bestimmten Tätigkeit befaßt, die englischen Lesern aus ›Jamaica Inn‹ bestens bekannt ist. Und damit sah der gute Kapitän offensichtlich zum letzten Mal Ladung und Schiff. »Das Schiff selbst, die Taue, die Takelage und sogar die Masten wurden alle in Stücke geschnitten, durch das Los verteilt und dann auf die Rücken der Frauen gepackt, die alles nach Hause in ihre Vorratstruhen schleppten.« Keine Invasion von roten Ameisen hätte gründlicher aufräumen können. ›Le Sacré Cœur de Jésus‹ hätte nicht vollständiger verschwinden können, wenn sie auf dem Grunde des Atlantik läge.

Zu jener Zeit und sogar noch den größten Teil des
19. Jahrhunderts lag der Hafen etwa zwei Kilometer
südlich von Gerolimín, dort, wo sich die kleine Küstenebene sacht zu einer einfach ›Giáli‹, der Strand, genannten Bucht hin senkt. Dieser alte Hafen ist heute gänzlich
verlassen, aber leicht zu erkennen an ein paar verfallenen Windmühlen, einer kleinen steinernen Kirche und
den Grundmauern eines Turmes; von ihr kontrollierten
die Mantoúvali die Liegeplätze der Schiffe und trieben
von jedem, der dort ankerte, Hafengebühren ein. Hier
war der Schauplatz einer Begebenheit, die zum Krieg
zwischen den Mantoúvali und dem großen *Mavromi-
chális-Clan* führte. Die Mantoúvali waren ebenso fanatisch auf Giáli versessen wie die Sássarianischen auf
Mézapos. Als nun Katsákos Mavromichális und sein
Neffe Voidís eines Tages ihre Schoner dort vor Anker
legten und sich weigerten, die Gebühr zu zahlen, gab es
Ärger. »Du kannst doch von mir keine Hafengebühren
verlangen«, rief der stolze Mavromichális, »ich bin
Katsákos!« Doch schon kletterten die Wachmannschaf-
ten aus dem Turm von allen Seiten in überwältigender
Anzahl über die Bordwände des Schoners, und der wü-
tende Katsákos konnte sie nicht daran hindern, daß sie
sich seiner Ladung bemächtigten. Allerdings waren sie
– wenn auch nach ihren eigenen Aussagen – peinlich
bemüht, nicht mehr zu nehmen, als zur Deckung der
Hafengebühr nötig war. Natürlich war es undenkbar,
daß Katsákos diese Beleidigung hinnehmen würde. Es
dauerte nicht lange, bis er über Land von Tsímova
aus einige seiner Gefolgsleute und eine große Kanone
heranbrachte, um die Mantoúvalos-Festung in Boularií
anzugreifen. Die drei Brüder Mantoúvalos verschanzten
sich sofort in ihrem Turm. Die Belagerer bezogen bei

der kleinen Kirche, der Panagítsa, gerade gegenüber Stellung. Katsákos verlangte von den Belagerten, sich zu ergeben und Schadenersatz zu leisten für die Waren, die sie sich von seinem Schoner geholt hatten. Eine Flut von Beleidigungen und eine Gewehrkugel, die ihm den Fes vom Kopf riß, waren die Antwort. Dann begann die Schlacht.

Der Turm der Mantoúvali war zwar stark und gut verteidigt, aber Mavromichális' Truppen hatten Verstärkung bekommen durch die einheimischen Feinde der Verteidiger sowohl innerhalb als auch außerhalb des Clans, und so wurden die drei Brüder hart bedrängt. Doch liefen sie nicht Gefahr, ohne Nachschub zu bleiben. Ihre Frauen eilten ständig hin und her und brachten Munition sowie Erfrischungen zum Turm. Nach den Regeln des Kriegsrechts waren solche unbewaffneten weiblichen Hilfskräfte nicht in Gefahr, absichtlich beschossen zu werden. Denn diese Art der Kriegsführung war nur eine gefährliche Form von Sport. Sie hatte ihre eigenen Regeln, und die rauhen Aristokraten der Mani waren ebenso gewissenhaft darin, sie zu befolgen, wie jeder Ritter im Mittelalter oder ein Junker beim Duell. Und auch sie hatten, wie jene, ihre schwachen Stellen. Als Voidís Mavromichális die schöne Eléni Mantoúvalos sah, wie sie sich mit frischem Munitionsvorrat für ihre belagerten Brüder heldenhaft durch die Wolken von Pulverdampf schlug, wurde sein Herz von einem Pfeil durchbohrt, gegen den es keinen Widerstand gibt, genauso wenig wie gegen eine todbringende Gewehrkugel.

»Meine Dame«, rief er ihr zu, »Ihr gefallt mir sehr. Erlaubt Ihr, daß ich Eure Brüder sehe und mit ihnen spreche?« Und offensichtlich war die Neigung gegenseitig. »Gewiß«, rief sie zurück, »meine Brüder fürchten Euch nicht. Wenn Ihr Lust habt, ohne Waffen hervorzu-

treten, so kommt zum Turm.« Dann rief sie zu ihren
Brüdern hinauf, daß sie ihn empfangen sollten. Einer
von ihnen war so berauscht vom Kampf, daß er Voidís
oben am Turm erhängen wollte, doch die beiden anderen waren vernünftiger, und nach einer kurzen Unterre-
dung erschien Voidís unversehrt wieder, um den Angriff
abzublasen und seinen Onkel zu beschwichtigen; dem
fiel es allerdings schwer, das Loch in seinem Fes ungerächt zu lassen. Die Verlobung wurde sofort gefeiert,
und nachdem sie den Kampf ebenso jäh abgebrochen
wie begonnen hatten, überboten sich nun die beiden
Familien bei einem gargantuelischen Fest, das viele Tage
dauerte und in dessen Verlauf die Hochzeitszeremonie,
wie es sich gehört, stattfand. Voidís kehrte nach Tsímova zurück als Schwager des Mannes, den zu töten er
ausgezogen war.

So jedenfalls lautet die Geschichte, wie sie von einem
Urgroßvater der heutigen Mantoúvalos-Generation erzählt und ausgeschmückt wird. Mögen auch manche
Details recht phantastisch klingen, es gibt andere Quellen, die die Hauptzüge bestätigen: den Streit zwischen
den beiden Familien Mantoúvalos und Mavromichális
über die Hafengebühren, die Kriegserklärung und die
glückliche Versöhnung auf Grund einer Heiratsverbin-
dung. Der Turm steht noch mitten im Dorf, wo er leicht
zu finden ist. Die kleine Straße, die – wenn man von
Norden kommt – scharf links von der Umgehungsstraße
abzweigt, kurz hinter der rechts abgehenden Zufahrt
nach Gerolimín, bringt einen nach ungefähr zwei Kilometern geradewegs nach **Áno Boularíí**. Die kleine Kirche der Panagítsa liegt dort links der Straße, und zur
rechten droht der *Mantoúvalos-Turm,* der angeblich
nach der Schlacht auf Kosten des Bräutigams – wie es
im Ehekontrakt vereinbart war – wiederhergestellt

wurde (Farbbild 29). Man kann die jetzige Familie Mantoúvalos nur wärmstens beglückwünschen, daß sie einen so schönen Turm vom Typ des späten 18. und frühen 19. Jahrhunderts besitzt und bewahrt, einen großen festen und quadratischen Turm von ungefähr achtzehn Metern Höhe. An den Ecken unter dem flachen Dach ist er eindrucksvoll befestigt, und auch die Tafel, die das Datum der Wiederinstandsetzung im Jahre 1811 vermerkt, ist noch vorhanden.

Ungefähr dreißig Meter oberhalb dieses Turmes befindet sich ein weiterer, der *Anemodourá-Turm*. Er ist zwar nicht, wie allgemein behauptet wird, mittelalterlich, kann aber in seinem Ursprung durchaus auf die Zeit um 1600 zurückgehen und ist der früheste erhaltene seiner Art in der Mani. Die Bauart ist im Grunde die gleiche wie bei der Mantoúvalos-Festung: ein hoher Turm steht am Ende eines langen, schmalen, zweistöckigen Wohnhauses, ist jedoch hier aus riesigen Steinen in Trockenmauerwerk errichtet. Der Turm verjüngt sich nach oben und hat nur ganz kleine Schießscharten. Er versetzt uns in die Zeit zurück, als die großen Niklierfamilien der Mani dem Carlo Gonzaga aus Mantua, Herzog von Nevers, ihre Dienste zur Verfügung stellen wollten. Der hätte gern ihre Sache gegen die Türken verfochten und den verlorenen Glanz von Byzanz wiederhergestellt. Dies kleine Dorf war offensichtlich damals ein Platz von einiger Bedeutung. In dem Verzeichnis der Streitkräfte, das dem ›Neuen Paläologen‹ gesandt wurde, um ihn in seinen Bemühungen zu ermutigen, ist Boulariís Kontingent halb so groß wie das des stattlichen Kítta und weitaus zahlreicher als die meisten anderen. Die beiden Türme sind begeisternd. Zu diesen unmittelbar auffallenden Bauten gesellen sich aber noch weitere. Sie alle machen das obere Boularií zu einem der

sehenswertesten Dörfer der Mani. Das untere und das
obere Boularí haben zusammen nicht weniger als 21
Kirchen, deren Bauzeiten vom 10. bis zum 18. Jahrhundert reichen. Die meisten davon sind mehr oder weniger
verfallen, doch sind darunter zwei außerordentlich in-
teressante und bedeutende: Hagios Strátigos und Hagios Pantaleímon.

Boularí, Hagios Strátigos

Die Straße führt an den beiden Türmen vorüber steil
hinauf zur modernen Dormitio-Kirche und weiter
bergan, bis sie schließlich bei einer ziemlich schlecht
erhaltenen mittelalterlichen Kirche und ein oder zwei
alten Häusern, die am Abhang darüber in einem Dik-
kicht von Geranien und indischem Feigenkaktus liegen,
endet. Von hier oben aus ist der Blick zum Meer wundervoll, über die Türme der beiden Dörfer zum Hafen
von Gerolimín und auf die südliche Felsküste des Cávo
Grósso. Während wir in den Anblick versunken waren,
waren wiederum wir der Gegenstand der Betrachtung
von zwei älteren Frauen in Schwarz, die von ihren unmittelbar über uns gelegenen Gärten herabblickten. Sie
bestätigten uns, daß wir an der richtigen Stelle waren,
um *Hagios Strátigos* zu besuchen, doch sie erklärten,
daß die Kirche verschlossen und niemand mit einem
Schlüssel dazu im Dorf sei. Wir müßten uns deshalb an
die Polizeistation von Gerolimín wenden.

Es war ärgerlich, des Schlüssels wegen nach Gerolimín zurückkehren zu müssen, aber es war eine gute
Nachricht, daß die Kirche abgeschlossen war, denn sie
enthält den vollständigsten Freskenzyklus von allen maniotischen Kirchen. Wir konnten jetzt wenigstens das
Äußere sehen, und nachdem uns die beiden gastfreundlichen alten Damen ein Glas mit einer feurigen Flüssigkeit

und ein paar Lupinensamen aufgenötigt hatten – wobei
sie aufs Höchste interessiert waren, die Preise für Weintrauben und Oliven in Gerolimín mit denen in London
zu vergleichen – gingen wir ihren Anweisungen folgend
den kleinen Pfad hinunter, der hinter der Kirchenruine
vorbeiführte und nach etwa hundert Metern in einem
kleinen Gebirgstal zwischen hohen, kahlen Bergkegeln
endete. Genau auf dem höchsten Punkt eines dieser
Berge stehen – kaum zu glauben – Turmhäuser. Die
Kirche jedoch schmiegt sich bequem ins Gelände nahe
der Talsohle, wo ein kleiner Bergbach während der Win-
terstürme in Aufruhr gerät. Es gibt dort genügend
Grundwasser für ein paar Olivenbäume und eine duf-
tende Wildnis aus Kamille und Salbei zwischen den
Grabsteinen. Schon beim ersten Anblick von Hagios
Strátigos (St. Michael) war uns klar, daß sie aus derselben Zeit stammen muß, wie Hagios Sotíras in Gardenítsa, der sie so sehr ähnlich sieht. Wie diese gehört
sie zu den frühesten Experimenten mit dem einfachen
Zweisäulentyp der Kreuzkuppelkirche, der in das frühe
11. Jahrhundert gehört (Farbbilder 30-32). Bei beiden
Kirchen sind Schiff und Narthex gemäß der alten Tradition der Basilika unter einem Gewölbe vereinigt, und die
mit nur einer Öffnung versehenen Fenster von Hagios
Strátigos mit ihren oberen Abschlußbögen stehen in der
gleichen Tradition. Es gibt hier noch weitere primitive
Züge: die waagerechte Dachkante der schlecht belichte-
ten Kuppel und die drei Apsiden auf der Ostseite, deren
äußere Kontur dem halbrunden Typus angehört. Sogar
in Hagios Sotíras hatten wir doch schon Apsiden gesehen, die fünf Seiten eines Zwölfecks (Mittelapsis) oder
drei Seiten eines Sechsecks (Seitenapsiden) zeigten. An
beiden Kirchen sehen wir die ersten Versuche mit Ziegel-
dekorationen und die Anfänge der Cloisonné-Technik.

Es zeigt sich, daß sie eine viel exaktere Bearbeitung der
Steine zu Quadern erforderte, als man sie auf einfache
Art mit den örtlichen Kalksteinen bewerkstelligen
konnte. Das führte dazu, daß leichter zu bearbeitende
Materialien importiert wurden. Wo jedoch, wie hier,
das am Ort vorhandene Material noch verwendet
wurde, wird man für die Unregelmäßigkeit des Mauerwerks entschädigt durch die hübsche polychrome Wirkung von Schichten kräftigen, purpurfarbenen Kalk-
steins, der in waagerechten Bändern verlegt ist. Und
wenn auch die Ziegelmuster an St. Michael verhältnismäßig einfach sind und wenn es da auch keine Versuche
mit kufischen Buchstaben gibt, wie sie die Gliederung
der drei Apsiden von Hagios Sotíras so vorteilhaft beto-
nen, so bleiben doch die Grundstrukturen der beiden
Kirchen fast identisch, bis hin zur Anfügung von Vorhal-
len mit Kuppeln – die einzigen Beispiele in der Mani –
im 12. Jahrhundert (vgl. Farbbild 27).

Nachdem wir das Äußere gesehen hatten, waren wir
bestrebt, die Schlüssel zu bekommen, doch das war
leichter gesagt als getan. Bei wiederholtem Vorsprechen
in der kleinen Polizeistation von Gerolimín zu verschiedenen Zeiten des nächsten Tages trafen wir die Beamten
entweder, wenn sie sich gerade zum Schlaf hinlegten
oder wenn sie eben im Aufstehen begriffen waren, jedenfalls ohne ihre langen Hosen, aber voller guter Absichten, die Schlüssel aufzutreiben, wenn wir nur später
wiederkommen würden. Vermutlich hofften sie, daß wir
aufgeben würden, doch als wir insistierten, gaben sie
schließlich zu, daß sie ihren Schlüsselbund verloren hatten, oder sie taten so, als hätten sie ihn verloren, um
sich die Mühe zu sparen, uns zu begleiten. Sie verwiesen
uns stattdessen an den Priester eines entlegenen Dorfes
mitten im Cávo Grósso, und als wir es endlich fanden,

war der gute Mann gerade unterwegs zu einer Beerdigung in Mézapos und würde an dem Tag nicht mehr zurückkommen. Wir hinterließen jedoch eine Botschaft und, wie so oft in Griechenland, wenn eine anscheinend einfache Angelegenheit überhäuft wird mit byzantinistischen Schwierigkeiten, wird alles am Ende in überwältigendem Maße aufgewogen. Als wir am nächsten Tag mit dem Priester von Eliá Verbindung aufgenommen hatten, segneten wir die Polizei dafür, daß sie uns nicht unterstützt hatte, denn dadurch waren wir an den freundlichsten und reizendsten Menschen geraten. Obwohl er ein sehr beschäftigter Mann war, dessen Gemeinde das ganze Gebiet des Cávo Grósso und von Kap Matapán umfaßte, und der für fast jeden Tag des Jahres eine andere Kirche zur Verfügung hatte, wenn er wollte, bot er sofort an, uns nach Hagios Strátigos zu begleiten. So kam es, daß wir die *Fresken* dieser Kirche mit Augen betrachteten, die in ihnen mehr als nur schöne Kunstwerke sahen.

Das erste Problem war allerdings, überhaupt etwas zu sehen. Zwar erhielt der Narthex eine gewisse Beleuchtung durch die offene Tür, doch drang so gut wie gar kein Licht in das Kirchenschiff oder in die drei Apsiden am Ostende. Bis wir unsere starken Taschenlampen aus dem Auto geholt hatten, konnten wir nur fühlen, wie uns Hunderte von Augen in der Düsternis beobachteten. Als wir dann aber die Kirche mit künstlichem Licht überfluteten, erwachten alle die Wände und Decken plötzlich in der Pracht ihrer Farben aus dem 12. Jahrhundert zum Leben, so daß es wirklich atemberaubend war. An den Wänden des Kirchenschiffs entlangzugehen, war wie eine Inspektion der noblen Armee von Märtyrern und Kriegerheiligen bei der Parade. Wir standen den lebensgroßen Heiligen der unteren Wand-

Die Wandgemälde der Kirche Hagios Strátigos
(Erzengel Michael) in Boularií

*(Die arabischen Ziffern beziehen sich auf die früheren Gemälde
aus dem 12. Jahrhundert, die römischen Ziffern auf die späteren
Gemäldeschichten aus dem 13. und 14. Jahrhundert.)*

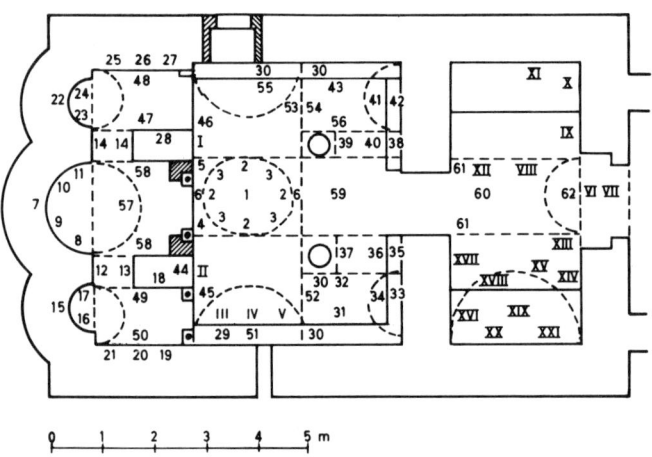

I. Christus	XII. Deësis
II. Muttergottes	XIII. Hl. Cyriaca
III. Erzengel Michael	XIV. Hl. Nikon
IV. Hl. Babylas	XV. Christus
V. Hl. Georg	XVI. Hierarch
VI. Inschrift	XVII. Erzengel
VII. Weiblicher Kopf	XVIII. Christus vor Pilatus
VIII. Jüngstes Gericht	XIX. Verrat des Judas
IX. Hl. Thekla	XX. Prophet Elia
X. Hl. Nikolaus	XXI. Tötung eines Drachen
XI. Engel	

1. Pantokrator
2. Seraphim
3. Propheten
4. Hl. Matthäus
5. Hl. Johannes
6. Engelskopf
7. Die Jungfrau Maria
8. Hl. Nikolaus
9. Hl. Basilius
10. Hl. Johannes
    Chrysostomus
11. Hl. Polykarp
12. Hl. Gregor der Große
13. Hl. Gregorius, ›Apostel
    von Armenien‹
14. Hierarchen
15. Hl. Theodosius der
    Zönobiarch
16. Hl. Tarasius
17. Hl. Blasius
18. Hl. Eleutherius
19. Hl. Epiphanius
20. Hl. Athenogenes
21. Hierarch
22. Hl. Georg
23. Hl. Leo Thaumaturgus
24. Hl. Leo der Große
25. Hl. Proclus
26. Hl. Gregor von Nazianz,
    ›der Theologe‹
27. Hl. Therapontes
28. Hl. Agathangelus
29. Hll. Anempodistus, Aphtonius
    und Elpidephorus
30. Lebensgroße Kriegerheilige
31. Hll. Eustratius, Auxentius
    und Mardarius
32. Hll. Orestes und Eugenius
33. Hl. Pachomius
34. Hl. Thekla,
    Protomärtyrerin

35. Hl. Anastasia
36. Hl. Hermolaus
37. Hl. Pantaleon
    (Pantaleímon)
38. Hl. Parasceve
39. Hl. Cosmas
40. Hl. Damian
41. Hl. Polychronia
42. Weibliche Heilige
43. Hll. Gurias, Abibus und
    Samonas

*Erzählende Szenen aus dem
Leben Christi und aus dem
Dodekáorton*

44. Verkündigungsengel
45. Geburt Christi
46. Darbringung im Tempel
47. Heilung eines Gelähmten
48. Heilung eines Gelähmten
49. Heilung der
    verwachsenen Frau
50. Heilung des
    Blindgeborenen
51. Auferweckung des
    Lazarus
52. Einzug in Jerusalem
53. Fußwaschung
54. Letztes Abendmahl
55. Kreuzigung
56. Christi Höllenfahrt
    (Auferstehung)
57. Christi Himmelfahrt
58. Die Apostel als Zeugen von
    Christi Himmelfahrt
59. Pfingstwunder
60. Jüngstes Gericht
61. Deësis
62. Apostel

zonen Auge in Auge gegenüber, und die Brustbilder aus dem zweiten Rang schauten über deren Köpfe auf uns herunter. Am *Westende des Kirchenschiffs* entdeckten wir eine Schar weiblicher Märtyrer: Polychronia, Parasceve, Anastasia und die große Thekla, das Mädchen aus Iconium aus dem 1. Jahrhundert, das von seinem Fenster aus den heiligen Paulus predigen hörte und seine Schülerin wurde, ›Protomärtyrerin unter den Frauen und den Aposteln gleichgestellt‹. In der Nähe stand der Arzt Pantaleímon (Pantaleon) gegenüber seinem Mentor Hermolaus und nicht weit von ihnen jene beiden anderen ›anárgyroi‹ (die Mittellosen), die Heiligen Cosmas und Damian. Auch sie behandelten ihre Patienten ohne Bezahlung und mußten ihr Leben während Diokletians Verfolgungen lassen. Ihre wunderbaren Heilungen aber hörten mit ihrem Tode nicht auf. Sie vermochten Kaiser Justinian I. noch nach zwei Jahrhunderten zu heilen, und der dankbare Kaiser erwies der Stadt, in der ihre Reliquien ruhen, die angemessenen Ehren. Da war auch Pachomius, der ägyptische Mönch, der das zönobitische Mönchstum begründete. Auf den *Nord- und Südwänden* wurden wieder die Märtyrer vorgestellt, die großen Kriegerheiligen und dazwischen weitere Opfer Diokletians – Eustratius, Auxentius und Mardarius aus Armenien; Gurias, Samonas und Abibus aus Syrien – und, um uns daran zu erinnern, daß Verfolgungen kein römisches Monopol waren, die persischen Märtyrer Aphtonius, Elpidephorus und Anempodistus, die unter Schapur II., dem Feinde Roms, gelitten haben.

Die *Apsiden am Ostende* waren bevölkert mit Männern der Kirche, deren Rang noch höher war: Patriarchen, Hierarchen und die Begründer der Liturgie. In der *nördlichen Apsis* trafen wir auf Theodosius den Zönobiarchen, flankiert vom Patriarchen Tarasius von

Konstantinopel und vom Bischof Blasius von Sebaste, dem heiligen Blasius der westlichen Kirche. In der *Südapsis* war der heilige Georg mit zwei Leos abgebildet: einer davon ›il Maraviglioso‹, Bischof von Catania, der andere der römische Papst Leo I. An einem weniger prominenten Platz entdeckten wir Athenogenes von Pontus, den betagten Theologen, der sein Martyrium auf sich nahm und dabei die große Hymne an die Freude sang – aus der später das schöne ›Phos hilaron‹ der byzantinischen Vesper wurde. Doch auf dem Ehrenplatz im *Sanktuarium,* als Begleiter der Gottesmutter in der Mittelapsis dargestellt, waren die vier großen Hierarchen: Nikolaus, Basilius, der beredsame Chrysostomus und der Märtyrer Polykarp, der vom Evangelisten Johannes selbst bekehrt worden war.

»Sechsundachtzig Jahre habe ich Ihm gedient, und Er hat mir kein Unrecht getan«, sagte eine Stimme hinter uns. »Wie kann ich dann Böses sagen über den König, der mich gerettet hat?« Es war die Stimme des Priesters, der Polykarps Worte an den Prokonsul, der ihm befohlen hatte, durch Schmähreden auf Christus sein Leben zu retten, zitierte. Dann bemerkten wir den heiligen Gregor zwischen der nördlichen und der mittleren Apsis. »Ein ungewöhnlich vernünftiger und heiligmäßiger Papst«, bemerkte der Priester. »Er tat viel dafür, daß die Kirchen ausgemalt und Ikonen geschaffen wurden. Er war es, der sagte: ›Malerei bedeutet für die Analphabeten dasselbe wie Geschriebenes für die Gebildeten‹. All diese Bilder sind natürlich auch Teil der Liturgie, aber ihr größerer Wert ist der erzieherische; sie sind eine ausführliche, illustrierte Bibel und eine Patrologie ohne Text, allenfalls mit ein paar Worten, die hie und da hineingeschrieben sind.« Und in dem Maße, in dem uns das ganze ikonographische Programm allmählich auf-

geschlüsselt wurde, begriffen wir das Wesen dieses mittelalterlichen Äquivalents für den Konfirmationsunter-
richt. Es muß bedeutend stärkeren Eindruck auf die
Gläubigen gemacht haben als die eher sterilen Lektionen
unseres dem Wort verhafteten Zeitalters. Denn abgese-
hen von dem festlichen Aufzug von Heiligen und Märtyrern, anhand dessen all die aufregenden Geschichten
zu lernen waren, die sich mit jedem ihrer Gesichter
verbinden, gibt es in dieser Kirche die vollständigste
Folge von erzählenden Darstellungen aus der Bibel einschließlich der meisten Festbilder des Dodekáorton und
vieler Wunder Christi sowie anderer Details aus seinem
Leben und Sterben und seiner Auferstehung. Und je
näher der Gegenstand der Szenen dem Urquell des Christentums steht, desto weiter oben, sozusagen dem Kir-
chenhimmel näher, sind sie angebracht, bis hin zu Christus dem Pantokrator (Weltenherrscher), der die höchste
Stelle im Raum einnimmt, nämlich die Innenfläche der
Mittelkuppel. »Der Herr sieht vom Himmel auf die
Erde«, sagte der Priester, als wir mit unseren Taschenlampen in die Kuppel leuchteten, »daß er das Seufzen
der Gefangenen höre und losmache die Kinder des Todes, auf daß sie zu Zion predigen den Namen des Herrn
und sein Lob zu Jerusalem, wenn die Völker zusammen-
kommen und die Königreiche, dem Herrn zu dienen.«
Diese Verse aus dem 102ten Psalm, das Gebet der Be-
trübten, liefen klar in Form eines Kreises um das Bild
des Pantokrators, der außerdem noch von seinen heute
verblaßten Aposteln umgeben war. Darunter standen
Propheten abwechselnd mit Seraphim am Kuppeltam-
bour und darunter, in den Pendentifs, die vier Evangelisten, von denen allerdings nur der heilige Matthäus gut
erhalten ist. Und gerade so wie der Weltenherrscher
Christus die ganze Kirche von der Kuppel aus regiert,

so beherrscht das Christuskind von den Armen der Heiligen Jungfrau aus die Apsis über dem Sanktuarium, wo ihnen zwei vorzüglich gemalte Engel, die sich mit Geschenken verneigen, zur Seite stehen. Auf beiden Seiten der *Ikonostasis* gibt es nochmals eine Gottesmutter mit Kind (links) und einen Christus (rechts), die ins Kirchenschiff blicken und darum für die Gemeinde sichtbar sind. Sie stammen allerdings nicht aus dem 12. Jahrhundert, sondern aus einer späteren Zeit. Von dieser Stelle aus können wir nun dem *erzählenden Zyklus* folgen. Er beginnt auf dem nach Westen orientierten Feld der Wand, die das Sanktuarium von der nördlichen Apsis trennt.

Von der Verkündigungsszene ist nur der Erzengel Gabriel unversehrt erhalten, doch die Geburt Christi ist, wie in Episkopí, vollständig bewahrt. Sie unterscheidet sich allerdings von dieser beträchtlich in der Anordnung und Darstellung der Figuren. Josef steht hier unten links, in Episkopí unten rechts. Das Bad des Heiligen Kindes, in Episkopí unter der Darstellung der Maria gemalt, findet sich hier oben rechts, wo Episkopí einen kleinen Hirtenknaben zeigt, der eine Flöte bläst. Die unteren Bildzonen und die linke Seite sind hier den Heiligen Drei Königen vorbehalten, von deren Pferden sich eines zurückwendet. Und Maria selbst sitzt nicht – wie in Episkopí – aufrecht neben der Krippe, sondern in einer außerordentlich entspannten und natürlichen Haltung, ihr Kinn auf den linken Arm gestützt, ihren rechten Arm neben sich ausgestreckt, während die Hand auf ihren leicht angewinkelten Knien ruht.

Auf dem entsprechenden Feld zur Rechten des Sanktuariums ist die Darbringung im Tempel. Die Taufe ist nicht erhalten, doch ist die Geschichte des Lebens Christi durch etliche Wundertaten in der *Nord- und Südapsis* repräsentiert. In der nördlichen fanden wir die Heilung der verkrümmten Frau (Lukas 13, 11-14) und die des Blindgeborenen, wobei Christus zu dem letzteren sagt: »Gehe hin zu dem Teich Siloah und wasche Dich!« (Johannes 9, 7), weil seine Augen mit dem Lehm beschmiert waren. In der Südapsis gibt es zwei Heilungen von Gelähmten (Matthäus 9, 1-8; Markus 2, 1-12; Johannes 5, 5-9). In all diesen Szenen ist Christus begleitet von dem bärtigen Petrus und dem bartlosen Johannes, beide elegant gekleidet in Gewänder in erlesenstem Rosenrot und Blaßblau, während Christus sich deutlich abhebt in Gewändern von ähnlichem, aber dunklerem Rot, das fast ins Mauve übergeht. In einer der Szenen ist der Gelähmte dargestellt, wie er auf einer Bahre liegt, fast völlig bedeckt von einem weißen Leintuch: ›Stehe auf und wandle‹, lautet die Inschrift; das Gebäude im Hintergrund ist bezeichnet ›die Vorhalle des salomonischen Tempels‹. In der anderen Darstellung hat sich der Gelähmte bereits erhoben, er lehnt die Bahre gegen die Schulter, und die Inschrift liest sich: ›Stehe auf, nimm Dein Bett und gehe hin!‹ (Farbbild 32). Der Priester schaute die Bilder lange nachdenklich an und murmelte leise vor sich hin. Wir sollten aber erst später erfahren, was ihm so zu denken gegeben hatte.

Von den Wunderheilungen in den Apsiden kehrten wir ins *Kirchenschiff* zurück und fanden dort die Auferweckung des Lazarus an der *Nordwand* über den stehenden Figuren der Heiligen Georg, Babylas und Michael, die – obwohl sehr schön – aus späterer Zeit stammen. Die Lazarusszene ist eine schöne, ausgeglichene Komposition, geschickt um das kleine Fenster angeordnet. Christus, vom heiligen Thomas begleitet, streckt seine Hand über dem oberen Abschluß des Fensters zu der Höhle auf der rechten Seite hin aus, wo der in sein Leichentuch gehüllte, stinkende Lazarus sich aus seinem offenen Grab erhebt. Alle sind vollständig beschäftigt mit dem, was sie tun, und der konzentrierte Blick von Thomas und Christus, mit dem sie auf das Grab starren, hat die Wirkung, einen in die Szene einzubeziehen und an dem ehrfürchtigen Staunen der Zuschauer teilhaben zu lassen. Während wir dann zu den

Boularíí, Hagios Strátigos, Fußwaschung

beiden Säulen mit den ionischen Kapitellen hinübergingen, fanden wir drei Szenen, mit denen wir uns dem Lebensende Christi nähern: den Einzug in Jerusalem, die Fußwaschung und das Letzte Abendmahl. So waren wir auf die Kreuzigung vorbereitet, die sich auf der *Südwand* gegenüber der Auferweckung des Lazarus befindet. Im unteren Teil der Szene ist fast nichts mehr zu erkennen, doch Christus selbst ist noch sichtbar, am Kreuz in einer Haltung unaussprechlichen Leidens, sein

Kopf sinkt ihm auf die Brust, sein nackter Körper hängt erschöpft, und sein Gesicht ist schrecklich verzerrt in Todesqual und Schmerz.

»Er ist niedergefahren zur Hölle«, sagte der Priester, indem er in die Nähe der südlicheren der beiden Säulen auf das Auferstehungsbild wies. Christus, der die Kreuzesfahne emporhält, tritt Hades unter seine Füße und streckt Adam, der sich aus seinem zerbrochenen Grab zu befreien versucht, die Hand entgegen. Der Tod war besiegt worden, und wir gingen in den Altarraum zurück, um die Himmelfahrt zu sehen: Christus, von Engeln getragen, nimmt die Mitte der Decke ein und wird von seinen zu beiden Seiten angeordneten, staunenden Jüngern betrachtet. ›Was steht Ihr und sehet gen Himmel?‹ sagt die Inschrift (Apostelgeschichte 1, 11) (Farbbild 30). Den Jüngern war eine Aufgabe übertragen worden. Die Erteilung des Auftrags, die Kirche zu gründen, ist die entsprechende Szene im Tonnengewölbe des Kirchenschiffs westlich der Kuppel. »Und sie wurden alle voll des Heiligen Geistes und fingen an, zu predigen mit anderen Zungen, nachdem der Geist ihnen gab auszusprechen« (Apostelgeschichte 2, 4). Hier in der Pfingstszene sind die Jünger in zwei Gruppen zu beiden Seiten ähnlich angeordnet wie bei der Himmelfahrt. Doch diesmal sitzen sie, und Feuerzungen strahlen zu ihnen herunter aus dem Gestirn in der Mitte. Anstelle des auferstandenen Christus steht hier der für den kommenden Weltenrichter hergerichtete Thron (Hetoimasia), dargestellt durch ein Kreuz und eine zwischen der Lanze und dem Essigschwamm fliegende Taube.

Bei einem Besuch im September 1987 fand sich, daß der Bestand der Fresken nicht mehr dem hier Beschriebenen entspricht. Vor ganz kurzer Zeit – wie die Leute aus dem Dorf erzählten – sind etliche Fresken gestohlen worden. Sie wurden auf barbarische und stümperhafte Weise abgenommen. Von den Wandbildern fehlen die Nummern (siehe S. 22-32):

I Christus (der obere Teil; der untere ist schon länger zerstört)
II Muttergottes (oberer Teil; die Füße des Christuskindes sind noch vorhanden)
35 Heilige Anastasia (Kopf)
38 Heilige Parasceve (Kopf)

Stark beschädigt oder zur endgültigen Abnahme vorbereitet sind die Nummern:

30 Der äußerste rechte Kriegerheilige (zur Hälfte herausgeschlagen)
44 Verkündigungsengel (in die Putzschicht ist eine Art Rahmen geschlagen)
55 Kreuzigung (ebenfalls schon die äußeren Konturen herausgeschlagen).

Mit Schrecken wurden wir uns plötzlich dessen bewußt, daß wir über drei Stunden in der Kirche zugebracht hatten, und dabei hatte der Priester doch versprochen, schon vor mehr als einer Stunde wieder zuhause zu sein. Inzwischen hatten wir jedoch die besten Fresken gesehen. Vom Jüngsten Gericht aus dem 12. Jahrhundert im Narthex waren nur noch Spuren vorhanden; es gab zwar dort noch viele schöne Heilige und Märtyrer, doch waren sie aus späterer Zeit und nicht so interessant wie die im Schiff und im Ostteil der Kirche. Nur die Steinmetzarbeiten waren noch zu untersuchen, und schon eine flüchtige Prüfung genügte, um sie als das Werk eines alten Freundes zu erkennen. Denn obwohl sie nicht signiert sind, stammen sie doch fast mit Sicher-

heit von der Hand des Meisters Nikítas, der seine Arbeiten in St. Georg in Bríki und Hagios Theodóros in Vámvaka mit seinem Namen gezeichnet hatte. Als wir nun
rasch zum Dorf unseres Priesters heimfuhren, erinnerten
wir uns seiner nachdenklichen prüfenden Betrachtung
der Szenen mit den Heilungen der Gelähmten und kamen fragend darauf zurück. »Ich werde alt«, antwortete
er ausweichend, »warten Sie bis wir zu Hause sind.«
Und als er dann in seine Pfarrei zurückgekommen war,
verschwand er für ein paar Minuten in seinem Arbeits-
zimmer, um alsdann triumphierend zu erscheinen, die
Finger an zwei Stellen in die Bibel gelegt. »Ich dachte es
mir«, verkündete er. »Die Worte ›Stehe auf und wandle‹
gehören zu den Heilungen in Kapernaum, die von Matthäus und Markus beschrieben werden. In der Kirche
aber stehen sie bei der Szene mit der Vorhalle des salomonischen Tempels, der natürlich in Jerusalem stand.
Und zu der Heilung in Jerusalem, die am Teich Bethesda
geschah, wie sie Johannes beschreibt, gehören die Worte
›Stehe auf, nimm Dein Bett und gehe hin!‹; doch diese
Worte standen bei der andern Darstellung.« Er entfal-

Boularí, Hagios Strátigos, Heilung des Gelähmten

tete eine Gelehrsamkeit, die dem Metropoliten in Athen zur Ehre gereicht hätte, geschweige denn einem Gemeindegeistlichen, der in der abgelegensten Mani geboren und aufgewachsen war. Wir hätten gern gewußt, wie viele aus der verstreuten und immer kleiner werdenden Herde sich überhaupt darüber klar waren, was für einen bemerkenswert gelehrten Hirten sie da hatten.

Boularií, Hagios Pantaleímon

Nachdem wir dem Priester für seine Freundlichkeit gedankt hatten – und unsere schönsten Danksagungen waren hoffnungslos unzureichend – kehrten wir allein nach Boularií zurück, um *Hagios Pantaleímon* zu sehen. Für diese Kirche brauchten wir keinen Schlüssel, und sie hatte noch weniger Dach als die arme Trissákia. Diesmal ließen wir den Wagen bei der modernen Dormitio-Kirche stehen, überschritten die kleine Brücke zu Fuß und folgten einem schmalen Maultierpfad, den uns der Priester auf dem Rückweg von Hagios Strátigos gezeigt hatte. Er folgte der Höhenlinie des Abhangs in nordwestlicher Richtung, führte durch vernachlässigte Olivenhaine, vorüber an etlichen unbenutzten Dreschplätzen und einem verfallenen Turm in einem Feld zu unserer Linken. Eine megalithische Kirche zur Rechten diente nur Fledermäusen als Behausung; sie hingen in der baufälligen Apsis. Ein wenig weiter jedoch, etwa fünfhundert Meter vom Auto entfernt, fanden wir links in einem Feld **Hagios Pantaleímon,** fast verborgen unter Olivenbäumen. Von außen sah die Kirche ganz wie eine Hütte mit einem Raum aus, ihre Wände waren ein Gemisch aus den verschiedensten Steinen; das wenige, was von ihrem Dach noch vorhanden war, war mit großen Steinplatten gedeckt. Als wir uns aber unter den überhängenden Olivenästen und Dornen durch die nied-

rige Tür gekämpft hatten, erwies sich der östliche Teil
der Kirche als erstaunlich intakt, und zwei der Großen
Märtyrer starrten uns mit weit aufgerissenen Augen aus
den beiden flachen Apsiden an.

So oft man es auch schon erfahren hat, man ist immer
wieder von neuem erstaunt, in einem allem Anschein
nach elenden Gehäuse unschätzbare Kunstwerke vorzufinden, die sich wunderbarerweise über die Jahrhunderte erhalten haben. In diesem Falle sind es fast zehn
Jahrhunderte, denn diese Wandbilder sind durch eine
Inschrift auf das Jahr 991 datiert. Damit waren sie mehr
als zweihundert Jahre älter als die in Hagios Strátigos,
und sie waren in der Tat auffallend verschieden von
jenen, sowohl im Stil als auch in der Komposition: viel
primitiver, doch keineswegs unbedeutender; zumindest
in unsern Augen waren sie dramatischer. Was wir hier
gefunden hatten, erwies sich als die in der Mani früheste
Basilika mit zwei Apsiden. Diese liegen unmittelbar nebeneinander, und die Gottesmutter, die in Hagios Strátigos und in späteren Kirchen die Mittelapsis beansprucht,
ist hier in eine Art Zwickel über den beiden Wölbungen
gezwängt. Die beiden in Orantengebärde dargestellten
Märtyrer, die die beiden Apsiden beherrschen, gehören
einer viel früheren ikonographischen Tradition an, die
zurückgeht auf die Katakomben des 4. und 5. Jahrhunderts und auf so frühe Kirchen wie die herrliche Sant'
Apollinare in Classe bei Ravenna aus der Mitte des
6. Jahrhunderts. Hier haben wir den bartlosen Pantaleímon in der südlichen Apsis und den bärtigen Nikítas in
der nördlichen. Zwar fehlt ihnen die subtile künstlerische
Wirkung von Hagios Strátigos, doch fällt es einem angesichts dieser erregten und gequälten Gesichter leichter,
an die Wirklichkeit ihrer Leiden zu glauben, als vor der
würdevollen Ruhe späterer Darstellungen.

Pantaleímon, der › All-Mitleidende ‹, stammte aus Nikomedien und wurde Arzt am Hofe von Galerius, den Diokletian 293 zum Kaiser des Ostreiches ernannt hatte. Er war von seiner Mutter als Christ erzogen worden, und obwohl er unter dem Einfluß des kaiserlichen Hofes in das Heidentum seines Vaters zurückgefallen war, wurde er erneut von einem gewissen Hermolaus zum Glauben bekehrt. Das war der Heilige, der in Hagios Strátigos ihm gegenüber dargestellt war. Die Rückkehr zum Glauben fiel gerade in die Zeit des Beginns der Verfolgungen in Nikomedien im Jahre 303. Pantaleímon bewies sein Mitleid mit den Opfern nicht nur, indem er sie ohne Bezahlung heilte, sondern auch dadurch, daß er sein Vermögen unter der armen christlichen Bevölkerung verteilte. Das gab eifersüchtigen Rivalen die Gelegenheit, ihn bei Galerius zu denunzieren. Dieser mochte ihn aufrichtig gern und bewunderte seine Kunst, doch bat er den Arzt vergeblich, seinem Glauben abzuschwören. Pantaleímon rechtfertigte seine Weigerung durch die Wunderheilung eines Gelähmten, und als die Folter auch nicht hinreichte, den kaiserlichen Willen zu erzwingen, wurde er zum Tode verurteilt. Das Urteil war leichter ausgesprochen als vollstreckt. Die erbitterte Obrigkeit versuchte es nacheinander mit Verbrennen, flüssigem Blei, Ertränken, wilden Tieren, dem Rad und dem Schwert, doch erst nachdem Pantaleímon seinen Willen durchgesetzt hatte, unter keiner von diesen Foltern zusammenzubrechen, ließ er sich endlich enthaupten. Daraufhin floß aus seinen Adern Milch statt Blut, und der Olivenbaum, an den er gefesselt worden war, trug plötzlich Früchte. Bis heute – so sagt man – wird sein als Reliquie in Konstantinopel, Madrid und Ravello bewahrtes Blut jedes Jahr am Tage seines Heiligenfestes wieder flüssig, genau wie das des heiligen Januarius in Neapel.

Der heilige *Nikítas* starb ungefähr 70 Jahre nach Pantaleímon, und zwar jenseits der Grenzen des Kaiserreichs. Er ist einer der beiden großen Märtyrer unter den Goten, wurde in der Nähe der Donau geboren und von dem großen Missionar Wulfila, der sich schon früh für Bibelübersetzungen in die Volkssprache einsetzte, bekehrt und zum Priester geweiht. Er starb bei den Christenverfolgungen des Athanarich, des gotischen Diokletian. Dieser hatte befohlen, daß ein Götzenbild durch die christlichen Dörfer getragen würde und daß alle, die es nicht anbeteten, mit dem Tode bestraft werden sollten. Ob man nun bereit ist, mehr oder weniger von all den Einzelheiten, die die Geschichte der beiden Märtyrer umgeben, zu glauben, man braucht nicht daran zu zweifeln, daß diese beiden Männer gelebt haben und eines gräßlichen Todes gestorben sind, dessen Schrecken der Maler dieser kleinen, aus dem 10. Jahrhundert stammenden Kirche in Boularí auf ihren Gesichtern festgehalten hat. Ihre Augen und Münder sind weit geöffnet in Schrecken und angstvollem Flehen, ihre riesigen Hände erhoben, sowohl zur Gebärde des Gebets wie des Segnens. Sie scheinen zu gleicher Zeit die Gemeinde zu segnen und ihren auferstandenen Herrn anzubeten. Dessen Himmelfahrt und die von beiden Seiten zu ihm emporstarrenden Jünger sind an der Decke des Sanktuariums zu sehen. Doch dies hier ist nicht der ruhige Christus von Hagios Strátigos oder der strenge Pantokrator aus dem erschreckenden Mosaik in Dáfni. Dies ist Christus der Mitleidende, der nicht weniger verstört und erschreckt aussieht als die Märtyrer, auf die er hinunterschaut und denen er seinen Segen gibt. Er hat die Welt überwunden, den Tod besiegt und ist von hinnen gegangen, seinen Nachfolgern einen Platz zu bereiten, wo er ihre Tränen wegwischen kann. Aber

er hat seine eigene Existenz als Mensch nicht vergessen:
er versteht die Schwäche des Fleisches, wie willig der
Geist auch sein mag, und sein Herz blutet sicherlich
um der Leiden von Pantaleímon und Nikítas und der
nichtendenden Rohheit und Blindheit ihrer Verfolger
willen.

Auf den Seitenwänden, direkt vor dem Sanktuarium,
sahen wir die Reste zweier Szenen, die aus dem Leben
Christi erzählen: das Bad des Heiligen Kindes aus der
Geburtsdarstellung auf der nördlichen und die Taufe
auf der südlichen Wand. Sie sind aus der gleichen frühen
Zeit und in ebenso primitivem jedoch sehr wirkungsvol-
lem Stil gemalt. Die Köpfe und Hände der Figuren sind
unverhältnismäßig groß, und es ist deutlich, daß sie
durch östliche Vorbilder, zum Beispiel St. Apollo in

Boularií, Hagios Pantaleímon, Drei Heilige

Bâwit in Ägypten beeinflußt sind. Es gibt hier auch noch sieben lebensgroße, wenngleich ziemlich verblaßte Heilige, die die unteren Ränge am Ostende besetzt halten, und an der Nordwand ein wesentlich späteres Bildnis der heiligen Cyriaca (Hagia Kyriakí), ganz anders im Stil und in der Farbigkeit. Doch wie lange wird noch irgendeines von diesen Bildern überdauern in dieser Kirche, deren größerer Teil kein Dach hat? Es wirkt ermüdend, wenn man dauernd die gleichen Klagen vorbringt, doch die immer wieder anzutreffende Vernachlässigung derart bedeutender und schöner Kunstwerke in vielen Kirchen der Mani ist strafwürdig. Ein präfabriziertes Dach und eine verschlossene Tür sind gewiß nicht zuviel verlangt. Man könnte auch einem Dorfbewohner die Schlüssel und die Verantwortung übergeben und eine kleine Rente aussetzen dafür, daß er diese Kirche den Besuchern zeigt und sie in Ordnung hält. Denn es ist ebenso falsch, dem wirklich interessierten Publikum den Zugang gänzlich zu verwehren, wie diese Kirchen dem natürlichen Verfall oder der Entweihung durch Diebe und Vandalen preiszugeben.

Abstecher auf die Paßhöhe

Wieder nach Gerolimín zurückgekehrt, brachen wir am nächsten Tag nach Süden auf. Wir ließen die südlichen Felswände des Cávo Grósso hinter uns und nahmen Kurs auf das andere große Kap der Mani: *Taínaron* oder *Matapán*. Am Ortsausgang bog unsere Straße scharf landeinwärts ab, um dann – halbwegs zwischen Meer und Bergen – parallel zur Küste über eine steinige, sanft abfallende, etwa einen Kilometer breite Ebene weiterzuführen. Links von uns ragte das große Bergmassiv des Eliasberges über Boularií, kalt und öde im Morgenlicht, doch von erlesener Schönheit, als wir es am

Vorabend in der Glut des Sonnenuntergangs gesehen
hatten. Die nackten Felsen hatten da genau den gleichen
sanften Farbton angenommen wie die Gewänder Christi
und seiner Jünger in den Wunderheilungsszenen von
Hagios Strátigos: eine unbeschreiblich satte, zugleich
jedoch zarte Tönung irgendwo zwischen Rosenrot und
Mauve, die sich an die fünf Minuten gehalten hatte, ehe
die Sonne im Messenischen Golf unterging. Zur Rechten
sahen wir die kleine schmale Bucht von Giáli, wo die
Mantoúvali den Mavromichális-Schoner geentert hatten. Dann, etwa vier Kilometer von Gerolimín, kamen
wir in das Dorf **Álika,** wo die Berge nahe ans Meer
treten, ehe sich die Küstenebene noch einmal weitet.
Hier teilt sich die Straße; Álika liegt am Westende der
Paßstraße, die über den Gebirgsrücken im Innern der
Halbinsel nach Lágia führt. Sie ist die erste befahrbare
Verbindung zur Ostseite seit der Straße Areópolis–
Kótronas, die mehr als zwanzig Kilometer nördlich von
hier beginnt. Die Straße zweigt mitten im Dorf links ab.
Von Lágia aus kann man dann den ganzen Rückweg bis
Kótronas an der Ostseite der Halbinsel hinauffahren.
Die in Álika geradeaus führende Straße bleibt weiterhin
an der Westküste der Halbinsel und windet sich um die
Berghänge bis zu dem engen Isthmus, der Kap Taínaron
mit der übrigen Halbinsel verbindet. Nun war zwar Kap
Taínaron unser Ziel – und außer im Boot kann man es
nur über diese eine Straße erreichen –, aber wir machten
doch zuvor einen Abstecher auf die *Paßhöhe* hinauf. Von
dort aus wollten wir eine genau nach Süden verlaufende
kleine Seitenstraße nehmen und den Gebirgskamm entlang fahren, bis die Straße uns nahe an die schroffen
südlichen Felswände über Pórto Kágio bringen würde,
wo wir die ganze Gestalt des Vorgebirges unter uns
ausgebreitet sehen könnten (Farbtafel 38).

Die Straße zur Paßhöhe stieg in Zick-Zack-Kurven über die Hänge eines unfruchtbaren Tals ungefähr vier Kilometer weit steil an, bis sie – kurz vor dem Dorf Tsikaliá – nun auf gleicher Höhe am Berghang entlang wieder nach Süden verlief. Die Aussicht von der kleinen, an der Straße gelegenen Kapelle Hagios Charalámbos war prachtvoll. Wir sahen nicht nur auf die Küste unter uns, wo sich die andere Straße von Álika über Kypárissos in Richtung Taínaron in der Tiefe hinzieht, sondern auch zurück auf Álika und weit darüber hinaus bis auf die über Gerolimín sichtbare südliche Felsflanke des Cávo Grósso und sein mehrfach gestuftes Plateau, das zu der höchsten westlichen Felsstufe von Kástro tís Oriás ansteigt. Ein weiterer Kilometer brachte uns in Sichtweite von Váthia, einem Dorf mit auffallend vielen Türmen auf einem mehr zum Meer hin gelegenen Hügel. Die Küstenstraße nach Taínaron muß dort erst hinaufklettern, bevor sie südwärts zum Isthmus weiterführt. Wir standen Váthia hier fast in Augenhöhe gegenüber, doch nach einer kurzen Strecke ein wenig bergab stieg unsere Straße erneut an, führte über das Ende des Tales hinaus, bis wir auf Váthias Turmbündel hinab und ein letztes Mal auf die Westküste schauten. Denn dies war nun wirklich die **Paßhöhe**. Die Straße wendete sich scharf nach Osten, stieg zur Wasserscheide auf und bot uns den ersten Blick auf das Meer im Osten, seit wir von Passavá nach Kelefá herübergekommen waren. Fast hätten wir den Weg aus roter Erde verpaßt, der im scharfen Winkel nach rechts abzweigt und zum Aussichtspunkt führt. Der Weg wirkt wie eine Sackgasse, in der Straßenarbeiter ihren Bulldozer abstellen könnten, und man kann kaum glauben, daß er in dieser Höhe sehr weit führen kann. Tatsächlich führt er aber mehr oder weniger gradlinig etwa drei Kilometer weit nach

Süden, durch ein enges Hochtal zwischen zwei parallel verlaufenden Ketten kegelförmiger Hügel. Heute sind nur ein paar Schafe und kaum noch Ochsen da, um die karge Weide zwischen den riesigen Steinen abzugrasen, aber einst war dies ganze Hochland intensiv bebaut, und die Reste von sorgsam angelegten Terrassen winden sich unglaublich weit, fast bis zu den Scheiteln der Hügel, hinauf. Bis die Straße an einem Friedhof ankommt, gibt es keine Anzeichen für menschliche Besiedlung. Erst seit ein paar Jahren führt die Straße von dieser Stelle aus weiter, den Berg links hinauf und zu einer Ansammlung von Türmen an der Flanke einer noch höheren Kuppe. Das ist das Dorf Korogoniánika oder in abgekürzter Form **Korogiánika.**

»Es steht da, wie eine unglückliche Braut«, war Nifákos' Vergleich für das Dorf in seinem poetischen Katalog maniotischer Städte, und wie immer es auch im 18. Jahrhundert ausgesehen haben mag, Korogiánika ist in unseren Tagen gewiß ein elendes Nest. Nur drei betagte Einwohner halten sich noch an diesem trostlosen und verlassenen Platz, wo sogar im Sommer der Wind wie eine Todesfee in den langsam zerfallenden Türmen heult. Während der Sommergewitter dienen sie als Blitzableiter; im Winter gewähren sie nur einen kalten und zugigen Schutz vor den waagrecht daherkommenden Regen- und Hagelschauern, die so heftig sind, daß es oft unmöglich ist, die Tür dagegen aufzustemmen. Nur das Bedürfnis nach Schutz vor den sehr großen Gefahren, die ein Leben in der Nähe des Meeres mit sich gebracht hätte, und Übervölkerung können Menschen dazu veranlaßt haben, hier oben zu leben. Aber drei tun es immer noch.

Von all den Kirchen, die wir bisher gesehen haben, ist diejenige kleine *Kirche von Korogiánika,* die heute noch benutzt wird, vielleicht die am schönsten gehaltene. Sie ist nicht sehr alt aber sehr hübsch; ihre Wände sind im Stil des 18. Jahrhunderts minutiös bemalt, ihr Messinggerät glänzt, ihre hölzerne Ausstattung spiegelt, und der Boden ist so fleckenlos, daß wir auf Zehenspitzen gingen, als bewegten wir uns auf Teppichen von kaiserlichem Purpur. Und während wir sie bewunderten und den wechselvollen Bildern aus dem Leben Christi und unzähliger Heiliger und Märtyrer folgten, hörten wir das Geräusch von Füßen, die über den steinigen Weg draußen hinaufstolperten.

Wir gingen hinaus, um zu sehen, wer da aus der Richtung, in der wir den Wagen stehengelassen hatten, kam und für soviel Reinlichkeit verantwortlich war. Zunächst aber konnten wir niemand sehen, nur zwei sich bewegende Heuhaufen, die von Beinen vorwärtsgetrieben wurden: einer von vier Beinen, der andere von zweien und einem Stock. Eine alte, in schwarze Kleider gehüllte Frau mit einem schwarzen Tuch um den Kopf quälte sich mühsam hinauf zu ihrem Haus, tief gebeugt unter einem Berg von Heu, das auf ihren Rücken gebunden war; sie führte einen Esel, der in ähnlicher Weise beladen und fast unsichtbar war. Zunächst war sie voller Bedenken, daß Fremde sich in ihrer Kirche herumtrieben, und fürchtete, daß wir nichts Gutes im Schilde führten, vor allem, weil sie sich nicht aufrichten und sehen konnte, was los war. Als wir ihr aber ihre Lasten abzunehmen geholfen hatten, wurde sie milder gestimmt durch unsere aufrichtigen Komplimente für die Kirche. Die Konversation war jedoch nicht leicht. Und diese Schwierigkeit war nur zum Teil die Folge ihres starken Dialekts und ihrer Zahnlosigkeit, die beide zusammen uns einander so verständlich machten wie etwa die Bewohner des Kölner Severinsviertels und Tiroler

Bergbauern. Die eigentliche Schwierigkeit aber war nicht die Sprache, sondern der Anachronismus. Behängt mit unseren Kameras und Feldstechern und mit einem modernen Auto angekommen, das unten parkte, fühlten wir uns wie Reisende durch die Zeit, die eben im Mittelalter angelangt waren, als wir dieser schwarzverhüllten alten Frau und ihrem Esel vor einem Hintergrund von Türmen gegenüberstanden. Diese Erfahrung war seltsam deprimierend, und als wir zum Wagen zurückgingen, waren wir fast beschämt, daß wir uns Nifákos' unbarmherziger, aber scharfsichtiger Beschwörung des harten Loses der Frauen in der Inneren Mani erinnerten. Es steht in allzu scharfem Gegensatz zu dem prahlerischen Glanz der männlichen Heldentaten:

> Die Frauen säen das Korn ins Feld
> die Frauen, sie mähen und ernten,
> und Frauen holen die Garben heran
> und dreschen mit nackten Füßen sie dann
> auf den heißen, steinigen Plätzen.

> Die Frauen, sie trennen die Spreu vom Korn,
> und keiner steht ihnen zur Seite,
> sie schleppen in sengendem Sonnenschein,
> und der Durst macht ihnen oft große Pein
> auf nacktem Rücken das Stroh und das Korn.

> Ihre Hände und Füße sind aufgeplatzt
> und hart wie Schildkrötenpanzer
> wie altes Leder so rissig und braun,
> und des Nachts, an der Handmühle, singen die Fraun
> die Totenklage und weinen.

Der Hügel, an dem sich das Dorf hinaufzieht, liegt etwa dreihundert Meter entfernt von der Linie, hinter der das Gelände sich jäh senkt. Man kann sie gut von oben aus dem Dorf erkennen. Wo die Straße am Friedhof vorbeiführt, sieht man nur einen leicht ansteigenden, mit niederem Gestrüpp bewachsenen Hügel und einen ungefügen steinernen Bau auf der Horizontlinie. Man muß den Hügel zu Fuß hinaufgehen, und dabei wird man oft um die vielen kleinen, verstreut liegenden Gräber herumgehen müssen. Je näher man der Kirche kommt – denn als solche erweist sich das Gebäude schließlich –, desto häufiger trifft man auf die alten, oft offenen und leeren Gräber. Im Innern der Kirche, die heute als Stall für Rinder benutzt wird, befinden sich Reste einer Himmelfahrtszene und eine Taufe Christi. Diese Fresken sind verblaßt und beschädigt, aber doch sehr interessant, weil sie die gleichen ›koptischen‹ Einflüsse zeigen, besonders an den Köpfen und Händen der Figuren, die wir in Hagios Pantaleímon in Boularií festgestellt haben. Doch ist diese kleine Kirche weniger ihres Inneren als vielmehr ihrer Lage wegen einen Besuch wert. Wenn man nämlich nicht etwa vorher schon von einem der höchsten Türme Korogiánikas hinuntergeschaut hatte, verschlägt es einem den Atem vor Überraschung, wenn man zu der Kirche hinkommt und plötzlich merkt, daß das Gelände hier vor einem jäh dreihundert Meter tief bis zur Meeresoberfläche abfällt.

Wir hatten das Ende des Taýgetosgebirges erreicht, und vor uns – nur durch einen niedrigen, schmalen Isthmus mit uns verbunden – rundete sich das südliche Kap wie ein Paar bizarrer Hüften (Farbtafel 38). Der Isthmus selbst, der sich bis auf etwa siebenhundert Meter verengt, trennt zwei Buchten: Pórto Kágio im Osten und Marmári im Westen. *Pórto Kágio* ist ein riesiger natürlicher, tiefer Hafen mit einem winzigen Dorf, das sich an dem sandigen Strand am Südende der Bucht zusammendrängt. *Marmári* ist eine Doppelbucht mit zwei sandigen Kreisbögen, die voneinander getrennt sind durch ein Felsmassiv, das nach Westen ins Meer vorspringt. Auf einem Hügel ungefähr in der Mitte des Isthmus steht ein hoher quadratischer Turm, für dessen Kanonen beide Buchten in Reichweite lagen. Zwar lief eine gewundene, unbefestigte Straße unterhalb des Turms zwischen den Buchten dahin, doch gab es keine fahrbare Straße weiter hinunter in den Süden. Den offensichtlich nur zu Fuß oder auf einem Reittier benutzbaren Pfad nach Taínaron konnte man sehen, wie er von einer Stelle in der Nähe des Turmes aus nach Südosten führte, über einen schmalen Bergsattel zwischen den hohen Hügeln des Kaps. Inzwischen haben sich die Straßenverhältnisse verbessert, und man kann 1987 bereits ein gutes Stück in Richtung Taínaron mit dem Wagen fahren. Die Hügel sind im Westen höher und steiler als im Osten. Das ganze Kap hat bei einem höchst unregelmäßigen Umriß einen Umfang von ungefähr zwölf Kilometern. Lange Vorgebirge trennen zwei weiter südlich liegende Buchten auf der Ostseite und bilden ein Gegengewicht zu den drei kegelförmigen Hügeln, die sich – einer höher als der andere – im Westen hintereinander aufbauen. Der letzte verbarg das schwindelerregend liegende Dorf *Mianés* vor unserem Blick. Es ist das südlichste Dorf des Balkans, und hinter ihm liegt die südlichste Spitze des europäischen Festlandes, wenn man einmal absieht von Tarifa in Spanien.

KAPITEL V

Kypárissos, Váthia und die Wachtelbucht

HINTER Álika verläuft die Straße von Gerolimín nach Taínaron etwa einen Kilometer weit in einem großen Zick-Zack-Bogen abwärts und kommt dann beim Dorf **Kypárissos** wieder an die Küste. Dort mündet ein Fluß aus einem weiten, offenen, einst intensiv bewirtschafteten Tal ins Meer. Den größten Teil des Jahres über ist der Fluß trocken. Kurz vor zwei charakteristischen Türmen am Straßenrand kreuzt die Straße das Flußbett. Von dieser Stelle aus gingen wir ungefähr zweihundert Meter das Flußbett hinunter bis zu einem Kieselstrand, über den sich im Winter die Wassermassen ins Meer ergießen. Zur Rechten ließen wir einen großen Zypressenhain liegen, der eine winzige, dem Marientod geweihte Klosterkirche verbirgt. Leake erwähnt sie; er verbrachte dort 1805 eine schlaflose Nacht. Eine Abendmahlzeit mit Fleisch an einem Fastentag hatte prompt die Bestrafung durch eine Fliegenplage nach sich gezogen. Zu unserer Linken lag eine kleine florierende Gärtnerei, ein Zeichen dafür, daß auch im Sommer frisches Wasser nahe der Erdoberfläche vorhanden ist. Danach verlor sich das Flußbett auf dem Strand, der ziemlich steil in eine tiefe, aber schmale Bucht zwischen zwei Felsriffen abfiel. Heute ist diese Bucht verlassen und ideal für ein Bad im tiefen, erstaunlich klaren Wasser –

ohne irgendwelche Ölspuren –; zur Zeit der Römer
aber ging es hier so geschäftig zu, wie es sich für den
wichtigsten Hafen der Westküste südlich von Mézapos
gehörte. Es stand damals nichts in Gerolimín oder Giáli,
aber hier, auf und hinter dem Vorgebirge, das die Südostseite der kleinen Bucht bildet, lag eine Stadt von solcher
Bedeutung, daß der Ältere Plinius im 1. Jahrhundert
n. Chr. vom ganzen Messenischen Golf als dem ›Golf
von Kypárissos, der die Stadt Kypárissos an seiner Küste
hat‹, berichten konnte.

Das Kypárissos der Antike

Auch heute heißt das Dorf in der Nähe der antiken
Stätte Kypárissos; von den alten Schriftstellern verwendet jedoch nur Plinius diesen Namen. Es scheint, daß
zumindest der offizielle Name des Ortes eine Verände-
rung durchgemacht hat. Ohne Zweifel handelt es sich
um diesen selben Ort, wenn Pausanias im 2. Jahrhundert
von Kainípolis, ›der neuen Stadt, deren Name früher
Taínaron war‹, berichtet. Und Prokopius sagt so ziemlich dasselbe im 6. Jahrhundert, wenn er erwähnt, daß
Belisarius in ›Taínaron, das nun Kainípolis genannt
wird‹, vor Anker gegangen sei. Zwar verwendet Pausanias zu seiner Zeit in dem Verzeichnis der Mitglieder
der Union der Freien Städte Lakoniens den Namen Kainípolis an Stelle von Taínaron, doch kann es sein, daß
Taínaron noch immer der offizielle Name und Kainípolis nur der volkstümliche oder halboffizielle war (der in
der Folge dann zur Zeit des Prokopius der offizielle
geworden sein mag). Nie steht die Bezeichnung
›Kainípolis‹ auf irgendeiner der Inschriften aus dem 2.
und 3. Jahrhundert, die hier gefunden worden sind. Wo
sie überhaupt eine genauere Angabe als einfach ›Die
Stadt‹ enthalten, ist es ›Die Stadt der Tainarianer‹. Das

aber ist natürlich nicht das ältere Taínaron, wo der Tempel des Poseidon seine bedeutende Rolle gespielt hatte. So kommt es, daß bei der Erwähnung von ›Taínaron‹ bei einem antiken Schriftsteller nicht immer deutlich wird, ob das alte Taínaron gemeint ist oder Kainípolis oder das Vorgebirge, auf dem das alte Taínaron lag, oder sogar die ganze Halbinsel Mani, die mitunter auch nach ihrer Südspitze benannt ist. Was wahrscheinlich geschah, ist folgendes: zu einem gewissen Zeitpunkt übernahm Kypárissos vom Taínaron des Poseidon sowohl den Namen als auch die Funktion als Hauptstadt der südlichen Halbinsel, wurde aber von der Bevölkerung und halboffiziell, zumindest im 2. Jahrhundert n. Chr., *Kainípolis* genannt. Dies geschah vielleicht einerseits, um es vom alten Taínaron zu unterscheiden, andererseits um den umfassenden Ausbau der Stadt zu würdigen. Kainípolis war als der wichtigste Ort an der Westküste unter dem Namen Kypárissos schon bekannt und zwar spätestens zur Zeit von Plinius, der im Jahre 79 n. Chr., als er den Ausbruch des Vesuv aus zu großer Nähe beobachtete, zu Tode kam. Wahrscheinlich hatte Kypárissos zu Lebzeiten des Plinius seine *erste Blütezeit*. Es gibt nämlich keine Reste, deren Ursprung eindeutig auf eine Periode vor der römischen Kaiserzeit zurückgeht, und bei Strabon, der seine ›Geographie‹ im Jahre 2 v. Chr. abgeschlossen hat, gibt es keine Erwähnung irgendeines Ortes zwischen dem Cávo Grósso und Poseidons Taínaron.

Soviel zu dem Rätselraten über den Namen dieser Stadt und über den Zeitraum, in dem sie sich entwickelt hat. Wahrscheinlich war es die spätere Regierungszeit des Augustus oder die Zeit unter Tiberius oder Gaius Caligula. Warum sie gerade dort und gerade zu dieser Zeit entstand, das sind Fragen, die weniger leicht zu beantworten sind. Da sie zu einem wichtigen Mitglied der Union der Freien Städte Lakoniens wurde, könnte sie eine Schöpfung der Union gewesen sein. Allerdings ist es schwer einzusehen, warum andere Mitgliedstädte sich selbst eine Rivalin geschaffen haben sollten, außer, die Stadt war vielleicht dazu bestimmt, ein südliches Bollwerk gegen ein von Sparta beherrschtes Taínaron zu bilden. Das alte Taínaron wird nämlich nie als Mitglied der Union genannt, und natürlich gehörte die Insel Kythera zu Sparta. Auf der andern Seite könnte es sein, daß Kypárissos eine *spartanische Gründung* war oder vielmehr die Gründung eines Spartaners, dessen Sohn als großer Wohltäter der Stadt auf einer Inschrift erscheint.

Es ist ›Gaius Julius Lako, Sohn des Eurykles‹, und *Eurykles* als Förderer der Stadt würde sowohl chronologisch als auch politisch ins Bild passen. Denn Eurykles erfreute sich besonders guter Beziehungen zu Augustus, die ihm den Mut gaben, seinen territorialen Ambitionen freien Lauf zu lassen. Er hatte – weil er seinen von Marc Anton wegen Seeräuberei hingerichteten Vater rächen wollte – die Spartaner veranlaßt, im Jahre 31 v. Chr. bei Actium für Octavian zu kämpfen. Als sich dann der siegreiche Octavian in den Kaiser Augustus verwandelte, erntete Eurykles die Belohnung dafür, daß er auf der Seite des Siegers gestanden hatte. Das römische Bürgerrecht wurde ihm gewährt, die offizielle Anerkennung seiner Regentschaft über Sparta und die Wiederherstellung der Kontrolle Spartas über die Insel Kythera, die er faktisch zu seinem Privatbesitz machte. So sehr jedoch Augustus den Eurykles gewähren ließ, war er doch auch darauf bedacht, die Union der Freien Städte Lakoniens anzuerkennen und keine spartanische Hegemonie über diese Städte zu dulden. Das entsprach der üblichen kaiserlichen Politik des ›Spalten und

Schwächen‹, wo es nicht wünschenswert war, sich der Mühe des unmittelbaren Regierens zu unterziehen. Eurykles versuchte nichtsdestoweniger, Spartas Herrschaft über diese Städte wiederherzustellen, indem er große Stiftungen, wie die in Gýtheion und Asopós schriftlich festgehaltenen, machte und ihre prospartanischen politischen Cliquen ermutigte. Zudem dehnte er seine diplomatischen Machenschaften auch auf internationale Beziehungen aus. Er besuchte Herodes von Judaea und Archelaos von Kappadokien, und nachdem er von seinen besonderen Beziehungen zu Augustus Gebrauch gemacht und dort gefährliche Ambitionen wachgerufen hatte, kehrte er mit großen orientalischen Kapitalien nach Sparta zurück, um mit ihnen seine aufrührerischen Pläne für die Wiedervereinigung Lakoniens unter seiner eigenen und Spartas Führung weiterzuverfolgen. Und es wäre nicht verwunderlich, wenn er im Rahmen dieses Programms einiges von diesen Geldern in die Entwicklung von Kypárissos gesteckt hätte. Wenn es aber so war, hat dieser politisch motivierte Aufwand Kypárissos mehr genutzt als Eurykles. Gerade mit seinen Erfolgen im Anzetteln von Parteihader in den Städten verwirkte er seine letzten Ansprüche an des Kaisers Nachsicht, und so sah er sich als zersetzendes Element im südlichen Griechenland aus Sparta verbannt. Sein Sohn indes war vorsichtiger. »Nachdem er sich von allen Ambitionen seines Vaters losgesagt hatte«, war er es, der schließlich – vielleicht während der Herrschaft des Tiberius – die führende Rolle Spartas wiederherstellte. Wenn er auch das Andenken an seinen Vater rehabilitierte, so achtete er doch darauf, nicht den Versuchungen seines Vaters zu verfallen. Er machte seine Stiftungen an Kypárissos und andere Städte der Union ohne die parteipolitische Tendenz, die seinen Vater ins Verderben gestürzt hatte.

So also wurde Kypárissos im 1. Jahrhundert n. Chr. eine der bedeutendsten Küstenstädte am Messenischen Golf. Als Pausanias es Mitte des 2. Jahrhunderts besuchte, verzeichnete er »ein schönes Megaron der Demeter und einen Tempel der Aphrodite am Meer mit einer Statue aus Stein«. Aus der zweiten Hälfte dieses Jahrhunderts und aus dem frühen dritten haben wir eine Reihe großartiger Inschriften, die *römischen Kaisern* und ihren Familien gewidmet sind, wahrscheinlich zum Dank für erhaltene oder in der Vorwegnahme weiterer Wohltaten. Nach Gýtheion, das die führende Stadt der Union war, hat Kypárissos tatsächlich die meisten derartigen Inschriften.

Drei davon, die sich auf die Jahre 166-69 datieren lassen, legen den Gedanken nahe, daß Kypárissos der Familie des Antoninus viel verdankte: eine ist dem ›Göttlichen Antoninus, Sohn des Göttlichen Hadrian‹ gewidmet, eine weitere dem ›Marcus Aurelius, Sohn des Göttlichen Antoninus‹ und die dritte dem ›Lucius Aurelius Verus‹, Mitregenten und Adoptivbruder des Marc Aurel. Die nächste Dynastie und der Beginn des nächsten Jahrhunderts werden repräsentiert durch eine Widmung an die mit dem Kaiser Septimius Severus ehelich verbundene Philosophin Julia Domna und eine weitere an ihren Sohn Caracalla – zwischen 213 und 217 zu datieren – von ›den Ephoren der Stadt der Tainarianer‹. Dann gibt es noch zwei weitere Widmungen an den jugendlichen Kaiser Gordianus, der 238 mit 13 Jahren auf den Thron kam und 244 dem ehrgeizigen Philippus Arabs, seinem Gardepräfekten und Usurpator, zum Opfer fiel. Danach herrschte mehr als 200 Jahre lang Schweigen und zwar in einem Ausmaß, daß weder in noch über Kypárissos irgendetwas von Bedeutung berichtet wird. Doch ein glorreicher Augenblick war der

Stadt noch bestimmt, bevor ihr Bild gänzlich aus der
Geschichte verschwindet. 468 landeten Geiserichs aus
Nordafrika kommende *Vandalen* in Kainípolis und wurden geschlagen. Diese weithin nachhallende Niederlage
erstickte Geiserichs Pläne für die Eroberung der Peloponnes im Keime. Für das byzantinische Kaiserreich in
Griechenland war dies ein kritischer Moment gewesen.
Und noch einmal geschah etwas von vergleichbarer Bedeutung, als Justinians großer Feldherr Belisar 533 zu
Beginn seines Feldzugs zur Wiedereroberung Nordafrikas für das Kaiserreich im Hafen von Kainípolis Schutz
fand. Er war wegen einer ungewöhnlichen Flaute mit
seiner schwer beweglichen Flotte bei der Kapumsege-
lung in Schwierigkeiten geraten.

Die materiellen Überbleibsel all dieser einstigen
Größe sind noch beträchtlich, und man braucht sie nicht
weit zu suchen. Dem zufälligen Besucher aber, der vielleicht das Flußbett hinunter zum Strand geht, um ein
wenig zu schwimmen, fallen sie nicht unmittelbar auf.
Da das Baden hier so ein Vergnügen ist, könnte er vielleicht wieder weggehen, völlig zufrieden und ohne einen
Gedanken an die Union der Freien Städte Lakoniens,
den Beginn der Christianisierung oder die Abwehr van-
dalischer Armadas. Doch es gehört zu den großen Vor-
zügen Griechenlands im allgemeinen und der Mani im
besonderen, daß natürliche Reize so oft und so glücklich
mit historischen oder archäologischen verbunden sind.
Wenn unser Schwimmer sich zu einem Picknick entschließen und sich dann auf einen der verstreut liegenden weißen Steinblöcke bei der *Kirchenruine am Strand*
setzen sollte, so käme er buchstäblich mit dem 2. und
3. Jahrhundert n. Chr. in Berührung. Denn diese Blöcke
sind aus Marmor und gehörten offensichtlich zu einem
antiken Tempel, ehe sie zum Bau der Kirche wiederver-

wendet wurden. Die Türpfosten bestehen ebenfalls aus
Marmor, die Tür- und Fensterstürze sind Teile von Säulen, und das, worauf er säße, könnte gut eine Säulen-
basis von dem bei Pausanias erwähnten Aphroditetempel am Meer sein. Und wenn er dann über eine kleine
Mauer schauen und eine mächtige Stele mit einer Inschrift zu Ehren des Kaisers Gordianus wie einen Altar
in der verfallenen Apsis sähe, wäre sich der archäologisch interessierte Besucher bereits der Möglichkeiten
weiterer Erkundungen bewußt geworden.

Es liegt nahe, mit dem *Vorgebirge* im Südosten des
Strandes zu beginnen. Auf seinem höchsten Punkt steht
ein sehr verfallener Turm des 19. Jahrhunderts. Wer
auch immer diese Küste kontrolliert hat, er wird sicherlich diese beherrschende Höhe besetzt gehalten haben.
Selbst wenn sich schließlich herausstellen würde, daß es
dort oben nichts Älteres mehr gibt, so wäre es doch ein
guter Aussichtspunkt, um irgendwelche Ruinen weiter
unten auszuspähen. Ein vielversprechender Weg, offensichtlich alt und schon lange unbenutzt, führt vom
Strand aus gerade vor der kleinen Gärtnerei in vielen
Windungen steil den fast senkrechten Hang hinauf. Der
Turm selbst liegt ungefähr 35 Meter über dem Meer.
Die Aussicht von dort ist sehr schön, besonders nach
Südosten, die Küste hinunter, über die kleine Felsen-
bucht auf der andern Seite des Vorgebirges, wo das Meer
im Laufe jahrhundertelanger Erosion wild zerklüftete
Felsbrocken aus den Klippen in die immer breiter wer-
dende Bucht geschleudert hat. Sie ragen in phantastischen Winkeln aus dem schwarzen Wasser, sehen aus
wie versteinerte Dinosaurier und machen diese Bucht
ebenso heimtückisch, wie die andere, aus der wir heraufgestiegen sind, ungefährlich war. Und der Archäologe
wird nicht enttäuscht. Der Turm ist umgeben von anti-

ken Steinen, seine Mauern sind gespickt damit, und die *Fundamente eines weiteren Tempels* liegen noch ›in situ‹: ein großes Rechteck von Marmorblöcken, die in den Boden eingelassen sind. Vielleicht war dies Pausanias' ›Megaron‹ der Demeter, oder vielleicht war hier und nicht am Ort der Kirchenruine unten am Ufer sein Aphroditetempel, denn die topographische Bezeichnung ›am Meer‹ ist nicht sehr spezifisch. Es könnte auch irgendein völlig anderer Tempel aus derselben oder einer anderen Zeit gewesen sein, denn Pausanias erwähnt nur die beiden Bauwerke, die er zur Zeit seines Besuches für die bemerkenswertesten hielt.

Es ist nicht einfach, auf diesem Vorgebirge herumzulaufen, denn es ist ganz bedeckt mit einem Gewirr von hüfthoher Wolfsmilch und anderem dornigen Gestrüpp. Als Lohn für diese Mühe findet man aber ungefähr fünfzig Meter von dem Turm entfernt zwei weitere leuchtende Stelen, ähnlich jener ersten am Ufer. Sie bezeichnen den Ort, an dem noch ein weiterer Kandidat für den Aphroditetempel stand. Die Fundamente sind jetzt von Dornbüschen überwachsen, aber noch intakt, und die Stelen am Westende, die die Pfosten der niedrigen Tür bildeten, als aus dem Tempel eine nur sehr ungenau nach Osten ausgerichtete Kirche wurde, sind mit noch gut lesbaren Inschriften versehen. Eine davon ist dem Gaius Julius Lako von der Union der Freien Städte Lakoniens gewidmet, die andere von seiner ›Stadt der Tainarianer‹ einem ›hervorragenden Bürger‹ namens Tanagros. Im Herbst 1987 erwies sich, daß diese beiden Stelen nicht mehr dort sind. Sie fanden sich stattdessen auf dem Dorfplatz von Álika aufgestellt. Mit ihnen zusammen liegt dort auch eine große rötliche römische Säule. Wenn man zum Turm zurückgeht, aber landeinwärts schaut, hat man einen Blick aus der Vogel-

perspektive auf die alte Stadt. Offenbar war dies ganze
Gebiet einst voller Gebäude; spätere Dorfbewohner haben dann versucht aufzuräumen, um Platz für ihre Olivenbäume und kleinen Getreidefelder zu schaffen. Das
seltsame Ergebnis ist, daß winzige Anpflanzungen umgeben sind von Mauern in jeder Höhe zwischen zwei
und vier Metern. Darum ist es außergewöhnlich schwierig, sich zu orientieren, außer dort, wo die Mauern nahe
nebeneinander parallel angeordnet und über die Hälfte
mit Steinen ausgefüllt sind. In diesem Fall geht man
etwa drei Meter über dem Erdboden, kann etwas sehen,
aber nicht hinunterkommen. Und da nicht wenige dieser
unzähligen Passagen Sackgassen sind, kann es lange
dauern und viel Geduld erfordern, bis man findet, was
von dem Turm aus so leicht zu entdecken ist: das mit
Bögen versehene Ostende und die leuchtenden Marmorspolien der *Basilika des heiligen Petrus,* genau in der
Mitte des Labyrinths (Farbtafel 36).

Als wir schließlich von einer brüchigen Terrassen-
mauer in das westliche Ende der Kirche hinunterkletter-
ten, gerieten wir in eine Wolke von Schmetterlingen, die
sich in den Ruinen gesonnt hatten. Die Pfosten der
Westtür waren gebildet aus zwei großen Stelen, ganz
wie die auf dem Vorgebirge und in ähnlicher Art mit
Inschriften versehen, diesmal für die Kaiserin Julia
Domna und einen großzügigen Bürger namens Lysikra-
tes. Für diese kunstvoll in den Stein gemeißelten Widmungen hatte man keine Kosten gescheut, und ihre
nahezu perfekte Lesbarkeit nach mehr als 16 Jahrhunderten, in denen sie allen Zufällen ausgesetzt waren,
ist ein Zeugnis für die exzellente Qualität sowohl der
Steinbearbeitung als auch des Steins selbst. Die große
einzige Apsis an der Ostseite ist teilweise restauriert. Die ganze Kirche mißt in ihrem Äußeren ungefähr

22 Meter von Ost nach West und etwa 19 Meter von Nord nach Süd. Damit ist sie kaum kleiner als die große Basilika auf Tigáni. Doch gibt es weniger Zweifel über die Datierung von St. Peter. Während Tigánis Kirche auch noch aus dem 10. Jahrhundert sein könnte, stammt diese zweifellos aus dem späten 5. oder frühen 6., wenn auch einige der Marmorspolien und Säulenkapitelle, die über das Gelände verstreut herumliegen, spätere Arbeiten sind, vielleicht aus dem 7. oder 8. Jahrhundert. Prof. Drandákis stützt sich unter anderem auf diese Tatsache als Beweismaterial, um die Tradition, daß Mani bis zum 9. Jahrhundert heidnisch war, zu widerlegen. Seine Argumente sind zwar beeindruckend, doch braucht die Existenz zweier christlicher Hochburgen an der Küste im 6. Jahrhundert (wenn wir Tigáni die frühestmögliche Datierung zugestehen) nicht zu bedeuten, daß das Christentum einen wesentlichen Einfluß im Landesinnern hatte. Sie schließt auch nicht aus, daß die Bevölkerung wieder vom christlichen Glauben abfiel bis zu Beginn der Missionstätigkeit, von der für die Regierungszeit von Basileios I. im 9. Jahrhundert berichtet wird.

Váthia

Um aber wirklich tief in die heidnische Vergangenheit der Mani einzudringen, müssen wir das neue Taínaron zugunsten des alten hinter uns lassen und auf den Spuren von Leakes Expedition nach Matapán in den Süden vordringen. Ein flacher Gebirgsausläufer scheidet das offene Tal von Kypárissos von dem von Váthia, ungefähr zwei Kilometer vor uns. **Váthia** selbst ist etwa einen Kilometer vom Meer entfernt auf einer spitz zulaufenden Anhöhe zusammengedrängt. Die heutige Straße nach Matapán führt hinauf und durch das Dorf;

Leakes berittene Gesellschaft konnte weiter unten einen
Weg über das Flußbett nehmen und brauchte nicht so
weit ins Land hinein. Und es war 1805 sicherer, einen
großen Bogen um Váthia zu machen. Leakes Gesellschaft wurde zu Füßen des Hügels von einer Gruppe
bewaffneter Männer aufgehalten und fünf Minuten lang
peinlich befragt. Er nimmt ohne Überraschung zu Proto-
koll, daß das Dorf seit mindestens vierzig Jahren in zwei
Parteien zerfallen war. »Im Laufe dieser Zeit, schätzen
sie, sind ungefähr hundert Männer getötet worden.« Es
war eine typisch maniotische Fehde; was man aber
heute schwer begreifen kann, ist, wie es möglich war,
einen aktiven Kriegszustand auf so engem Raum so
lange aufrechtzuerhalten. Eine ganze Generation muß
im Schatten feindlicher Türme, die nur ein paar Meter
voneinander entfernt waren, geboren und aufgewachsen
sein. Diese Türme ballen sich auf ihrer sturmgepeitschten Höhe zusammen, eher wie zu guter Kameradschaft
als zu gegenseitiger Zerstörung: eine verblüffende Ansammlung von Wolkenkratzern, die aus einem Labyrinth von gepflasterten Straßen aufstreben (Farbtafel
34). Oft gehen die Straßen in Treppen über, und man
verliert sich in einem engen Gewirr von unter- und
übereinander führenden Durchgängen. Man fühlt sich
ebenso seltsam wie bei der Erkundung der Ruinen eines
Mayatempels, nur daß diese Ruinen hier noch von etwa
dreißig älteren Leuten unter der Aufsicht eines fanatisch
royalistischen Bürgermeisters bewohnt sind. Und der
Eindruck, in eine Krümmung der Zeit und dabei in ein
längst vergangenes Jahrhundert geraten zu sein, ist
hier ebenso lebhaft wie in Korogiánika. Es war schon
schwierig genug miteinander in Einklang zu bringen,
wie die schwarzverhüllte Frau des Bürgermeisters ein
kaltes Bier aus einem riesigen Kühlschrank in einer im

Türmereiches Váthia

übrigen ganz und gar mittelalterlichen Straßentaverne zauberte. Aber dann begegnete uns ein paar Meter weiter eine neunzigjährige Witwe, die einen Behälter mit Wasser mühsam durch eine kaum einen Meter hohe Tür in ihren Turm schleppte. Türen hatte man niedrig und eng gehalten, damit sie nicht so leicht von Feinden gestürmt werden konnten. Im schwarz verräucherten Inneren konnten wir einen großen Kessel über einem niedrigen Feuer hängen sehen und dazu die einfache, heruntergekommene Einrichtung eines Kampfturmes, alles unverändert seit den Tagen Leakes, als die Einwohner hier ihr Leben damit verbrachten, auf die nächstbeste Tür ihrer Feinde einzuschlagen. Doch mangels Bürgerkrieg erwiesen sich die älteren Einwohner von Váthia als bemerkenswert langlebig. Sie sitzen jeden Sommerabend vor ihren Türmen und beobachten, wie die Sonne friedlich im Messenischen Golf untergeht. Und wer kann sagen, ob sie schlechter dran sind als ihre Kinder,

die auf den Balkons ihrer Athener Mietwohnungen sitzen und ihre Nachbarn auf der andern Straßenseite –
die ihrerseits dasselbe tun – durch die Smogluft ansehen
und sich die größte Mühe geben, ihre eigenen Gedanken
zu hören in einer Stadt, die heute zu den lautesten,
überfülltesten und mit am schlimmsten von der Umwelt-
verschmutzung belasteten Städten Europas gehört?

Pýrgi

Die Straße führt hinter Váthia noch eine Strecke weit
bergan und gibt einen letzten prachtvollen Blick über
das Dorf und die ganze Küste bis hin zum Cávo Grósso
frei. Dann verschwindet sie um ein Vorgebirge herum in
der von Leake beschriebenen dramatischen Landschaft:
»Wir folgen dem Kamm der Felsen, die ins Meer hinaus-
ragen«, schrieb er, »entlang der Flanke eines sehr steilen
Berges, wo es einige schwierige Pässe gibt, besonders
einen, der aus einem Gewirr von immensen Felsblöcken
besteht, die von der Stirn des Berges herabgestürzt zu
sein scheinen«. Die heutige Straße folgt einer Trasse, die
erst vor kurzem in die Flanke von Leakes »sehr steilem
Berg« gesprengt wurde. Obwohl unsere Reise nicht so
schwierig wie die seine ist, ist sie doch nicht weniger
erregend. Fährt man sie in nördlicher Richtung, kann
man sich dicht an den Fels zur Seite der Straße halten,
doch wer nach Süden unterwegs ist, hat neben sich einen
steilen Abgrund über einem langen schmalen Plateau,
das auf der anderen Seite in mächtigen Klippen ins Meer
abstürzt. Es ist allerdings eher ein Tal als ein Plateau,
denn vor den Klippen steigt das Gelände wieder an und
bildet einen Wall aus einzelnen Anhöhen. Die größte
von ihnen ist ein breiter, zerklüfteter Felsvorsprung. Er
ragt steil aus dem Meer auf, steigt jedoch von dem Tal
aus nur zögernd in etlichen Reihen gewundener Terras-

sen an. Neben dem nackten Felsgipfel klebt schwindelerregend ein verfallener Turm (Farbtafel 37). Er beherrscht das verlassene Tal wie eine vergessene, aber
zuverlässige Zikkurat, von Stürmen gepeitscht und von
Blitzen zerrüttet. Aber immer noch klammert er sich
fest, ein Nistplatz für Raben, deren schwarzes Gefieder
und klagendes Krächzen sie zu angemessenen Bewohnern für einen maniotischen Turm machen. Bei einem
Besuch 1987 liegt nur noch ein riesiger Trümmerhaufen
an der Stelle dieses einst so besonders schönen Turms.

Die Grigorakiáni

Gleich nachdem wir diese, der Türme wegen Pýrgi ge-
nannte Stelle hinter uns gelassen hatten, bog sich die
Küste nach Osten auf den Isthmus zu. Wir waren oberhalb von Pórto Marmári, dem antiken Achílleion, dessen beide Sandbuchten zwei von einem hohen Vorgebirge getrennte Halbkreise bilden. Hinter ihnen erheben
sich die drei Bergkegel, die wir von Korogiánika aus
auf der Westseite des Kaps ausgemacht hatten, und zu
unserer Linken, auf dem höchsten Punkt des Isthmus,
der **Turm von Chárakes.** Seit dieser beherrschende Platz
1829 von den Grigorakiáni, dem Clan der Grigorakáki
aus Kítta, zum erstenmal befestigt worden war, war er
immer ein Zankapfel zwischen den Herren der Tiefen
Mani gewesen. Diese expansionsfreudige Familie verstand unter Unabhängigkeit, daß sie ohne türkische In-
terventionen tun konnte, was sie wollte, und beschloß,
die Herrschaft über das südliche Kap zu übernehmen.
Die Michalakiáni von Váthia und Lágia waren aber
nicht bereit, sich kampflos von ihren Besitzungen dort
abschneiden zu lassen, und erklärten Krieg. Das Ergebnis war ein Sieg für die Grigorakiáni. Die beiden Familien legten dann aber ihren Streit bei, und die Michala-

kiáni durften nicht nur frei über den Isthmus passieren, sondern wurden, wenn sie vorbeikamen, im Turm auch gastlich aufgenommen. Immer noch nagte es aber an ihnen, daß ihre freie Passage nur ein Privileg und kein Recht war, und eines Tages, als die Besucher an Zahl der gastfreundlichen Turmbesatzung überlegen waren, erwies sich die Versuchung als unwiderstehlich: sie wandten sich gegen ihre Gastgeber und nahmen den Turm in Besitz.

Überflüssig zu sagen, daß die Grigorakiáni sofort den Kampf aufnahmen. Am 25. Juni 1829 begann eine neue Schlacht, gerade rechtzeitig, um die französischen Wissenschaftler der ›Expédition Scientifique de Morée‹ zu inkommodieren. Deren Schiff war gerade an diesem Tag in Pórto Kágio – der Bucht auf der Ostseite – vor Anker gegangen. »Wir hatten kaum ... am äußersten Ende von Pórto Kágio geankert«, erinnert sich der Expeditionsleiter, »als Kugeln pfeifend über unsere Köpfe flogen. Der Turm von Chárakes, der auf einem nahen Bergrücken lag, war die Ursache des Kampfes«. Er beschreibt dann, wie sie zu dem befestigten Kloster in den Felsen am Nordende der Bucht hinaufkletterten, um dem Bischof einen Besuch abzustatten. Sie hofften sich seiner Unterstützung für ihre Arbeit zu versichern, doch dieser weltlich gesinnte Hierarch wünschte offensichtlich nicht, in die Händel innerhalb seiner Gemeinde verwickelt zu werden: er war in kirchlichen Angelegenheiten bereits zu einem Besuch nach Kalamáta aufgebrochen. Sein Stellvertreter war ein fetter, träger Mönch. Die Wissenschaftler trafen ihn an, wie er mit untergeschlagenen Beinen auf einer Matte vor der Tür saß, während fünf oder sechs schlecht gekleidete, aber gut bewaffnete Kakovoulióten die Mauern bewachten. »Er rührte sich nicht im geringsten angesichts unserer Gegenwart, und indem er mit Indifferenz, um nicht zu sagen, arroganter Geringschätzung meinen Gruß, den ich ihm durch den Dolmetscher übermitteln ließ, entgegennahm, fragte er nur lakonisch, was ich wolle.« Seine guten Manieren fielen ihm rasch wieder ein, als der Dolmetscher sich berufen fühlte, ihn auf die Bedeutung dieser Gäste hinzuweisen: »Warum seid Ihr nicht aufgestanden und habt mit gebührender Ehrerbietung diesen großen Effendi begrüßt, der Euch die Ehre erweist, zu Euch heraufzuklettern – den Effendi, der ein Freund des Ministerpräsidenten selbst ist.« Dieser gewichtige Name war kaum gefallen, als der Priester schon auf den Füßen war, dem Wissenschaftler die Hand küßte und so von öliger Hilfsbereitschaft überfloß, daß es kaum anziehender wirkte als seine vorherige Indifferenz. Doch der Schreiber des Berichts geht leicht darüber hinweg, und mit einer inneren Distanz, die eher dem Wissenschaftler als dem Franzosen zu eigen ist, berichtet er, wie er einige junge Krieger herunterkommen sieht, um ›en famille‹ an der Schlacht teilzunehmen. Ihre Frauen wankten voraus, ihre Rücken hoch beladen mit allem Gepäck. Die Männer trugen nichts außer ihren Waffen, und sogar ein achtjähriger Junge war mit einer alten Pistole ausgerüstet.

Wieder blieben die Grigorakiáni Sieger. Der Besitz des Turmes war ihnen nach 1834 noch sicherer, als nämlich Joánnis Grigorakákis einer der ersten Familienchefs war, die aus der antiroyalistischen Koalition ausbrachen. Er ließ sich von dem geschickten Max Feder für eine lukrative Aufgabe im Dienste König Ottos gewinnen. Und mit dem Geld, das ihm aus dieser Quelle zufloß, ließ er 1852 den alten Turm niederreißen und baute den prachtvollen neuen, der heute noch dasteht, obwohl die gegnerische Familie noch einen letzten Versuch unternahm, die Herrschaft über den Isthmus zurückzugewinnen. Doch die Grigorakiáni siegten abermals, vielleicht nicht zuletzt, weil der große Anführer der feindlichen Partei, Micháli Gounelás, tot war. Sein ›mirológi‹ – das zugleich als eine Art Blitzableiter funktioniert haben muß – legt den Gedanken nahe, daß es durchaus niemand gab, der an seine Stelle treten konnte:

> Oh, tapfrer Micháli Gounelá,
> wie stehn wir jetzt da!
>
> Soll, weil Du starbst, das dicke Schwein,
> der Fresser Berdési nun Erster sein?
> Oder soll, anstatt den Weihrauch zu schwingen,
> der kahle Priester bei uns jetzt bestimmen?
> Oder gar Mourkáki, der Verrückte,
> oder der Arzt, der eitel Verzückte –
> ein sehr schlechter Charakter ist er –,
> oder soll Vangélakas her,
> mit dem tückischen Lächeln der
> und der dicken Nase dazu?
> Was rätst denn Du?
> Soll Boúrdo, der Sohn von einem Schwein,
> in der Familie Ältester sein?
> Oder willst Du Vangélakas, den Schlechten?
> Wer nennt uns den Rechten?
>
> Oh, tapfrer Micháli Gounelá,
> wie stehn wir jetzt da!

Pórto Kágio, die Wachtelbucht

Zwei Straßen kreuzen den Isthmus zwischen Marmári und Pórto Kágio, dessen alter Name Psamathoús war. Die Venezianer nannten es aber Porto Quaglio wegen der Unmengen Wachteln, die man dort während ihrer alljährlichen Wanderung in Netzen fing und für einen erstaunlich umfangreichen Exportmarkt einsalzte. Die erste der beiden Straßen windet sich um den Berghang und führt zu Kloster und Festung an der Nordseite der Bucht. Die zweite geht nahe am Turm vorbei und in Serpentinen hinunter an den sandigen Strand am Südende. Von dort aus hat man einen Blick nach Norden wie von der Bühne eines riesigen antiken Theaters hinauf ins Auditorium. Die kreisförmige ›orchestra‹ wird von der Meeresoberfläche gebildet, die hier ein fast vollkommenes Rund bildet. Dahinter erheben sich die Felsen der Nordseite wie steile Sitzreihen bis hin zu Korogiánikas Kirche über den Felsen. Sie steht, wie es ihr zukommt, auf dem Olymp. Die große *Festung* und das *Kloster* teilen sich in den ersten Rang auf halber Höhe, getrennt voneinander durch einen fast senkrechten Gang: eine steile Schlucht, deren Seiten aus wunderschön angelegten Terrassen voller Zypressen bestehen. Offensichtlich ist dort oben keine Wasserknappheit. Davon kann man sich überzeugen, wenn man die kleine Straße zum Kloster nimmt: die Üppigkeit seiner hängenden Gärten ist außerordentlich. Am 15. August 1987 wurde allerdings der größte Teil dieser Oase Opfer eines Waldbrands.

Als Leake 1805 dort im **Kloster** eine Nacht verbrachte, waren seine Erfahrungen offenbar angenehmer als die der französischen Wissenschaftler 24 Jahre später in den Tagen der Befreiung. Man gab ihm das »bei weitem angenehmste Quartier, das mir in der Mani begegnet ist«, und er erinnert sich mit Vergnügen eines ausgezeichneten Salats zum Abendessen und des ausgesuchtesten maniotischen Honigs. Heute gibt es keine Mönche mehr, geschweige denn einen Bischof, die der Heiligen Jungfrau von Pórto Kágio Andachten ausrichten, doch werden die Klostergebäude noch von einem Bauern und seiner Frau bewohnt. Sie zeigen einem ihre Kirche, die einsam in herrlicher Lage über der Bucht hängt. Sie kümmern sich auch um die Terrassen. Wenn man ein wenig über das Kloster hinausgeht, findet man auch die Quelle solch unerwarteter Fruchtbarkeit: einen Brunnen am Straßenrand mit dem köstlichsten Wasser. Es strömt im Schatten eines Feigenbaumes unaufhörlich aus einer Felsspalte, und nachdem es eine Zisterne gefüllt hat, blubbert es fröhlich unter der Straße hindurch in die mit Zypressen, Orangen und Oliven bestandenen Terrassen der Schlucht. Starr und abweisend erheben sich die Mauern der Festung auf der andern Seite, und wenn man dann auf ihren Wällen steht und hinunterschaut in die tiefe blaue Bucht, kostet es die Phantasie wenig Mühe, auf der Bühne dort unten die wechselvollen Bilder der Geschichte sich entfalten zu sehen.

Es war im Jahre 1570, als die Türken zum ersten Male beschlossen, Pórto Kágio zu einem Flottenstützpunkt zu machen und zu seiner Verteidigung eine Festung zu bauen. Das geschah nicht nur, um die widerspenstige Mani um ihrer selbst willen besser unter Kontrolle zu halten, sondern auch zur Vorbereitung für die Eroberung von Zypern, das ebenso wie Kreta noch in venezianischer Hand war. Ein Blick auf die Karte zeigt, wie sehr ein Stützpunkt gerade an dieser Stelle geeignet gewesen wäre, die Verbindungs- und Versorgungslinien der Republik nach Zypern und in die Levante abzuschneiden. Kaum hatten jedoch die Türken damit begonnen, ihre Festung zu bauen und die Kanonen dafür abzuladen, als bereits eine Botschaft der Manioten an den venezianischen Admiral in Chaniá unterwegs war. Es dauerte nicht lange, bis der Kommandant der Insel Kreta die Vorteile eines Präventivschlags sowohl für die Manioten als auch für die Republik erkannte. Am 29. Juni 1570 liefen 24 Galeeren unter der Flagge mit dem Markus-

löwen in die Bucht von Pórto Kágio ein, und mit Hilfe
der gleichzeitig von Land aus angreifenden Manioten
wurden die Türken geschlagen, ihre Kanonen erbeutet
und die Festung durch Minen gesprengt.

Es war ein glänzender Erfolg für die Venezianer und
ihre maniotischen Verbündeten. Zwar rettete er Zypern
nicht vor der gigantischen Flotten- und Militärmacht,
die der Sultan gegen es aufbot; Pórto Kágio wenigstens
blieb aber genau weitere hundert Jahre frei von ständi-
ger türkischer Präsenz. Als dann aber schließlich der
Großwesir Küprülü Kreta 1669 nach viereinhalb Jahrhunderten venezianischer Herrschaft eroberte, beschloß
er, die Mani gegen venezianische Einmischung zu sichern, und zwar da, wo immer die Achillesferse des
türkischen Reiches in der Peloponnes gewesen war. Er
verkündete eine Amnestie für all die Manioten, die für
die Venezianer in Kreta gekämpft hatten, strich Steuer-
rückstände und ernannte einen Griechen zum Bey. Um
die künftige Anerkennung seiner Herrschaft zu sichern
und der Seeräuberei ein Ende zu machen, verließ er sich
aber nicht allein auf Bereitwilligkeit und Diplomatie. Er
etablierte zusätzlich ständige Garnisonen zur Kontrolle
der beiden kritischen Buchten von Ítylon und Pórto
Kágio. So kommt es, daß die Festung, die wir heute in
der Bucht von Pórto Kágio sehen, eine Zeitgenossin
von Kelefá ist. Doch sogar jetzt dauerte die türkische
Besetzung von Pórto Kágio nicht länger als 15 Jahre,
wenn überhaupt so lange. 1685 war die Mani sofort in
Aufruhr, um Morosinis Eroberung der Peloponnes zu
unterstützen. Ob nun die Festung den Venezianern übergeben wurde – wie Kelefá – oder ob sie aufgegeben
wurde – wie Passavá –: die Bucht wird während der
nächsten dreißig Jahre mehr vom Löwen als vom Halb-
mond gesehen haben, bis die Welle der ottomanischen

Herrschaft zurückflutete, die Venezianer wieder aus der
Peloponnes hinausschwemmte und sogar die Mani wieder unter türkische Herrschaft geriet.

Ein weiteres Jahrhundert ist vergangen und die Bühne
bereit für das kurze Drama des Majors *Lámbros Katsónis,* des seeräubernden Patrioten oder patriotischen Seeräubers, dessen Denkmal auf der die Bucht fast abschlie-
ßenden Mole steht. Er war einer von vielen Griechen, die
in der russischen Armee zu Offizieren ernannt worden
waren, um späterhin für Katharinas kaiserliche Ambitionen zur Verfügung zu stehen. Solange Rußland und
die Türkei sich – von 1787 bis 1792 – im Kriegszustand
miteinander befanden, waren seine Piratenstücke gegen
die Türken durch die russische Fahne sanktioniert und
wurden auch, wenigstens zum Teil, durch russische
Fonds finanziert. Als dann aber die Kaiserin 1792 mit
dem Sultan Frieden schloß und das Interesse an der
Levante verlor, verkündete Katsónis, daß er den Befrei-
ungskampf allein weiterführen wolle, und machte Pórto
Kágio zu seinem Stützpunkt. Er installierte südwestlich
der alten Festung eine Kanonenbatterie, brach, nachdem
er elf Schiffe und eine große Anzahl von ebenfalls ar-
beitslos gewordenen Desperados zusammengebracht
hatte, auf und machte die Schiffahrtswege des Mittelmeers und der Ägäis unsicher. Obwohl er zweifellos
tapfer und tatkräftig war, fällt es doch schwer, in ihm
den modernen Themistokles zu sehen, in dessen Ge-
wand ihn der Mythos des langen Unabhängigkeits-
kampfes kleidet. Ihm war es nur darum zu tun, seine
Machtposition und lukrative Beschäftigung nicht zu
verlieren. Als sich herausstellte, daß er seine Schiffe und
deren Mannschaften unmöglich halten konnte, wenn
er nur Schiffe von Ungläubigen angriff, attackierte er
bedenkenlos Schiffe jeder Nationalität, wenn sie nur

Aussicht auf leichte Beute boten. Als er aber im Mai
1792 in der Nähe von Nauplia zwei französische Schiffe
angriff und versenkte, war das für ihn der Anfang vom
Ende. Der französische Botschafter in Konstantinopel
benachrichtigte den Kommandanten eines französischen Flottengeschwaders in der Levante. Dieser vereinigte seine Streitkräfte alsbald mit denen des Kapoudan
Pascha, und gemeinsam brachen sie auf, das Piratennest
auszuräuchern. Am 19. Juni sah Katsónis mit Schrecken,
wie die türkische Flotte in die Bucht einlief. Sie wurde
unterstützt von einem französischen Zerstörer mit Namen ›La Modeste‹, der in aller Ruhe Katsónis' Batterien
zerstörte. Katsónis' Mannschaften flohen, und seine
verlassenen Schiffe wurden im Triumph nach Konstantinopel gebracht. Er selbst rettete aus diesem Schiffbruch
seines Schicksals nur das nackte Leben, indem er in die
Berge floh. Von dort aus ging er schließlich auf die
Ionischen Inseln.

Der Traum eines jeden Kriegsberichterstatters, nämlich auf dem neuesten Stand der Ereignisse und dabei
selbst nicht gefährdet zu sein, wäre in Erfüllung gegangen, wenn er die Katsónis-Episode von der alten Festung
aus hätte beobachten können. Es wäre allerdings vermutlich weitaus nervenaufreibender gewesen, sich hier
bei gewissen Gelegenheiten während des *Zweiten Welt-
krieges* aufzuhalten, als Flugzeuge den Seeschlachten
eine dritte Dimension hinzugefügt hatten und sogar die
Vogelperspektive unsicher machten. Die britische Flotte
aus Alexandria nahm am 29. März 1941 vor der Küste
von Matapán ein italienisches Geschwader so verheerend unter Beschuß, daß fünf feindliche Schiffe zerstört
wurden, während nur ein britisches Flugzeug verloren-
ging. So ermutigend das aber auch für die Sache der
Alliierten war, die Schlacht bei Taínaron verzögerte we-

der, daß Griechenland einen Monat später an die Ach-
senmächte fiel, noch den Verlust von Kreta einen weiteren Monat danach. Die Allierten hatten keine andere
Wahl, als ihre Truppen vor dem deutschen Vormarsch
zurückzuziehen. Aber das war ein schwieriges Geschäft,
das noch lange während der deutschen Besetzung wei-
terging und gefährliche Unternehmungen erforderte, damit abgeschnittene britische Truppen in abgelegenen
Häfen Südgriechenlands an Bord genommen und ab-
transportiert werden konnten. Einer dieser Häfen war
Pórto Kágio. In Kítta trafen wir einen Mann, der damals
in Pórto Kágio gelebt und eine dieser Rettungsaktionen
mitangesehen hatte – einen Steinwurf entfernt von der
Stelle, an der wir jetzt auf den Festungsmauern standen.

Die zu evakuierenden Soldaten hatten auf dem sandigen Strand am Südende der Bucht seit Mitternacht gewartet, doch der Zerstörer, der sie abholen sollte, lief
erst kurz vor der Morgendämmerung ein. Noch bevor
die Einschiffung abgeschlossen war, war es schon hell.
Als die letzten Männer an Bord kletterten, wurde das
Schiff von einem Stuka entdeckt. Er schwenkte sofort
ein und setzte von Süden her seinen Sturzflug an. Unterdessen hatte der Zerstörer die Anker gelichtet. Der Ruf
an die Gefechtsstationen, das Rasseln der Ankerketten
und das erste Geknatter der Flak waren nur einen Augenblick lang zu hören, dann gingen alle anderen Geräusche unter in dem donnernden Dröhnen des näherkom-
menden Stuka, der Explosion seiner Bombe in einer
großen Gischtfontäne und dem Heulen der Flugzeugmo-
toren, als er steil in die Höhe zog, um den Felsen auszuweichen, während ein andauernder Hagel von Geschos-
sen auf die Festungsmauern niederging. Unser Augen-
zeuge bückte sich unwillkürlich, als er die Geschichte
erzählte, er dachte damals, seine letzte Stunde habe

geschlagen. Der Zerstörer lief nun mit voller Kraft aus der Bucht aus und machte Rauch, der Stuka drehte nach einem zweiten Versuch ab, und unser Freund lebte weiter, so daß er uns die Geschichte erzählen konnte. Er tat es, wie nur ein Grieche sie erzählen kann, denn es gibt keine kriegsliebendere Nation auf der Erde. Als nun seine Kumpane wetteiferten, seine Kriegserinnerungen mit ihren eigenen zu übertrumpfen, fiel uns wieder ein, mit welch ungläubigem Staunen 1968 einige amerikanische Kriegsdienstverweigerer, die in einem abgelegenen kretischen Dorf landeten, dort empfangen wurden. Wir hielten uns damals gerade dort auf. Lange Zeit wollten die Einwohner es einfach nicht glauben, daß diese jungen Männer es tatsächlich vorzogen, nicht zu kämpfen. Als sie schließlich überzeugt waren, stimmten sie alle in vernichtender Verachtung für sie überein, außer einem. Er war ein alter Krieger mit einem prachtvollen Schnurrbart und hatte seine eigene glaubwürdigere Theorie. »Natürlich wollten sie kämpfen«, vertraute er den andern in weithin hörbarem Flüsterton an, »aber sie durften nicht. Sie haben vielleicht Plattfüße oder schlechte Augen. Sie sehen nicht kräftig aus. Und sie sind hergekommen, um ihre Schande zu verbergen. Arme Kinder, das Schicksal hat es nicht gut mit ihnen gemeint.«

Keine Bühne hätte aber weniger kriegerische Kulissen haben können als Pórto Kágio, das in der unbeweglich stehenden Hitze eines Juninachmittags döste, als wir letzthin die **Festung** besuchten. Die Kirche schimmerte friedlich, in einen Glorienschein von Dunst gehüllt, über die hängenden Gärten zu uns herüber. Nirgends war Bewegung, weder von Mensch noch Tier, außer dem trägen Flattern einiger Schmetterlinge in den Zypressen und dem langsamen Gleiten einer Yacht mit weißen

Segeln, die sich anschickte, vor dem Sandstrand am
anderen Ende der Bucht zu ankern. Auch uns zog es
unwiderstehlich dorthin. Nachdem wir uns am Kloster-
brunnen köstlich erfrischt hatten, fuhren wir zurück zur
Hauptstraße und nahmen diesmal die zweite Abzweigung. Sie führt über den Isthmus, schlängelt sich zunächst aufwärts, dann über den Bergrücken, hinter dem
Chárakes-Turm vorbei und hinunter in die einladende
Bucht, wo die versprengten Soldaten 1941 auf den Zerstörer gewartet hatten. Pórto Kágio ist ohne Zweifel
eine der schönsten Buchten in ganz Griechenland. Wir
badeten in ihrem leuchtend klaren Wasser, das glücklicherweise nicht von Öl verschmutzt ist. Dies verdirbt
einem nämlich den Spaß an den Stränden von Marmári
im Westen. Nun waren wir bereit, die anstrengende
Wanderung das Kap hinunter auf uns zu nehmen, um
das alte Taínaron, den Poseidontempel und die Höhle
zu suchen, wo einst Herakles den Höllenhund Kerberos
aus der Unterwelt heraufgeführt hatte.

KAPITEL VI

Poseidon, Taínaron und die Küste der ›Sonnigen Mani‹

VOM HÖCHSTEN Punkt der Straße, die Marmári und das Südende von Pórto Kágio verbindet, führt eine kurze Abzweigung in der Mitte des Isthmus noch ein wenig weiter hinunter nach Süden. Sie endet an einem Friedhof auf einem Hügel gegenüber dem Turm von Chárakes. Das war bis vor einiger Zeit der äußerste Punkt im Süden, den man mit dem Wagen erreichen konnte. Von hier aus bis zu der Bucht, in der der Poseidontempel stand, waren es etwa fünfzig Minuten anstrengender Wanderung in Richtung Südwesten. Man ging über einen Maultierpfad, der zunächst ein kleines Tal überquerte, in dem eine Kirche aus dem 19. Jahrhundert steht. Sie ist so riesig, daß selbst die ganze heutige Bevölkerung der Inneren Mani sie kaum zu füllen vermöchte, geschweige denn die Handvoll Menschen, die noch auf dem Kap selbst wohnt. Die einzigen Häuser, die man sieht, sind die verstreut liegenden Türme von *Páliros* im Osten. Ähnlich Korogiánika liegt dies Raubvogelnest auf dem Gipfel eines Berges. Nur an die zehn Einwohner sind noch übrig und können den fabelhaften Blick genießen: nach Norden über die Bucht von Pórto Kágio und nach Süden über die von Vathý, die nächste Bucht auf der Ostseite.

Wir sahen die Vathý-Bucht, als wir aus dem ersten Tal auftauchten: ein leuchtender Streifen Sand mit zwei kleinen Schluchten, die von Nordwesten und Südwesten zu ihr hinunterliefen. Die nordwestliche brachte eine unwahrscheinliche Menge von Platanen auf den sonst baumlosen Abhängen hervor. Páliros war jetzt links von uns, Pórto Kágio außer Sicht, und wir gingen auf einem leicht abwärts führenden Pfad an einem Hang entlang, der allmählich immer steiler von der Bucht zu unserer Linken zu den hohen Bergmassen auf der Westseite des Kaps anstieg. An einer Weggabelung hätte uns die rechte Spur steil den Abhang hinauf und zum Dorf *Mianés* geführt. Es ist heute verlassen, außer von etlichen wetterfesten Ochsen, die die Paliroten dort hinauftreiben, damit sie Futter suchen und den Blick nach Westen genießen. Der untere Pfad führt weiterhin mehr oder weniger nach Süden, auf die Schulter des Vorgebirges von Livádi, das die Vathý-Bucht im Süden abschließt. Als wir den niedrigen Sattel überstiegen, sahen wir unter uns die **Bucht von Asómati,** wo mehr als tausend Jahre lang das Heiligtum des Poseidon lag.

Das Taínaron der Antike

Heute – 1987 – kann man beinahe bis zu dieser Stelle mit dem Wagen fahren. Von Váthia kommend bleibt man auf der Strecke nach Marmári und nimmt die letzte Abzweigung vor diesem Ort nach links. Sie führt alsbald an eine Stelle, von der aus man links die oben erwähnte Kirche des 19. Jahrhunderts liegen sieht. Kurz danach verläuft sie mehr oder weniger dort, wo früher der Pfad war. Es gibt eine Abzweigung nach Páliros, wo man den Wagen unterhalb des Ortes stehenlassen kann. Sie ist nur einen halben Kilometer lang, und der Gang durch das Turmdorf ist schön und lohnend. Die Hauptstrecke

nach **Taínaron** ist vorerst nicht asphaltiert, aber recht
gut befahrbar. Der rechts abzweigende Weg nach Mianés ist weiterhin ein Fußweg. Die fahrbare Hauptstrecke
endet schließlich in einem offensichtlich provisorischen
Wendeplatz. Ungefähr zehn Minuten zu Fuß nach diesem Wendeplatz kommt eine Weggabelung. Hier bleibt
man rechts und entdeckt vielleicht sogar das winzige
Schild mit dem Hinweis, wo es nach Taínaron geht.
Von dieser Stelle aus läuft man noch ungefähr fünfzehn
Minuten über den alten, steinigen und sehr unbequemen
Weg bis zur Bucht.

»Es gibt dort einen *Tempel* in einem Hain«, schrieb
Strabon gegen Ende des 1. Jahrhunderts n. Chr., »und
in der Nähe eine Höhle, durch die Herakles – so behauptet die Mythologie – den Kerberos vom Hades herauf-
brachte.« Heute gibt es da weder einen Tempel noch
einen Hain, doch die *Höhle* kann man immer noch
sehen, neben dem Kieselstrand unterhalb der kleinen
Kirchenruine von Asómati, die der Bucht ihren Namen
gibt. Die Höhle ist annähernd oval, ein zugehöriger
kleiner Vorplatz liegt unter freiem Himmel. An der
Nordwestseite gibt es ein paar rauchgeschwärzte Höh-
lungen und im Innern etwas Mauerwerk. Die Höhle ist
nur ungefähr drei Meter tief und vielleicht neun Meter
lang. Ein Laubbaum wächst aus ihr hervor, der einzige
Baum in der ganzen Nachbarschaft. Sie ist kaum geeignet, die schrecklichen Erwartungen zu befriedigen, die
sich an Vergils Höllenrachen knüpfen, zumal wir Pausanias' enttäuschte Beobachtung nur bestätigen können,
daß »durch die Höhle ... kein Weg in die Erde führt«. Es
kann aber keinen Zweifel geben, daß dies die berühmte
Höhle war, und die Spuren eines ausgedehnten Heilig-
tums sind überall in der Umgebung noch sichtbar.
Gleich neben der Höhle am Strand sind noch die tiefen

und ins Meer hinein verlaufenden Fundamente eines
großen länglichen Baus zu sehen. Er kommt für den
Tempel selbst eher in Betracht als die **Kirche der Hagii
Asómati,** die auf einer kleinen Anhöhe annähernd 30
bis 40 Meter entfernt steht. Aber auch die Kirche ist –
wenn nicht auf der Stätte des Haupttempels – so doch
fast mit Sicherheit auf der eines antiken Bauwerks errichtet, das zu dem ganzen Komplex gehörte (Farbtafel
35). Wie Leake bemerkt, spricht die Tatsache, daß die
Kirche nicht wie üblich genau nach Osten orientiert
ist, dafür, daß sie ursprünglich keine Kirche war. Die
riesigen Quadersteine ihrer Nordmauer könnten gut
antikes Mauerwerk ›in situ‹ sein, besonders da sich in
der Nähe des Altars auf der Außenseite eine Türöffnung
befindet, von der im Innern keine Spuren zu sehen sind.
Wahrscheinlich wurde sie zugemauert, als der heidnische Bau in eine Kirche umgewandelt wurde.

Die Kirche ist heute das einzige, was an dieser –
oberflächlich betrachtet wenig beeindruckenden –
Stätte sofort ins Auge fällt. Man kann aber viele nicht so
offenkundige Spuren einer ausgedehnten antiken Stadt
finden, vor allem im Südwesten, hinter der andern
Bucht, die tiefer ins Land schneidet als die mit der
Höhle. Säulen und schönes Mauerwerk könnten ab-
transportiert worden sein. Die Lehmziegelwände von
Häusern vergehen bald, ihre aus dem Fels gehauenen
Fundamente aber lassen sich immer noch und auf einer
überraschend großen Fläche aufspüren. Es findet sich
eine große Anzahl von Zisternen, die der Bucht ihren
andern Namen ›Pórto Stérnes‹ eingetragen haben. Es
gibt glatte breite Stufen, die vom Meer heraufführen,
und Reste eines Mosaikbodens, dessen Farben wiederer-
wachen, wenn man einen Eimer Wasser darüberschüt-
tet. Und wenn die außergewöhnliche Konjunktur und

Bedeutung des Poseidonheiligtums an diesem entlegenen und ungastlichen Platz von einer Höhle, nicht grö
ßer als ein Rettungsboot, kaum zehn Meter tief, inspiriert werden konnten, dann wüßte man nur zu gern, was
solch antiker Geschäftssinn wohl aus den Díroshöhlen
gemacht hätte.

Doch vielleicht war Poseidon nicht der erste, dem
Taínaron gehörte. Zwar war er in Thukydides' Tagen,
im 5. Jahrhundert v. Chr., hier bereits fest etabliert; der
homerische *Hymnos an Apollo,* wahrscheinlich aus dem
7. Jahrhundert v. Chr., bezieht sich aber wie folgt auf
den Ort:

> »... Sie fuhren zuerst an Maleía vorüber,
> Kamen entlang dem Lakonischen Land nach Taínaron;
> dort liegt
> Stadt und Platz des Beglückers der Menschen,
> des Helios, rund vom
> Meer umkränzt; des Herrschers Helios wollige Schafe
> Weiden dort immer; ihn freut der Besitz des
> köstlichen Platzes. «

Vermutlich stellte Poseidon, ehe das klassische Zeitalter
begann, einen Übernahmeantrag für Taínaron; die gemeinsamen Merkmale: Delphine und Schlangen, hier
wie in Delphi, sprechen für ein freundschaftliches Übereinkommen zwischen den Mächten von Sonne und
Meer. In der homerischen Hymne vertraut Apollo (Helios) sich Poseidons Element an, und zwar als Delphin,
der dann ein Schiff voller Kreter, die nach Pylos unterwegs waren, umleitet nach Delphi. Dort machte er sie
zu Priestern seines neuen Orakels und benannte den Ort
nach dem Tier, dessen Gestalt er angenommen hatte.
Hekataios glaubte, daß Taínarons Kerberos keineswegs
ein Hund, sondern vielmehr eine Schlange war wie die
delphische Python. Und als der mit einer goldenen

Stimme begabte Sänger Aríon mit viel Geld von einer erfolgreichen Tournee durch Italien zurückkam und die üble Besatzung des von ihm gecharterten Schiffs ihn über Bord gehen ließ, sorgte Apollo dafür, daß er auf dem Rücken eines weiteren Delphins sicher an Land gebracht wurde, und zwar in Poseidons Taínaron.

Die Geschichte vom Delphinreiter

Laut *Herodot,* der die Geschichte von Aríon in einer der zahlreichen Abschweifungen – die seinen historischen Bericht so amüsant machen – erzählt, gab es zu seiner Zeit in Taínaron eine kleine Bronzestatue von einem Mann, der auf einem Delphin reitet. Ob allerdings die Statue zum Gedenken an Aríon aufgestellt worden ist oder ob die Aríonlegende aufgrund der vorhandenen Statue in Taínaron angesiedelt wurde, ist eine andere Frage. Es ist nicht völlig undenkbar, daß ein Seefahrer vor Taínaron von einem Delphin gerettet wurde. Man weiß sehr wohl, daß ein kranker oder sterbender Delphin auf den Rücken seiner Gefährten an die Meeresoberfläche getragen wird, damit er leichter atmen kann, und es mag sein, daß Delphine auf einen ertrinkenden Menschen auf die gleiche Art reagieren würden. Oder erinnerte die Statue nicht an eine Rettung aus Seenot, sondern an die Art von Spielen, die heute zwischen Wärtern und Insassen der modernen Delphinarien gang und gäbe sind?

In einem seiner – im Vergleich zu der langweiligen Verwaltungskorrespondenz mit dem Kaiser Trajan – weniger ermüdenden Briefe erzählt *Plinius der Jüngere* eine wohlverbürgte Geschichte von einer ähnlichen, jedoch kurzlebigen Touristenattraktion des 1. Jahrhunderts n. Chr. aus der römischen Stadt Hippo an der Küste Nordafrikas:

»Leute jeden Alters vergnügen sich hier mit Fischen, Kahnfahren und auch Schwimmen, besonders die Jugend, die ihre Freizeit und ihr Spieltrieb dazu reizt. Ihr gilt es als Heldentat, soweit wie möglich hinauszuschwimmen; Sieger ist, wer das Ufer und zugleich seine Mitschwimmer am weitesten hinter sich läßt.

Bei diesem Wettkampf wagte sich ein Knabe, der dreister als seine Kameraden war, besonders weit hinaus. Da begegnet ihm ein Delphin, schwimmt vor ihm her, folgt ihm, umkreist ihn, nimmt ihn schließlich auf den Rücken, wirft ihn wieder ab, nimmt ihn noch einmal auf den Rücken, trägt den Verängstigten auf die hohe See hinaus, kehrt dann um und bringt ihn wieder ans Land und zu seinen Kameraden.

Die Geschichte macht in der Kolonie die Runde, alles strömt zusammen, bestaunt den Knaben wie ein Wundertier, fragt ihn aus, hört ihn an, erzählt es weiter. Am folgenden Tage belagern sie das Ufer, blicken aufs Meer und alles, was wie Meer aussieht. Die Knaben schwimmen, unter ihnen der Held des Tages, aber vorsichtiger. Wieder ist der Delphin pünktlich zur Stelle, wieder nähert er sich dem Jungen. Der flieht mit den übrigen. Der Delphin schnellt in die Höhe, als wollte er ihn einladen und zurückrufen, taucht, umkreist ihn verschiedentlich und läßt ihn wieder frei.

So ging es auch am zweiten, am dritten, an weiteren Tagen, bis die am Meer aufgewachsenen Kinder sich allmählich ihrer Furcht zu schämen beginnen. Sie machen sich an ihn heran, spielen mit ihm, rufen ihn an, berühren ihn sogar und streicheln ihn, und er läßt es sich gefallen. Mit dem geglückten Versuch wächst ihre Kühnheit. Besonders der Knabe, der als erster die Probe gemacht hatte, schwimmt an ihn heran, schwingt sich auf seinen Rücken, läßt sich hin- und hertragen, glaubt, von ihm wiedererkannt und geliebt zu werden, und erwidert seine Liebe; keiner hat Angst vor dem andern. Der Junge wird immer zutraulicher, der Delphin immer zahmer. Auch andere Knaben schwimmen rechts und links zur Seite und ermuntern die beiden durch Zurufe.

Ein weiteres Wunder: ein zweiter Delphin schloß sich ihnen an, aber nur als Zuschauer und Begleiter, denn er tat und duldete nichts dergleichen, geleitete nur den andern hier- und dorthin, wie den Knaben seine Kameraden.

Unglaublich, aber doch ebenso wahr wie alles andere: der Delphin, Reittier und Spielgefährte der Knaben, ließ sich sogar an Land ziehen und wälzte sich, wenn er auf dem Sande trocken geworden war und es ihm zu warm wurde, wieder ins Meer. Soviel ist jedenfalls gewiß, daß Octavius Avitus, ein Legat des Statthalters, das Tier, als es einmal auf den Strand geworfen war, in törichtem Aberglauben mit Salben übergoß, dieses daraufhin vor dem neuartigen, ungewohnten Geruch aufs hohe Meer floh und erst nach vielen Tagen wieder zum Vorschein kam, matt und traurig, dann aber, als es wieder zu Kräften gekommen war, sein altes Spiel und den gewohnten Dienst wieder aufnahm. Alle Beamten strömten zusammen, um sich das Schauspiel anzusehen, aber ihr Kommen und Verweilen drückte das kleine Gemeinwesen mit ungewöhnlichen Auflagen. Schließlich verlor der Ort selbst seine ruhige Abgeschiedenheit; man beschloß, heimlich aus dem Wege zu räumen, was diese Anziehungskraft ausübte.«

Diese traurige Geschichte zeigt nicht nur einen interessanten Unterschied im Verhalten gegenüber Touristenattraktionen an Mittelmeer-Badeorten in der Antike und in der Moderne, sondern sie regt auch an zu neuen Spekulationen über die Ursprünge des Delphinreiters von Taínaron. Wenn diese Geschichte sich im 1. Jahrhundert n. Chr. in Bizerta zutragen konnte, könnte sechs oder sieben Jahrhunderte früher etwas Ähnliches in Taínaron geschehen sein, und die Wirkung auf abergläubische Gemüter könnte noch größer gewesen sein, als die auf den einfältigen Octavius Avitus. Um aber von Spekulationen auf Tatsachen zurückzukommen: Poseidons Tempel erscheint in klassischer und hellenistischer Zeit wiederholt von neuem als eine Zufluchtstätte von außergewöhnlicher Heiligkeit – auch im Sinne von Unverletzlichkeit – vor allem zugunsten derjenigen, die in Sparta, in dessen Gebiet des Heiligtum lag, plötzlich ›personae non gratae‹ geworden waren.

Poseidons Tempel

Einer der ersten, von denen berichtet wird, daß sie bei Poseidon Schutz suchten, war ein Verbindungsmann, dem während der Nachwehen der Perserkriege eine hochverräterische Botschaft des spartanischen Regenten Pausanias an die Perser anvertraut worden war. 479 v. Chr. hatte Pausanias die griechischen Truppen befehligt, die bei Plataä über das persische Heer gesiegt hatten. Der Sieg war ihm zu Kopf gestiegen. Nachdem er im folgenden Jahr die Perser aus Byzanz vertrieben hatte, benahm er sich so, daß man meinen könnte, die Perser hätten ihn befreit, und nicht er als Spartaner hätte Byzanz von den Persern befreit. Er nahm persische Kleidung und Manieren an und gab sich in jeder Weise wie jemand, der verspätet die einzig richtige Art zu leben entdeckt hat und nun verlorene Zeit aufholt. Obwohl er nach Sparta beordert wurde, um sich wegen propersischer Intrigen zu verantworten, benahm er sich nach seiner Rückkehr von dort nicht besser und wurde, nachdem die Byzantiner ihn mit Hilfe der Athener aus ihrer

Stadt vertrieben hatten, erneut nach Sparta zurückgeru-
fen. Aber es machte noch Schwierigkeiten, Beweise zu
beschaffen, die ein Mitglied der königlichen Familie –
ganz zu schweigen vom Sieger von Plataä – überführen
würden. Eines Tages aber fiel es einem seiner Boten, der
dem persischen Satrapen in Phrygien einen geheimen
Brief überbringen sollte, »plötzlich auf, daß keiner der
früheren Boten jemals von dort zurückgekehrt war«.
Daraufhin öffnete er den Brief und las warum.

Es war nicht sehr angenehm zu sehen, daß so ein
hochverräterischer Brief mit der Anweisung endete, den
Überbringer umzubringen, und der unglückliche Mann
trug den Brief zu den spartanischen Ephoren. Doch diese
zögerten immer noch, eine Verhaftung anzuordnen,
»bevor sie nicht etwas aus Pausanias' eigenem Mund
gehört hatten«. Sie entschlossen sich darum, ihm eine
Falle zu stellen. Sie wählten Taínaron als den besten
Platz, sie zuschnappen zu lassen. Sie befahlen dem Boten, als Bittsteller zu Poseidons Tempel zu kommen;
dort konnte er sogar dem Regenten ohne Gefahr gegen-
übertreten. Als Pausanias ihm, wie erwartet, folgte, um
den Grund dafür herauszufinden, daß er nach Taínaron
statt nach Phrygien gegangen war, warteten die spartanischen Ephoren in einem Nebenraum und hörten die
Unterhaltung mit an. Diese gab ihnen alle Beweise, die
sie brauchten. Als Pausanias heil nach Sparta zurückgekehrt war, ordneten sie an, ihn auf der Straße zu überraschen und festzunehmen. »Allein, … als es soweit gekommen war, daß man ihn auf der Straße greifen wollte,
habe er es einem der Ephoren, der auf ihn zugekommen
war, schon im Gesichte angemerkt, worauf er ausging.
Da ihm überdies noch der andere, aus Freundschaft
gegen ihn, einen heimlichen Wink gegeben und ihn dadurch von dem Vorhaben verständigt hätte, so sei er

ihnen entsprungen und nach dem Tempel der Chalkioikos zu gelaufen, dessen Hof in der Nähe war.« Obwohl
er aber vor seinen Verfolgern dort ankam und damit unter
dem Schutz der Göttin (Athena Chalkioikos) stand,
schlossen ihn die Ephoren darin ein und deckten auch das
Dach ab, so daß Pausanias sowohl von der Außenwelt
abgeschnitten als auch dem Wetter preisgegeben war.
Und er blieb dort, bis er sich fast zu Tode gehungert hatte.
Dann brachte man ihn, ohne daß er sich wehrte, hinaus,
und er starb auf ungeweihtem Boden.

Wechselfälle der Geschichte

Was man wirklich von Pausanias befürchtet hatte, war,
daß er in Sparta eine Revolution anstiften würde. Da er
Regent und nicht selbst König war, wußte er, daß seine
verfassungsmäßige Amtsgewalt mit der Großjährigkeit
seines Mündels zu Ende sein würde, falls er nicht zuvor
durch einen Staatsstreich die Herrschaft an sich gerissen
hätte. Dazu aber brauchte er Hilfe von außen und innen.
Die äußere Hilfe konnte von Persien kommen, und zwar
nicht in Gestalt von Männern, sondern als Geld. Alles,
was er an Männern vielleicht brauchen würde, war
bereits an Ort und Stelle, denn die große Mehrheit
der Bevölkerung von Lakonien und Messenien – die
unglücklichen Heloten – war ständig bereit zur Revolution gegen die kleine herrschende Klasse, die sich durch
und durch militarisiert hatte, um die Heloten im Zustand der Unterwerfung zu halten. Aber schließlich war
es nicht Pausanias, sondern Poseidon selbst, der die
Massenrevolte – den Alptraum jedes Spartiaten oder
Vollbürgers von Sparta – heraufbeschwor. Und daß er
das tat, war – so glaubten viele Spartaner – die unmittel-
bare Folge davon, daß sie einstmals sein Heiligtum in
Taínaron entweiht hatten.

Diese Geschichte steht in Thukydides' Beschreibung der Propagandaschlacht, die dem Ausbruch des Peloponnesischen Krieges zwischen Sparta und Athen im Jahre 431 v. Chr. voranging. Die Spartaner versuchten, Perikles' politische Führerschaft in Athen zu diskreditieren, indem sie die Ausweisung seiner Familie verlangten. Sie begründeten das mit dem Vorwurf, daß diese Familie immer schon einen schweren Makel trage und verflucht sei, seit Perikles' Vorfahren das Heiligtum der Athena entweiht hätten: sie hatten – nach einem mißglückten Staatsstreich – einen Schutzsuchenden von ihrem Altar weggezerrt und getötet. Die Athener antworteten mit ähnlichen Vorwürfen. Daß die Spartaner die Athener beschuldigten, Athena beleidigt zu haben, obgleich sie selbst im Falle des Pausanias genau das gleiche getan hatten, war ein klassischer Fall dafür, daß ›ein Esel den andern Langohr schilt‹. Die Göttin war offenbar nicht entzückt davon gewesen, einen Schutzsuchenden auf ihrem Grund und Boden praktisch dem Hungertode preisgegeben zu sehen, selbst, wenn die Spartaner ihn weder mit Gewalt aus ihrem Heiligtum geholt, noch zugelassen hatten, daß er tatsächlich darin starb. Andererseits hatten die Spartaner bereits, gemäß den Weisungen aus Delphi, Sühne geleistet: sie hatten dem Toten ein Grab gebaut und außerdem »zwei eherne Bildsäulen verfertigen lassen« und sie der Göttin geweiht. Die Pausaniasgeschichte war also ein schwacher Trumpf auf die Geschichte von Perikles' Ahnen. Die Stärke der Athener in diesem besonderen Spiel war ihre Forderung, daß Sparta »den Fluch von Taínaron bannen solle, wo die Spartaner auch einmal einige Heloten, die in dem Tempel des Poseidon zu Taínaron Schutz gesucht, daraus weggeschleppt und getötet hatten.« Sogar Heloten waren in Taínaron sakrosankt. Als darum 464 v. Chr. ein großes Erdbeben Sparta erschütterte und den Heloten die Gelegenheit zu einem Aufstand gab, der Sparta zehn Jahre lang in Atem halten sollte, schrieben auch die Spartaner selbst dies der Rache Poseidons, des Erderschütterers, zu.

Sparta erholte sich von seiner Züchtigung und gewann den Peloponnesischen Krieg. Damit erreichte es gegen Ende des 5. und im frühen 4. Jahrhundert v. Chr. den Höhepunkt seiner Macht und Tyrannei, bis die Nemesis im Jahre 371 v. Chr. wieder zuschlug; diesmal bediente sie sich dazu Thebens. Die Schlacht von Leuktra machte endlich den Ruf der Unbesiegbarkeit, den die spartanische Infanterie so lange Zeit genossen hatte, zunichte. Messenien wurde nach ungefähr zweieinhalb Jahrhunderten von der spartanischen Herrschaft befreit. Die spartanischen Institutionen hatten sich als unfähig erwiesen, sich dem Druck neuen Reichtums und neuer Macht anzupassen. Der Verfall dauerte ziemlich unvermindert an, bis im nächsten Jahrhundert zwei idealistische junge Könige, Agis IV. und Kleomenes III., versuchten, Spartas militärische Macht durch die Wiederbelebung ihrer ökonomischen und sozialen Grundlagen zu erneuern.

Ihr Ideal war eine Armee, in der die Professionalität von Söldnern mit der ökonomischen Unabhängigkeit von freien Bürgern vereinigt sein sollte. Sie war die Quelle von Spartas Größe in der klassischen Zeit gewesen. Damals hatte es genügend Spartiaten gegeben, die sich ausschließlich dem Waffenhandwerk widmen konnten. Sie waren dazu in der Lage gewesen, weil ausreichend Land und Sklaven zur Verfügung standen, um sie von den Ablenkungen wirtschaftlicher Tätigkeit freizuhalten. Seither aber hatte sich der Landbesitz in den Händen einiger weniger Familien konzentriert, die

Bürgerschaft war nun sehr klein, und die verbleibende Mehrheit der kleinen Landbesitzer war bis über die Ohren verschuldet. Nur eine Bodenreform konnte den Idealzustand wiederherstellen. Als Leonidas, Agis' Mitkönig, sich als Vertreter der privilegierten Kreise derartigen Plänen widersetzte, veranlaßte Agis, daß Leonidas abgesetzt und durch seinen reformfreudigen Sohn Kleombrotos ersetzt wurde. Die vorhandene Begeisterung der Bürger für die Bodenreform reichte aber nicht weiter als bis zu ihrer ersten Voraussetzung, der Streichung der Schulden. Als Agis von einem Feldzug gegen die Aitoler zurückkam, fand er sich und seinen Mitkönig völlig in Mißkredit gebracht durch die Freunde, die ihn während seiner Abwesenheit im Stich gelassen hatten. Es hatte keine Neuverteilung des Landes gegeben, und da niemand weniger beliebt ist als derjenige, der falsche Hoffnungen erweckt hat, mußten beide, er und Kleombrotos, fliehen, um ihr Leben zu retten. Agis floh in einen Tempel in Sparta, Kleombrotos – vernünftiger – floh zum fernen Taínaron und erhielt dort die Nachricht von seiner Verurteilung zum Exil und von Agis' Tod.

König Leonidas hatte sich mit Macht durchgesetzt, doch war der Triumph der Reaktionäre von kurzer Dauer. Das erwies sich, als sein zweiter Sohn, Kleomenes, auf den Thron kam. Leonidas hatte Kleomenes mit der Witwe des Agis verheiratet, da sie sehr reich war. Ihre Güter waren aber nur ein Teil der Mitgift, die sie dem neuen Ehemann zubrachte. Er ließ sich von ihren reformerischen Ideen anstecken. Im rechten Augenblick riß er durch einen Staatsstreich die Herrschaft in Sparta an sich und sorgte für die Umverteilung des Bodens, in die seine eigenen Söldner einbezogen wurden. Der Erfolg war verblüffend. Im Handumdrehen hatte sein Bürgerheer Spartas alte Hegemonie über die Peloponnes fast ganz wieder hergestellt, und Kleomenes hätte sie behalten, wenn nicht ein erbitterter Rivale die Makedonier gegen ihn zu Hilfe gerufen hätte.

Kleomenes versuchte, eines der aus dem Zerfall des Alexanderreichs hervorgegangenen Königreiche gegen ein anderes auszuspielen, und bat Ägypten um Hilfe gegen Makedonien. König Ptolemaios wollte aber sicherstellen, daß die Allianz für ihn von Vorteil wäre, und verlangte Kleomenes' Mutter und Sohn als Geiseln. Kleomenes war unschlüssig, bis die couragierte alte Dame sein Widerstreben mit einer energischen Antwort überwand. »Beeile dich und bringe mich auf ein Schiff«, rief sie, »und schicke diesen gebrechlichen Körper dorthin, wo er deiner Meinung nach für Sparta von größtmöglichem Nutzen ist. Tue es, ehe das Alter ihn zerstört, während er müßig hier herumsitzt.« Und Taínaron war der Hafen, in dem sie sich einschiffte. König Kleomenes und seine ganze Armee in glanzvollem Aufzug ließen es sich nicht nehmen, sie die Halbinsel Mani hinunter zu begleiten. Aber als sie aufs Schiff gehen mußte, war allein Poseidon Zeuge des privaten Abschieds von Mutter und Sohn. »Sie zog ihn in den Tempel, und nachdem sie ihn in seiner Seelenqual umarmt und geküßt hatte, sagte sie mit fester Stimme: ›Komm, oh König von Lakedaimon, wenn wir fortgehen, soll niemand sehen, daß wir weinen oder irgendetwas Spartas Unwürdiges tun. Denn das liegt in unserer Macht und nur das; was aber die Zukunft angeht, so wird uns zuteil werden, was die Götter bestimmen‹«. Doch die Götter waren schließlich mit den stärkeren Bataillonen. Obwohl Kleomenes einen hervorragenden Feldzug gegen Makedonien führte, verlor er die letzte große Schlacht, bei der er alles aufs Spiel gesetzt hatte, und floh nach Ägypten in einen elenden Tod. Er brachte sich in Alexandria auf

offener Straße um, nachdem es ihm nicht geglückt war,
unter dem verständnislosen Pöbel, »der vor der Freiheit
davonlief«, einen Aufstand anzuzetteln.

Sich Kleomenes mit seinem Heer vorzustellen, wie er
in dieser verlassenen, öden kleinen Bucht von seiner
Mutter und seinem Sohn Abschied nimmt, bedarf bedeutend größerer Anstrengungen der Phantasie, als sich
historische Episoden in Tigáni oder Passavá oder Pórto
Kágio mit ihren eindrucksvollen und beschwörenden
Ruinen auszumalen. Man muß sich vergegenwärtigen,
daß Taínaron mehr war als der Poseidon-Tempel und
eine Hafenstadt, die die Pilger versorgte. Seine zentrale
Lage an den Schiffsrouten zwischen Italien und der
Levante, zwischen Griechenland und Nordafrika
machte die Stadt zu einem blühenden Markt, und die
Ware, auf die sie sich spezialisierte, waren Söldner. Im
Jahre 303 v. Chr. beispielsweise, als die Griechen von
Tarent mit Rom im Krieg lagen und nach Sparta Geld
für die Anwerbung eines Heerführers und einer Armee
schickten, ging der ausersehene General sofort nach
Taínaron und mietete fünftausend Söldner vom Fleck
weg an. Es braucht einen darum nicht zu wundern, daß
die kahlen Hügel dieses entlegenen Kaps, auf denen
heute nur eine Handvoll Einwohner ihr Leben fristet,
einstmals zahllose Terrassen trugen, die jede kleinste
Menge fruchtbaren Bodens festhielten. Und da die Interessen von Söldnern sich nicht nur auf die Religion be-
schränken, muß Taínaron zur Zeit des Hellenismus auch
anderen Berufen gute Möglichkeiten geboten haben,
ganz besonders demjenigen Gewerbe, das sogar noch
älter ist als das des Soldaten. Doch der Handel mit
Söldnern ging im Zuge der Eroberung des östlichen
Mittelmeers durch Rom im 2. Jahrhundert v. Chr. immer mehr zurück, und im 1. Jahrhundert hören wir von

Taínaron nur als einem der vielen Küstenheiligtümer, das während der Mithridatischen Kriege von Piraten geplündert wurde. König Mithridates VI. von Pontos begünstigte diese Seeräuber für seine eigenen Zwecke mit ebenso viel Erfolg, wie die ottomanischen Sultane in jüngerer Zeit nordafrikanische Korsaren beschäftigten. Sie paralysierten buchstäblich den Handel im ganzen Mittelmeerraum, bis Rom 67 v. Chr. den großen Pompeius gegen sie ausschickte, und seine riesigen Flotten die See in einer erstaunlichen Kampagne von nur fünf Monaten Dauer reinfegten. Danach lebte Taínaron wieder auf, und der Poseidontempel war weiterhin Anziehungspunkt für Pilger, mindestens bis ins 2. Jahrhundert n. Chr., als Pausanias seiner Enttäuschung über das Fehlen einer Öffnung im Boden der Höhle Ausdruck gab. Taínarons Bedeutung als Stadt war jedoch offensichtlich bereits im vorangegangenen Jahrhundert auf Kypárissos übergegangen.

Vom Kap Matapán an die Ostküste

Es war erregend für uns, den Telegraphenmasten zu folgen, die einen weiteren Kilometer nach Süden zum **Leuchtturm** auf dem südlichsten Punkt des Balkans führen. Dann traten wir den Rückweg an, um im Geiste Kleomenes auf seiner Rückkehr nach Sparta zu begleiten. Doch folgten wir ihm nur bis hinter Kypárissos, denn ohne Zweifel schlugen er und sein Heer den einfacheren Weg entlang der Westküste – den wir gekommen waren – ein. Wir aber wollten noch die ganze **Ostküste** zwischen den Buchten von Pórto Kágio im Süden und Skoutári im Norden sehen. Darum bogen wir in *Álika* rechts ab und nahmen die Straße wieder auf, die wir zuvor auf unserem Abstecher nach Korogiánika gefahren waren. Wir genossen von neuem die herrliche Aussicht auf Váthia und den Blick auf die Westküste, hinauf bis zum Cávo Grósso, solange wir die Wasserscheide noch nicht überschritten hatten; danach bot sich uns der Blick auf die östliche See. Diesmal ließen wir Korogiánika rechts liegen und erreichten nach weiteren drei Kilometern **Lágia,** den Hauptort in der südöstlichen Mani; er liegt ungefähr vierhundert Meter über Meereshöhe und an die zwei Kilometer von der Küste entfernt.

Lágia ist heute sehr verfallen, und es leben nur noch wenige Menschen hier. Ein paar außerordentlich schöne Türme lassen aber die vergangene Größe der kleinen Stadt noch erahnen. Einer der Türme verjüngt sich von seiner breiten Basis aus nach oben, ganz wie der viel ältere Anemodouráturm, den wir in Boularí gesehen haben. Offensichtlich war Lágia eine weitere Hochburg systematischer Bürgerkriegsführung. Mit einem guten Zugang sowohl zur östlichen als auch zur westlichen Mani war es ein günstiger Standort für Manis berühmtesten Arzt. Seine Geschäfte gingen flott in einem Land mit chronischem Bürgerkrieg und Blutrache, die beide wenig anziehend für die berufliche Konkurrenz waren. Dieser Arzt war kein Scharlatan, wie Leakes ungewöhnlicher Franzose, der »Flüchtling vor der Justiz«, der in Tsímova eine Quacksalberpraxis eröffnete. Dieser heilte psychosomatische Krankheiten mit einer Prise Schupftabak und war sogar damit begabt, Dinge vorher zu wissen. Er versäumte jedoch, den Hinterhalt vorauszusehen, in dem man ihm auflauerte und ihn – wegen seines übel erworbenen Reichtums – ermordete. Im Gegensatz dazu war Lágias Dr. Papadákis ein Mann von hoher beruflicher Qualifikation, ein praktischer Arzt und Chirurg, dessen fünfzig Seiten starkes handschriftliches Patientenbuch aus der Zeit von 1715-63 noch existiert. Oft kamen seine Patienten zu ihm, und natürlich war er zur Stelle, um Lágias eigenen in Fehde liegenden Familien zu helfen; doch scheint es, daß er viele andere Dörfer, im Norden sogar bis Ítylon, besucht hat, sobald lokale Fehden eine ausreichende Konzentration von Fällen und entsprechenden Honoraren erwarten ließen. Sein Patientenbuch ist wirklich eine Art Katalog von blutigen Fehden mit besonderen Seiten für einzelne Dörfer und mit grausigen Verzeichnissen von geflickten Köpfen, herausoperierten Flintenkugeln und verbundenen Wunden, alles topographisch geordnet. Die Eintragungen sind oft mit Zeichnungen von bandagierten Köpfen oder verwundeten Beinen illustriert. Unter den siebenhundert oder mehr Eintragungen sind blutige Einsprengsel von Priestern, die offensichtlich im dichten Kampfgewühl unter ihren weltlichen Schäfchen weilten, zum Beispiel:

Lágia: Vater Geórgios: Stilett durch den Fuß
Lágia: Vater Geórgios: Fels an den Kopf
Kítta: Vater Kokkorákis: Kugeln im Oberschenkel
Tserová: Vater Zevgolátis: Kugeln (2) im Oberschenkel, gerader Durchschuß; ernste Verwundungen durch das Schwert
Boularí: Vater Dikeólias: Schußwunden in der Schulter.

Nur der gute Doktor selbst war sakrosankt, denn er war immer neutral und bei weitem zu nützlich für alle Seiten, als daß man ihn angegriffen hätte. Er lebte lange und gut, und noch zu Beginn dieses Jahrhunderts waren Nachkommen von ihm Ärzte in Lágia.

Wer aber gerne wandert, wem der steile Aufstieg zu Kíttas Hagii Asómati gefallen hat, der erreicht Lágia nicht im Auto über die leicht befahrbare Paßstraße von Álika her, sondern zu Fuß, von dem luftigen Dorf **Moundanístika** aus, das in 623 Metern Höhe über dem Paß

liegt. Die Straße nach Moundanística hinauf ist recht
steil, hat jedoch eine gute Straßendecke, weil sie auch
zu einer Bergstation des griechischen Fernmeldedienstes
führt. Dessen Zeichen OTE markiert etwa zwei Kilometer hinter Álika an der Straße nach Lágia die scharf
nach links führende Abzweigung. Von dort fährt man
ungefähr viereinhalb Kilometer bergauf über eine
schmale, zum größten Teil betonierte Straße. Mounda-
nístikas Turmhäuser waren die Zinnen auf einem fernen
Bergkamm gewesen, auf den wir von Hagii Asómati
hinunterblickten. Die Kirche liegt in der Luftlinie nur
zweieinhalb Kilometer nordnordwestlich. Der Blick von
Moundanística ist in beide Richtungen überwältigend:
nordwärts nach Hagií Asómati und südwärts auf Kap
Matapán.

Es ist erstaunlich in dieser Höhe ein so großes Dorf
zu finden, denn bis zur Einrichtung der Radarstation
war es kaum zu erreichen. Heute ist es im Winter vollkommen verlassen, aber der kahle Hang, über den sich
die Straße hinaufwindet, ist so eng bedeckt mit nicht
mehr gepflegten Steinmauern, die die Erde in Terrassen
festhalten, daß man glauben könnte, in einem riesigen
römischen Theater durch Hunderte von Sitzreihen zum
Olymp hinaufzusteigen. Doch selbst diese Sturmhöhe
ist urban, verglichen mit dem verfallenen Dorf Óros,
das man während der fünfstündigen Wanderung von
Moundanística nach Lágia sehen wird. Diese Unternehmung beginnt auf einem grob gepflasterten Weg, der
vom äußersten Ende dieses Straßendorfs nach Südosten
führt. Wiederum ist dies ein Vorhaben, das man nicht im
blendenden Licht eines Sommertages ausführen sollte,
wenn die Felsen vor Hitze zu bersten scheinen, die verfallenen Dörfer wie Spiegel glänzen und man obendrein
ein wachsames Auge auf Schlangen haben muß. Man

wandert durch eine Mondlandschaft. Wie oder wann hier Menschen lebten und ihre einsamen Terrassenfelder und die winzigen Einraumhäuser und -kirchen bauten, ist den heutigen Manioten ein ebenso großes Rätsel wie den seltenen Besuchern von sonstwo auf der Welt. Die Gegend hat tatsächlich einen so finsteren Ruf als Ort, an dem sich Gespenster herumtreiben und der ganz allgemein Unglück bringt, daß die Leute es vorziehen, ihre Schultern zu zucken und von etwas anderem zu reden, wenn man sie danach fragt. Ist die Geschichte dieser Gegend aber auch unbekannt, so reicht sie doch offenbar weit zurück, wenigstens wenn man nach der aus verschiedenen Bauzeiten stammenden Kirche des heiligen Eustratius, etwa einen Kilometer vor Lágia, urteilt. Sie hat zwei tonnengewölbte Räume nebeneinander. Der südliche bildet den Narthex der heutigen Kirche, die als Erweiterung an seinem Ostende angebaut worden ist. An den Außenmauern läßt sich jedoch noch die ursprüngliche, vielleicht aus dem 10. Jahrhundert stammende Kirche erkennen. Den im Außenbau sichtbaren Bauperioden entsprechen im Inneren verschiedene Schichten von Fresken. Es könnte der Mühe wert sein, eine Restaurierung der frühen Fresken zu versuchen.

Tief in den Bergen, ungefähr drei Kilometer nordwestlich von Lágia, liegen die reichen Fundstätten des berühmten, in der Antike so hoch geschätzten *rosso antico* der Mani. In der Nähe der modernen Abbaustätten kann man noch die Spuren der antiken Steinbrüche sehen, ebenso Anzeichen für eine in den Fels gehauene Straße. Über sie wurden mit Menschenkraft die großen Marmorblöcke für den Export an die Küste geschafft. In Lágia selbst gibt es keine Zeugnisse der Antike, und es finden sich auch nur wenige an der ganzen Ostküste

von hier bis zum Beginn der Paßstraße Kótronas – Areópolis, über zwanzig Kilometer weiter im Norden. Die
Gründe dafür waren leicht einzusehen, als wir von Lágia
hinunterfuhren und der Blick weit über die Küste hinauf
bis zum Vorgebirge von Stavrí hinter Kótronas ging. Die
schmale, steinige Küstenebene von Manis ›Schatten‹-
seite, die uns auf den ersten Blick so mager erschien, ist
Oklahoma im Vergleich zu ihrem Gegenstück auf der
›Sonnen‹-seite, an der sich nun die Straße hinaufzieht,
eingezwängt zwischen vielleicht dreißig Meter hohen
Klippen und einem fast unmittelbar dahinter ansteigenden Gebirgszug. Außer einem kleinen Buckel von Grün
um den Hafen von *Kokkála,* etwa am Ende des ersten
Drittels der Strecke nach Kótronas, gab es nichts, was
die völlige Öde der wasserlosen Landschaft milderte.
Und doch hat diese Sonnenküste ihre eigene herbe Faszination, ihre von Natur dramatische Szenerie. Verstärkt
wird dieser Eindruck noch durch Dörfer mit hohen
Türmen, die an den Berghängen hinter Barrikaden von
indischem Feigenkaktus hängen. Ihre Lage dort oben
bot relativ viel Sicherheit vor Seeräubern und Feinden
aus den eigenen Reihen. Was den Mangel an frischem
Wasser anging, so machte man ihn – wie in Tigáni oder
Monemvasía – wett, indem man Zisternen baute, um
das Regenwasser, den kostbarsten und am eifersüchtig-
sten gehüteten Schatz, zu sammeln.

Die Tempel von Kiónia

Zwischen Lágia im Süden und der Bucht von Kótronas
weiter im Norden gibt es nur eine Stelle, an der frisches
Wasser im Überfluß vorhanden ist, und dort finden sich
auch – das kann niemand überraschen – die einzigen
bedeutenden archäologischen Reste. Die Stätte liegt beinahe auf halbem Wege zwischen Lágia und Kótronas

nahe dem *Dormitio-Kloster* von **Kournós**, über einem steilen Abhang und annähernd drei Kilometer nordwestlich des kleinen Hafens von Kokkála. Man findet am besten hin, indem man von der Küstenstraße etwa fünf Kilometer nördlich von Kokkála zu dem Dorf **Nýmfi** abbiegt und so weit wie möglich an der südlichen Seite des Tales hinauffährt. Dann folgt man einem Maultierpfad, der steil die meerzugewandte Seite des Berges umrundet, bis in die Kournósschlucht, an deren Ende das halbverfallene, wie in Pórto Kágio von üppigen Bäumen umgebene *Kloster* zu sehen ist. Ganz wie in Pórto Kágio gibt es heute keine Mönche mehr, statt dessen wohnt ein Bauer mit seiner Frau hier. Als wir zuletzt dort waren, war gerade deren kleine Enkelin bei ihnen. Wir hörten ihre hohe Stimme wie eine Glocke die Schlucht hinuntertönen, und doch waren wir ziemlich unvorbereitet, als sie plötzlich auf einem galoppierenden Esel erschien, der auf dem engen Pfad, über den wir mühsam aufstiegen, direkt auf uns zukam. Behindert wie wir waren, mit unsern Stativen, Kameras und anderem Gepäck, gelang es uns nur eben gerade noch auszuweichen, als sie vorbeisauste. Sie – auf einem eleganten Damensattel, der auf einem Rodeo Furore gemacht hätte – schlug mit ihren kleinen Beinen gegen die Flanken des Esels, um ihn zu noch größeren Anstrengungen anzuspornen. »Verzeihung«, rief sie, »aber ich komme zu spät in die Schule.« Sie war erst sieben Jahre alt, machte sich aber offensichtlich nichts daraus, jeden Tag zu der kleinen Dorfschule in Nýmfi zu reiten über einen steilen, felsigen Pfad, für den wir mehr als zwei Stunden beim Aufstieg brauchten und dessen grauer Marmor heimtückisch glänzte. Ihr Maultier fand ihn glücklicherweise weniger schlüpfrig als wir.

Das Kloster liegt auf Terrassen am Berghang. Gleich

unterhalb davon steht köstliches kaltes Wasser vorüber-
kommenden Menschen und Tieren zur Verfügung, wo
eine große runde, wahrscheinlich antike Marmorschale
seit Ewigkeiten unter dem Strahl aus einem steinernen
Wasserspeier überfließt. Ein unterirdischer Kanal leitet
es hierher von der Quelle, die auf der oberen Terrasse
unter einem Sonnendach aus den Blättern eines riesigen
Feigenbaums im Klostergarten zum Vorschein kommt.
Die kleinen niedrigen Wohnräume liegen über Lagerräu-
men an drei Seiten eines kleinen Innenhofs. Die Kirche
bildet die vierte Seite. Während der Bauer uns mit sehr
willkommenem Kaffee und Käse unter seinem Feigenbaum traktierte, hörten wir seine Frau heftig die Stufen
der bereits fleckenlosen kleinen Kirche scheuern. Erst
danach würde sie sie uns zeigen. Obwohl das Kloster
nicht sehr alt ist, wahrscheinlich aus dem frühen
17. Jahrhundert, sind Atmosphäre und Lebensstil hier
oben ganz mittelalterlich. Da gibt es keine wie immer
geartete Konzession an das 20. Jahrhundert, nicht einmal ein Radio mit Batterie oder eine Büchse mit Cam-
pinggas, ganz zu schweigen von Elektrizität, Telefon
und all den andern angeblichen ›essentials‹ unserer eigenen Existenz. Sie hatten aber, wie der Bauer sagte, alles,
was sie brauchten, und sie waren offensichtlich so vollständig glücklich, daß wir es waren, die sich als anachro-
nistisch empfanden, als wir uns verabschiedeten und
anfingen, unsern elektronischen Zauberkram weiter den
Berg hinauf und noch tiefer in die Vergangenheit hinab
zu schleppen.

Unser Ziel war ein Hochplateau; es ragt oben auf
dem Vorgebirge, das die Südseite der Schlucht bildet,
meerwärts hervor. Als der Pfad ungefähr 400 Meter
hinter dem Kloster nicht mehr weiter anstieg, fanden
wir einen Triglyphenstein, eingemauert in die Ecke eines

verfallenen Hauses, und ungefähr hundert Meter weiter
sahen wir, wo er hergekommen war. Die Reste zweier
dorischer Tempel lagen auf einer kahlen und dem Wind
ausgesetzten Höhe, ungefähr 550 Meter über dem Meer.
Es ist ein wundervoller Platz. Die Tempel blicken nach
Osten über den Lakonischen Golf auf die Halbinsel von
Maléa und nach Südosten auf die schwachen Umrisse
von Kythera. Am Südende des Plateaus treten große
Gesteinsformationen zutage, die aussehen wie die Fels-
türme in Cornwall. Von dort aus schauten wir aus der
Vogelperspektive hinunter auf den Hafen von Kokkála.
Wir konnten die Straße, über die wir gekommen waren,
mit den Augen zurückverfolgen bis hin nach Lágia,
wo man einige den fernen Bergrücken beherrschende
Türme im Hitzedunst liegen sah. Von den Tempeln war
noch genug erhalten, um uns eine angemessene Vorstel-
lung von ihrer früheren Gestalt zu geben. Die Fundamente sind zur Gänze ›in situ‹, und die ganze Stätte ist
übersät mit kannelierten dorischen Säulentrommeln aus
dem grauen Marmor der Gegend und weiteren Trigly-
phensteinen, die halb begraben unter einem Teppich von
Kornblumen liegen. Der nördlichere der beiden Tempel,
der nach Nordosten ausgerichtet ist, war ein rechtecki-
ger Bau von ungefähr 9,20 Meter Länge und 8,40 Meter
Breite. Er war ganz umgeben von Säulen, sieben an
den langen Seiten und sechs an den Querseiten. Der
südlichere Tempel grenzt unmittelbar an den ersten an,
stimmt jedoch in der Richtung nicht mit ihm überein.
Er blickt genau nach Osten und ist gegenüber dem ersten
etwas zurückgesetzt. Er ist kleiner, mißt etwa 7,20 Meter
mal 5,10 Meter und sieht ganz anders aus. Dieser Tempel
war nicht von Säulen umgeben, sondern hatte nur zwei
Säulen ›in antis‹ an der Ostfassade. Vor zweitausend
Jahren müssen diese Tempel einen sehr schönen Anblick

geboten haben. In ihrer Nähe finden sich noch Reste einer offensichtlich ziemlich ausgedehnten Siedlung, die um die Tempel herum entstanden war. Spuren von etwas, das wahrscheinlich ein drittes Heiligtum war, lassen sich im Südwesten feststellen. Es gibt noch viele Fundamente anderer alter Bauten, ferner Brunnen, Zisternen und ein aus dem Felsen gehauenes Relief mit drei Feldern. Es zeigt zwei total verwitterte Figuren. Offenkundig war dieser Ort ein Zentrum von einiger Bedeutung. Es gibt hier heute viel mehr zu sehen als beispielsweise in Taínaron. Aber wie hieß diese Stätte, wann wurde sie erbaut und von wem und warum, und wie lange existierte sie?

Der Ort ist ein Geheimnis. Seine einzigen Namen sind die ihm von den unterhalb lebenden Dorfleuten gegebenen: **Kiónia,** ›die Säulen‹ oder Vasilikés Pétres, ›die königlichen Steine‹. Kein antiker Schriftsteller erwähnt die Stätte, nicht einmal Pausanias, der in der Tat von der ganzen Ostküste zwischen Kótronas und

Kiónia, die ›königlichen Steine‹

Taínaron nichts berichtet. Es gibt keine Inschriften oder
Skulpturen, mit deren Hilfe die hier verehrten Gottheiten identifiziert werden könnten. Man ist auf den Gedanken gekommen, daß das Felsrelief einen römischen
Kaiser und eine Tyche, die ein Füllhorn hält, darstellen
könnte, aber das Relief ist zu verwittert, als daß man
sichere Schlüsse ziehen könnte. Damit hätte man im
übrigen auch keinen Beweis für die Datierung der Tempel. Zwar wäre es nicht unmöglich, jedoch seltsam,
wenn Pausanias sie ignoriert hätte, falls im 2. Jahrhundert n. Chr. dort noch Kulthandlungen vollzogen worden wären. Das kann einen gewissen Anhaltspunkt dafür geben, wie lange die Tempel bestanden haben. Wie
lange sie aber damals schon nicht mehr existiert haben
und wie lange sie schon bestanden hatten, bevor sie
zugrunde gingen, kann man unmöglich wissen. Nur
systematische Ausgrabungen könnten für die ganze
Stätte eine zuverlässige Chronologie erarbeiten. Bis dahin gibt es wenig Anhaltspunkte, um weiterzukommen,
außer dem Stil der Tempel selbst. Er legt es nahe, ein
späthellenistisches Datum als Bauzeit anzusetzen, vielleicht das 3. oder frühe 2. Jahrhundert v. Chr.

Aber warum hat man überhaupt je eine Siedlung an
einem so unzugänglichen und öden Ort angelegt? Wo
es sich um Gründungen von religiösen Stätten handelt,
geht die Frage von falschen Voraussetzungen aus, denn
Öde und Unzugänglichkeit wirkten nicht notwendig
abschreckender auf die Menschen der Antike als auf die
Mönche der Metéora-Klöster oder des Berges Áthos.
Und auch für den Realisten bietet dieser Platz zwei
große Vorzüge. Der eine ist natürlich der Überfluß an
frischem Wasser in der Nähe, denn die Quelle in
Kournós versiegt auch im Hochsommer niemals. Dieser
seltene Reichtum in einer derart dürren Gegend konnte

nicht nur die örtliche Landwirtschaft versorgen, sondern auch die durstigen Herden entferntester Siedlun-
gen, die für seine Benutzung zahlen mußten. Darüber
hinaus ist Zugänglichkeit etwas Relatives. Gemessen an
den wenigen anderen Maultierpfaden, die zwischen dem
Kótronas-Areópolis-Paß im Norden und dem von Lágia
nach Álika im Süden über den Gebirgsrücken hinüber-
führen, ist dieser, der von hier nach Mína hinunter und
weiter nach Mézapos an der Westküste führt, noch der
verhältnismäßig beste. Die meisten von uns sind heute
einfach zu verweichlicht, um die Wertmaßstäbe härterer
Zeiten zu verstehen.

Die Bucht von Kótronas

Am Ende des langen Abstiegs von Kiónia überließen
wir uns dankbar dem 20. Jahrhundert-Komfort unseres
Wagens und setzten die Fahrt über die Küstenstraße
hinauf in Richtung Kótronas fort. Die Berge zu unserer
Linken erhoben sich noch steiler und höher und noch
ausgedörrter als bisher, sie rückten näher ans Meer
heran, und die üppigen Terrassen von Kournós schienen
einer anderen Welt anzugehören – bis plötzlich, nur
sechs Kilometer hinter Nýmfi, die Landschaft so uner-
wartet und so jäh verändert war, als wären wir durch
Zauber von Petra nach Padua versetzt worden. Vor uns
stiegen die hohen Türme von **Flomochóri** auf, doch
dies war kein verdurstendes Dörfchen, das sich an ein
überhängendes Felsmassiv klammerte! Nur mit Mühe
konnten wir es durch einen Schirm von grünen Zypressen, Oliven und Feigenbäumen sehen – ein großes Dorf,
üppig hingebreitet über sein offensichtlich fruchtbares
und gut bewässertes Land (Farbtafel 39). Zur Rechten
dehnt sich die friedliche Fläche der Bucht von Kótronas
mit ihrer kleinen Insel Skopá, die an einem flachen,

schmalen Isthmus direkt vor der Küste verankert ist wie Gýtheions Kranai.

Um nach Kótronas hinunterzugelangen, mußten wir zunächst über Flomochóri hinaus der Straße folgen. Wir stiegen nordwestwärts ungefähr einen Kilometer weit in Richtung des Passes, ehe uns eine scharf rechts abzweigende Straße erlaubte, einen Haken zurück und dann nach Osten zu schlagen. Dann ging es die Südseite des weiten, wohlbebauten Tals, das sich sanft zur Bucht hin senkt, hinunter. Auf ihrer Nordseite steigt das Gelände steil auf über 500 Meter Höhe zum großen *Vorgebirge von Stavrí* an, das die Bucht von Kótronas von der von Skoutári im Norden trennt und jedes weitere Vordringen die Ostküste hinauf verhindert, es sei denn, man ginge zu Fuß. Aber auch dann ist es eine lange und zermürbende Kletterei durch die vier Kilometer tiefe Gebirgsbarriere, ehe man in das eichenbestandene Tal hinunterkommt, wo das verlassene Kloster des Heiligen Georg über Skoutáris Sandstrand wacht. Auch **Kótronas** hat einen Sandstrand und ist ein alles in allem entzückendes kleines Fischerdorf mit einem schönen Blick über die ganze Ostküste bis zu dem etwa vierzehn Kilometer entfernten kleinen Vorgebirge bei Lágia. Taínaron, das dahinter liegt, kann man nicht sehen. Auch Kótronas hat Geschichte. Sein antiker Name war Teuthrone, und es war eine weitere Mitgliedstadt der Union Freier Lakonischer Städte. Der Tempel der Artemis Issoria und die Naia-Quelle, die Pausanias auf seiner großen Reise sah, waren fast mit Sicherheit auf Skopá, wo zu Beginn unseres Jahrhunderts ein Steinrelief der göttlichen Jägerin entdeckt wurde und wo zwischen dem verfallenen Mauerwerk mittelalterlicher Spukburgen noch antike Fundamente zu sehen sind. Als Colonel Leake die Stätte sechzehneinhalb Jahrhunderte nach

Pausanias besuchte, wurde ihm feierlich mitgeteilt, daß »man hier manchmal die Geräusche von Wesen, die Haufen von Gold durcheinanderwerfen, hören kann«. Wir aber waren entweder zur falschen Zeit gekommen oder wir waren unempfänglich, jedenfalls horchten wir vergeblich.

Nach einem erfrischenden Bad in dem wundervoll klaren Wasser der Bucht und einem belebenden Drink im Kafeneíon am Strand fuhren wir zurück und in Richtung zum Paß, hielten jedoch bald an, um das Bergdorf *Loukadiká* mit seiner merkwürdigen, von den Dorfbewohnern einfach ›Kástro‹ genannten Zitadelle zu erkunden. Die Leute im Dorf konnten uns nichts über seine Geschichte erzählen. Doch offensichtlich war das Dorf einst befestigt. An seiner höchsten Stelle liegt eine kleine Kirchenruine. Ihre beinahe nach Norden ausgerichtete ›Ost‹-seite legt den Gedanken nahe, daß hier eine weitere heidnische Stätte zu christlichem Gebrauch übernommen wurde. Sie liegt auf dem idealen Platz für einen Abschiedsblick über die ›Sonnen‹küste, denn von hier aus sieht man aus der Vogelperspektive das Stavrívorgebirge, Kótronas, die Insel Skopá, die Türme von Flomochóri und die ganze Küste hinunter, die wir von Lágia heraufgefahren waren.

Der Kreis der Reise schließt sich

Als wir an einem warmen Juniabend von Loukadiká nach Westen über die Paßstraße fuhren, war der Duft der Kräuter fast betäubend. Wir bewegten uns zunächst durch kultiviertes Land mit verstreuten Zypressen und kleinen eichenbestandenen Hügeln, dann durch eine etwas verengte Stelle am Ende des Tales, bis sich endlich der Bergpaß etwa vier Kilometer hinter Loukadiká zum Plateau von **Pýrrichos** wieder erweiterte. Pýrrichos trägt, wie Gýtheion oder Ítylon, noch immer seinen antiken Namen. Es war Pýrrichos schon zur Zeit des Pausanias. Die Quellen des lebenswichtigen Brunnens, den er auf dem Marktplatz sah, fließen offensichtlich noch genauso zuverlässig wie eh und je, denn »wenn sie versiegen würden, hätten die Leute zu wenig Wasser«. Die Ruinen von öffentlichen Bädern und anderen römischen Bauten kann man noch sehen. Pausanias vermerkt Heiligtümer der Artemis Astrateia und des Apollon Amazonius; beide stehen in Zusammenhang mit einer legendären Invasion der Amazonen, die hier zum Stehen kam. Pausanias machte sich die Mühe, eigens darauf hinzuweisen, daß diese beiden Gottheiten »durch hölzerne Bildwerke dargestellt waren, von denen man sagt, daß sie Weihgeschenke der Amazonen waren«. Künstlerische Vollkommenheit ist kein Kriterium für die Verehrung, die den Statuen von Gottheiten zuteil wird. Als Kunstwerke wurden die großen klassischen Meisterwerke aus Marmor und Bronze von den Alten ebensosehr bewundert wie von uns; als Kultobjekte aber hielt man sie für längst nicht so ›heilig‹ und ›wirksam‹ wie rohe hölzerne Bildwerke von geheimnisvollem Alter. Die letzteren sind recht eigentlich die antiken Gegenstücke zu den wundertätigen Bildern und Reliquien der modernen griechischen Kirche.

Noch keine zwei Kilometer hinter Pýrrichos hatten wir die Wasserscheide überschritten und fuhren zur Westküste hinab. Wir hatten einen schönen Blick hinunter auf die Díros-Bucht, wo die Amazonen anno 1826 Ibrahim Paschas Ägypter ins Meer zurückgeworfen hatten. Als wir zwei Kilometer südlich von Areópolis die Küstenstraße erreichten, schloß sich der Kreis unserer Reise durch die Tiefe Mani. Wir hatten nur ungefähr 150 Kilometer im Raum durchmessen, aber viele Jahr-

tausende in der Zeit. Wir hatten in zwei der schönsten
Höhlen Europas Spuren der Steinzeit gefunden, bronzezeitliche Stätten auf dem Cávo Grósso, Tempel und
Städte von Griechen und Römern des klassischen Zeitalters, und manchmal konnten wir ihre Schicksale in der
Geschichte verfolgen. Wir hatten ein byzantinisches
Erbe von außerordentlicher Reichhaltigkeit und Vielfalt
bewundert und waren entsetzt über seine Vernachlässigung, die künftige Generationen nicht verzeihen werden. Wir hatten die Machtzentren einer ganzen Reihe
von letztlich erfolglosen Eroberern gesehen: die Festungen von Franken, Venezianern und Türken inmitten der
merkwürdigen Türme der Manioten selbst, deren mittelalterlicher Lebensstil bis fast ins 20. Jahrhundert überdauerte. Wir empfanden es als angemessen, unsere Reise
in der Stadt des Kriegsgotts, die Zeugin von Manis größ-
ter Stunde gewesen war, zu beenden. Als nämlich Petróbey am 17. März 1821 die Fahne der Rebellion auf dem
Marktplatz von Areópolis hißte, hörten die Familienfehden auf, die bewaffnete Macht der Halbinsel vereinigte
sich gegen die Türken, und die Manioten waren das erste
Heer im Felde in diesem großen Krieg, der nahezu vier
Jahrhunderte ottomanischer Herrschaft beendete.

Als wir Areópolis erreicht hatten, fuhren wir hinunter
nach **Liméni,** um den Sonnenuntergang von der Burg
der Mavromichális aus zu betrachten. Während das
Meer sich karmesinrot färbte und die verschneiten Gipfel des Pentadáktylos einen blutroten Widerschein auf
die dunkelnden, wie Rauch um diese Gipfel hängenden
Wolkenschichten warfen, war es nicht schwierig, sich
die Herren der Mani auf dem Marsch nach Messenien
vorzustellen. Während ihre ›achamnómeri‹ und Esel
sich mit dem Nachschub und den Kanonen plagten,
ritten oder schritten die großen Niklier zum Paß hinauf,

ihre langen Musketen über der Schulter, ihre breiten Leibgurte gespickt mit Pistolen und Jataganen. Sie rochen nicht gut, aber sie sahen prachtvoll aus. Mit ihren quastengeschmückten Fesen, bestickten Westen und riesigen Schnurrbärten, die schwarz wie ihre Schuhe gewichst waren, waren sie zum Töten gekleidet. In dem langen Krieg, der diesem Aufbruch folgte, und während zahlloser Gefechte machten sie den Namen der Mani und der Mavromichális beinahe zu Synonymen für die Sache der Unabhängigkeit und der Schöpfung eines Nationalstaates, in dem – ironischerweise – sie selbst sich eigentlich zu unabhängig fühlten, um sich einordnen zu können.

ANHANG

Bibliographie

Den brauchbarsten Überblick gibt in englischer Sprache Dora Rogans ›Mani‹. Dort sind die meisten historischen Stätten und Kirchen mit kurzen Angaben verzeichnet. Wesentlich ausführlicher sind die beiden Bände in griechischer Sprache von Jánnis Mantoúvalos und Dimítrios Dimitrákos-Mesísklis, die eine faszinierende Sammlung der verschiedensten Angaben zu fast allen Aspekten von Kultur und Geschichte der Mani bieten. Deutsche Leser, die die wunderbare Prosa von Patrick Leigh Fermors ›Mani‹ nicht schon aus der englischen Ausgabe kennen, sollten nicht versäumen, die deutsche Ausgabe (Salzburg 1974) zu lesen; das Buch liegt übrigens jetzt auch in griechischer Übersetzung vor.

Die brauchbarste Geschichte der Mani bis 1821 ist die nur in griechischer Sprache vorliegende von Dímos Méxis, die auch eine erschöpfende Bibliographie auf neuem Stand gibt. Es gibt auch eine wesentlich kürzere Geschichte der Mani von Kiriákos Kássis, sowohl in griechischer als auch in englischer Fassung, doch ist die englische leider ganz unverständlich. Ein wichtigeres Werk desselben Autors ist seine Sammlung von ›mirológia‹, denen man noch die älteren Monographien von Passajiánnis und Petroúnia hinzufügen kann.

Zusätzlich zu den obenerwähnten Übersichten wird der Archäologe oder archäologisch Interessierte die Monographien über die Díros-Höhlen von Petróchilos und Papathanasópoulos nützlich finden, über Stätten der Bronzezeit und des klassischen Altertums die von Forster, Móschou, Waterhouse-Simpson und von Woodward; über byzantinische Architektur und Kunst die Werke von Drandákis, Megaw und Traquair.

Eine ausgezeichnete Studie über eine ähnliche Sozialordnung, einschließlich Blutrache und poetischer Totenklagen (voceri), die mündlich abgefaßt und von Frauen (voceratrici) wie der düsteren Heldin von Mérimées ›Colomba‹ gesungen werden, gibt Dorothy Carringtons ›Granite Island: a Portrait of Corsica‹. Genauere Einzelheiten über all diese Werke finden sich im folgenden Verzeichnis, dazu kommen noch einige weitere Werke, deren Titel ausreichend über den Inhalt informieren. Um alle neueren Publikationen, geschweige denn historische Quellen zu verzeichnen, die beim Schreiben dieses Buches konsultiert wurden, hätte man fast ein weiteres Buch schreiben müssen; diese kurze Auswahl wird jedoch denjenigen, die die Mani noch eingehender erforschen möchten, einige nützliche Anhaltspunkte bieten.

CARRINGTON, D., Granite Island: a Portrait of Corsica (London, 1971; Taschenbuchausgabe 1984).

DASKALAKIS, A. V. (ΔΑΣΚΑΛΑΚΗ, A. B.), Ἡ Μάνη καὶ ἡ Ὀθωμανικὴ αὐτοκρατορία 1453-1821 (Athen, 1923).

DASKALAKIS, A. V. (ΔΑΣΚΑΛΑΚΗ, A. B.), »Ἡ ἔναρξις τῆς Ἐπαναστάσεως καὶ τὰ πρῶτα ἐπαναστατικὰ γεγονότα εἰς τὴν Λακωνία«, Λακωνικαὶ Σπουδαί, b᾽ (1975), 5-62.

DIMITRAKOS-MESISKLIS, D. V. (ΔΗΜΗΤΡΑΚΟΥ-ΜΕΣΙΣΚΛΗ, Δ. B.), Οἱ Νυκλιάνοι, τόμ. A᾽ (Athen, 1949).

DRANDAKIS, N. V. (ΔΡΑΝΔΑΚΗ, N. B.), »Σκαφικαὶ ἔρευναι ἐν Κυπαρίσσῳ«, Πρακτικὰ τῆς ἐν Ἀθήναις Ἀρχαιολογικῆς Ἑταιρείας, 1958 [1965], 199-219.

DRANDAKIS, N. V. (ΔΡΑΝΔΑΚΗ, N. B.), »Ἀνασκαφὴ ἐν Κυπαρίσσῳ« ib., 1960 [1966], 233-45.

DRANDAKIS, N. V. (ΔΡΑΝΔΑΚΗ, N. B.), »Ἀνασκαφὴ εἰς τὸ Τηγάνι τῆς Μάνης«, ib. 1964 [1966], 121-35.

DRANDAKIS, N. V. (ΔΡΑΝΔΑΚΗ, N. B.), Βυζαντιναὶ τοιχογραφίαι τῆς Μέσα Μάνης (Athen, 1964).

DRANDAKIS, N. V. (ΔΡΑΝΔΑΚΗ, N. B.), »Ἅγιος Παντελεήμων Μπουλαριῶν«, Ἐπετηρὶς Ἑταιρείας Βυζαντινῶν Σπουδῶν, ΛΖ᾽ (1969-70), 437-58.

DRANDAKIS, N. V. (ΔΡΑΝΔΑΚΗ, N. B.), »Τοιχογραφίαι ἐκκλησιῶν τῆς Μέσα Μάνης«, Ἀρχαιολογικὰ Ἀνάλεκτα ἐξ Ἀθηνῶν, IV (1971), 232-9.

FERMOR, P. LEIGH, Mani, Travels in the Southern Peloponnese (London, 1958). Deutsche Übersetzung von H. Stiehl (Salzburg, 1974).

FORSTER, E. S., ›South-Western Laconia: Sites‹, Annual of the British School at Athens, 10 (1903/4), 158-66.

KASSIS, K. D. (ΚΑΣΣΗ, Κ. Δ.), Ἱστορία τῆς Μάνης (Athen, 1977).

KASSIS, K. D. (ΚΑΣΣΗ, Κ. Δ.), Μοιρολόγια τῆς Μέσα Μάνης (Athen, 1979).

KOUYEAS, S. V. (ΚΟΥΓΕΑ, Σ. B.), Ἱστορικαὶ πηγαὶ διὰ τὴν ἡγεμονίαν τῆς Μάνης (1774-1821), Πελοποννησιακά, E᾽ (1962), 60-136.

LEAKE, W. M., Travels in the Morea (London, 1830).

LEAKE, W. M., Peloponnesiaca. A Supplement to Travels in the Morea (London, 1846).

MANTOUVALOS, Y. L. (ΜΑΝΤΟΥΒΑΛΟΥ, Γ. Λ.), Στή Σκιὰ τοῦ Ταΰγετου (Athen, 1975, 1978).

MEGAW, H., ›Byzantine Architecture in Mani‹, Annual of the British School at Athens, 33 (1932-3), 137-62.

MEXIS, D. N. (ΜΕΞΗ, Δ. Ν.), ‘Η Μάνη καὶ οἱ Μανιάτες (Athen, 1977).

MOSCHOU, L. (ΜΟΣΧΟΥ, Λ.), »Τοπογραφικὰ Μάνης: ἡ πόλις Ταίναρον«, ᾽Αρχαιολογικὰ ᾽Ανάλεκτα ἐξ ᾽Αθηνῶν, VIII (1975), 160-77.

MOSCHOU, L. (ΜΟΣΧΟΥ, Λ.), »Κιόνια Α᾽«, Πελοποννησιακά, ΙΓ᾽ (1979), 72-114.

NIFAKOS, NIKITAS (ΝΗΦΑΚΗ, ΝΙΚΗΤΑ), Μανιάτικα ἱστορικὰ στιχουργήματα (Σωκρ. Β. Κουγεά,᾽Ακαδημία᾽Αθηνῶν – Δημοσιεύματα τοῦ Μεσαιωνικου ἀρχείου, Athen, 1964).

PAPATHANASOPOULOS, Y. A. (ΠΑΠΑΘΑΝΑΣΟΠΟΥΛΟΥ, Γ. Α.), »Σπήλαια Διροῦ«, ᾽Αρχαιολογικὰ ᾽Ανάλεκτα ἐξ ᾽Αθηνῶν, IV (1971), 12-26, 149-54, 189-204.

PASAYIANNIS, K. (ΠΑΣΑΓΙΑΝΝΗ, Κ.), Μανιάτικα μοιρολόγια καὶ τραγούδια (Athen, 1928).

PETROCHILOS, A. J., The Diros Caves of Mani ›Alepotrypa‹ and ›Glyphada‹ (Athen, 1970).

PETROUNIA, V. (ΠΕΤΡΟΥΝΙΑ, Β.), Μανιάτικα μοιρολόγια (Athen, 1934).

POUQUEVILLE, F. C. H. L., Voyage de la Grèce, 2ᵐᵉ éd., vol. 5 (Paris, 1826), Ch. 3, ›Laconie‹, 519-616.

RANDOLPH, B., The Present State of the Morea, Called Anciently Peloponnesus (London, 1689).

ROGAN, D. ELIOPOULOU, Mani: History and Monuments (Athen, 1973).

TRAQUAIR, R., ›Laconia: The Churches of Western Mani‹, Annual of the British School at Athens, 15 (1908/9), 177-213.

VAYIAKAKOS, D. V. (ΒΑΓΙΑΚΑΚΟΥ, Λ. Β.), Μάνη (Μέσα Μάνη) (Athen, 1968).

WATERHOUSE, H., und SIMPSON, R. HOPE, ›Prehistoric Laconia, Part II‹, Annual of the British School at Athens, 56 (1961), 114ff.

WOODWARD, A. M., ›Taenarum and Southern Maina‹, Annual of the British School at Athens, 13 (1906/7), 238-67.

Register

Die Farbaufnahmen 2, 3, 11, 33 und 40 stellte Frau Dagmar von Erffa zur Verfügung, die Vorlagen der einfarbigen Abbildungen auf den Seiten 58, 65, 82, 91 und 93 stammen aus dem Archiv des Verlags. Die Kartographie besorgte Astrid Fischer, München.